中传学者文库编委会

主　任： 廖祥忠　张树庭

副主任： 蔺海波　李　众　刘守训　李新军　王　晖
　　　　　杨　懿　柴剑平

成　员（按姓氏笔画排序）：

　　　　王廷信　王栋晗　王晓红　王　雷　文春英
　　　　龙小农　付　龙　叶　龙　刘东建　刘剑波
　　　　任孟山　李怀亮　李　舒　张绍华　张　晶
　　　　张根兴　张毓强　林卫国　郑　月　金　炜
　　　　金雪涛　周建新　庞　亮　赵新利　徐红梅
　　　　贾秀清　高晓虹　隋　岩　喻　梅　熊澄宇

中传学者文库

主编／柴剑平
执行主编／龙小农
副主编／张毓强　周建新

传播符号和新闻叙事

曾庆香自选集

曾庆香　著

中国传媒大学出版社
·北京·

图书在版编目（CIP）数据

传播符号和新闻叙事：曾庆香自选集 / 曾庆香著 . -- 北京：中国传媒大学出版社，2024.8.

（中传学者文库 / 柴剑平主编）.

ISBN 978-7-5657-3694-0

Ⅰ . G206-53；G212.2-53

中国国家版本馆 CIP 数据核字第 2024AT2090 号

传播符号和新闻叙事：曾庆香自选集
CHUANBO FUHAO HE XINWEN XUSHI:ZENG QINGXIANG ZIXUANJI

著　　者	曾庆香
责任编辑	于水莲
特约编辑	张斯琪
封面设计	锋尚设计
责任印制	李志鹏
出版发行	中国传媒大学出版社
社　　址	北京市朝阳区定福庄东街 1 号　　邮　编　100024
电　　话	86-10-65450528　65450532　　传　真　65779405
网　　址	http://cucp.cuc.edu.cn
经　　销	全国新华书店
印　　刷	北京中科印刷有限公司
开　　本	710mm×1000mm　1/16
印　　张	17.75
字　　数	273 千字
版　　次	2024 年 8 月第 1 版
印　　次	2024 年 8 月第 1 次印刷
书　　号	ISBN 978-7-5657-3694-0/G · 3694　　定　价　90.00 元

本社法律顾问：北京嘉润律师事务所　郭建平

总　序

　　媒介是人类社会交流和传播的基本工具。从口语时代到印刷时代，再经电子时代至今天的数智时代，媒介形态加速演变、融合程度深入发展，媒介已然成为现代社会运行的基础设施和操作系统。今天，人类已经迈入媒介社会，万物皆媒、人人皆媒，无媒介不社会、无传播不治理。今天，无论我们怎么用力于信息传播的研究、怎么重视信息传播人才的培养都不为过。

　　中国传媒大学（其前身为北京广播学院）作为新中国第一所信息传播类院校，自1954年创建伊始，即与媒介形态演变合律同拍、与国家发展同频共振，努力探索中国特色信息传播人才培养模式、构建中国信息传播类学科自主知识体系，执信息传播人才培养之牛耳、发信息传播研究之先声，被誉为"中国广播电视及传媒人才摇篮""信息传播领域知名学府"。

　　追溯中传肇始发轫之起源、瞩望中传砥砺跨越之未来，可谓创业维艰而其命维新。昔日中传因广播而起，因电视而兴，因网络而盛，今天和未来必乘风破浪、蓄势而上，因人工智能而强。在这期间，每一种媒介兴起，中传均吸引一批志于学、问于道、勤于术的

学者汇聚于此，切磋学术、传道授业，立时代之潮头，回应社会需求，成为学界翘楚、行业中坚，遂有今日中传学术研究之森然气象，已历七秩而弦歌不断，将传百世亦风华正茂。

自新时代以来，中传坚守为党育人、为国育才初心，励精图治、勠力前行，秉承"系统治理、创新图强、交叉融合、特色发展"的办学理念，牢牢把握高等教育发展大势、传媒业态发展趋势，瞄准"智能传媒"和"国际一流"两大主攻方向，以世界为坐标、以未来为向度，完成了全面布局和系统升级，正在蹄疾步稳、高质量推动学校从传统高等教育向未来高等教育跨越、从传统传媒教育向智能传媒教育跨越、从国内一流向世界一流跨越，全力建设中国特色、世界一流传媒大学。

中国特色、世界一流，在于有大先生扎根中国大地，汇聚古今、融通中外；在于有大先生执教黉门，学高为师、身正为范；在于有大先生躬耕杏坛，敦品积学、启智润心。习近平总书记更强调，高校教师要立志成为大先生，在教书育人和科研创新上不断创造新业绩。中传广大教师素来以做大先生为毕生职志，努力成为新时代"经师"与"人师"的统一者，做真学问、立高品行，践履"立德树人"使命。

2024岁在甲辰，欣逢中传建校70华诞，学校特邀约部分学者钩玄勒要、增删批阅，遴选已公开刊发的论文汇编成集，出版"中传学者文库"，意在呈现学校在学科建设、科学研究、服务行业实践等方面的最新成果，赓续中传文脉，谱写时代新声。

文库汇聚老中青三代学者，资深学者渊渟岳峙、阐幽抉微；中年学者沉潜蓄势、厚积薄发；青年学者踌躇满志、未来可期。文库与五十周年校庆所出版的"北广学者文库"相承接，大致可勾勒中传知识生产薪火相传、三代辉映之概貌，反映中传在构建中国特色新闻传播类、传媒艺术类、传媒技术类学科体系、学术体系和话语体系方面的耕耘与收获，窥见中国特色信息传播类学科知识体系构建的发展脉络与轨迹。

这一构建过程，虽筚路蓝缕，却步履铿锵；虽垦荒拓野，亦四方辐辏。一批肇始于中传，交叉融合、具有中国特色的学科，如播音主持艺术学、广播电视艺术学、传媒艺术学、数字媒体艺术学、政治传播学等，从涓涓细流汇入滔滔江河，从中传走向全国，展现了中传学者构建中国自主知识体系的学术想象力和创新力。文库展示的虽然是历史，实则是呈现今天；看似是总结过去，实则是召唤未来。与其说这套文库的出版，是对既有学术成果的展示，毋宁说是对未来学术创新的邀约。

回首过往，七秩芳华。我们深知，唯有将马克思主义基本原理与中华优秀传统文化相结合，才能推动中华学术创造性转化和创新性发展，推动中国自主知识体系的构建。我们深知，唯有准确把握媒介形态演变的脉动、深刻认知媒介形态变革所产生的影响，才能推动中国信息传播类学科自主知识体系的构建与时俱进。

展望未来，星辰大海。我们深知，以人工智能为代表的产业和科技革命正迅疾而来，媒介生态正在加速重构，教育形态正在全面重塑，大学之使命与价值正在被重新定义；我们深知，唯有"胸怀国之大者"、面向世界科技前沿、面向经济主战场、面向国家重大需求，才能确保中传始终屹立于中国及至世界传媒教育发展之潮头。

如何应对人工智能带来的深刻变革，对中传而言是一场要么"冲顶"、要么"灭顶"的"兴亡之战"。我们坚信，不管前方是雄关漫道，还是荆棘满途，唯有勇敢直面"教育强国，中传何为？"这一核

心命题,奋力书写"智能传媒教育,中传师生有为!"的精彩答卷,才能化危为机,奋力开创人工智能时代中传智能传媒教育新纪元。

功不唐捐,芳华七秩;风帆正举,赓续创新。

是为序。

第十四届全国政协委员,中国传媒大学党委书记、教授、博士生导师

目　录

第一部分　符号篇

面部表情都是符号吗
　　——论符号判断的误区 ··· 003
模拟、施为与召唤
　　——论仪式的符号特征 ··· 012
从模拟到表征再到自我指涉
　　——论人类的三种符号崇拜 ·· 028
从象征之林到象征交换
　　——论符号"巫术"与符号"迷思" ································ 040
图像化生存：从迹象到拟像、从表征到存在 ··················· 051

第二部分　故事篇

新闻话语中的原型沉淀 ··· 065
新闻中的永恒故事：原型对记者视角的框限 ·················· 079

永恒故事：社会记忆对新闻框架和舆论爆点的形塑
　　——以"江歌案"为例 …… 097

文化差异、文化基因与谜米表达
　　——以中美体育失利与胜利报道为例 …… 120

第三部分　话语篇

谁在新闻中说话
　　——论新闻的话语主体 …… 137

论兽首拍卖事件中西方意识操纵技巧与效应 …… 150

数据新闻：社会精英话语权的消解 …… 159

话语事件：话语表征及其社会巫术的争夺 …… 169

第四部分　叙事篇

叙事·新闻叙事·新闻类型
　　——兼谈所有新闻都是叙事吗？ …… 187

数据新闻：一种社会科学研究式的新闻论证 …… 205

两极与互补：新媒体语境下的新闻样态与图景 …… 222

新媒体语境下的新闻叙事模式 …… 238

社交媒体召唤结构：新闻交往化与亲密性 …… 253

后记 …… 272

第一部分
符号篇

面部表情都是符号吗*
——论符号判断的误区

安伯托·艾柯（Umberto Eco）说："我建议把记号定义为任何这样一种东西，它根据既定的社会惯习可被看作代表其他东西的某种东西。"或者更简单地说，"一个记号是X，它代一个不在的Y"。① 哲学家查尔斯·桑德斯·皮尔士（Charles Sanders Peirce）则认为，"一个符号（sign），或者说象征（representation）是某人用来从某一方面或关系上代表某物的某种东西"。

一、误区之一：征候是符号

符号的最突出的特性是指代性。但在对符号进行判断时，人们普遍存在着一种误区，那就是把信息载体都看作符号，或者把传播都看作符号的传播。例如，艾柯在1977年把符号分为以下几种，见图1：②

---

* 文章原载于《国际新闻界》2009年第1期，与张敏合作，收入本书时，略有删改。
① 李幼蒸．理论符号学导论［M］．北京：社会科学文献出版社，1999：478．
② 李幼蒸．理论符号学导论［M］．北京：社会科学文献出版社，1999：481．

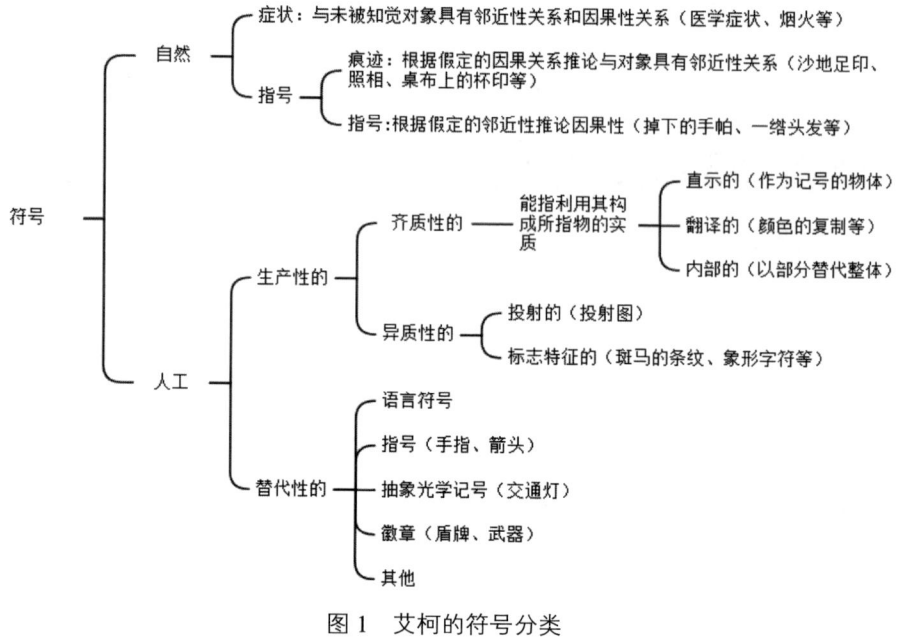

图 1　艾柯的符号分类

皮尔士则"按记号和其对象的关系"把"记号"分为以下三类：

①肖似符号（icon，有的学者翻译为"象似符号"）：记号和其对象有共同性质，二者在某方面有相似性，如照片和本人的关系。

②指示符号（index，有的学者翻译为"指号""指引符号"）：记号与其对象之间有存在性关系，如手指和所指对象之间、风帆与风之间、烟与火之间的关系。

对于指号与所指者的关系，皮尔士指出，它可以是空间邻近性的，如用手指示；也可以是因果性的，如烟与火。这种邻近性既可以是共时的，如烟与火；也可以是历时的，即中间具有时间间隔的，如人与足迹。

③象征符号（symbol，有的学者翻译为"规约符号"）：符号代表该对象的意义，无关乎相似性和存在性的关联，并具有任意性，或二者关系只按人为规则确定，如天然语言。

从以上艾柯和皮尔士的符号分类可以看出，他们几乎都认为症状、征兆、痕迹（部分学者统一称之为"征候"，下面便用这一术语）是符号。艾伦·赛特（Allen Sater）在 1992 年指出，"符号学研究的是一切可以被用来传播的东西：文字、形象、交通标识、花朵、音乐、医学症状，还有更多别的"。利斯伯特·凡·祖能（Liesbeth van Zuinen）在1994年则干脆指出，"几乎所有东西都能被认为是符号"。①

二、误区之二：体态是符号

国内有教授指出，"由于它们（指动作、手势、表情、视线、姿势等体态——笔者注）也能像语言那样传递信息，有人称之为'体态语言'"，因此，笔者在这里称之为体态符号。其实，这里的"体态语言"中的"语言"是一种比喻说法，并不是说它们是一种类似语言的符号。另一位学者则指出，"正是由于非语言符号的涵盖范围是如此之宽阔，才造成了对其下定义的困难。比较规范的否定性定义是'非语言传播包括了传播情境中言语刺激之外的一切由人类和环境所产生的刺激，这些刺激对于信息发出者和信息接收者具有潜在的信息价值'（萨姆瓦语——笔者注）。但是，这个定义并没有对非语言符号给出任何正面的说明"。显然，这位学者把非语言传播这一概念偷换成了非语言符号。

不可否认，有学者（如宋昭勋）对非言语传播和非言语符号进行了简单的区分，但他仍然认为凡是进行非言语传播的事物都是符号。②与此同时，有学者指出，乌云密布、闷雷滚滚是下雨的征兆，不是符号，但是他们一未对符号与征候之间的区别进行深入的分析，二在对面部表情、动作、眼神等体态进行判断时，陷入了"凡是能传情达意的都是符号"的误区。

确实，所有的符号都是"信息的外在形式或物质载体"，③但是不能说"凡是信息的外在形式或物质载体都是符号"，因为任何物质都是信息源，但并非所有的物质都是符号。这正如"人都是动物"是正确的，但"动物都是人"是错误的。固然，马丁·路德·金、玛丽莲·梦露、梧桐、丁香、鸳鸯、白

---

① 段鹏. 传播学基础 [M]. 北京：中国传媒大学出版社，2006：159.
② 宋昭勋. 非言语传播学概论 [M]. 四川：天地出版社，1999：92.
③ 郭庆光. 传播学教程 [M]. 北京：中国人民大学出版社，1999：43.

鸽既传递了信息,也是符号。虽然任何一个人、任何一棵植物、任何一个动物都能传递信息,但这些并非都是符号,因此,我们不能说"由于它们也能像语言那样传递信息",就把它们称为符号。如果这样,符号便等同于客体。

出现以上两种误区是因为学者混淆了指代意义(或者说指代事物)和负载信息(或者说传递信息)这两种不同的现象。比如山上有烟火,负载了那里有人家的信息;树发芽了、开花了,传递着春天到了的信息。一个人咳嗽了、吐血了,预示着他生病了。但烟火并不指代人家,发芽和开花也不指代春天,咳嗽和吐血同样不指代生病。

三、符号判断的标准

仔细分析,可以发现指代意义的符号和负载信息的事物可从以下几点进行区分:

第一,时空的非同步位移。

对于指代意义的符号来说,它可以代替所指对象随时随地"旅行",而不需要所指对象伴随。例如,新闻图片、电影可以在全球刊播,而不需要它们的所指对象随同前往。这说明,符号与其所指对象具有在时间、空间上的非同步位移性,甚至即使所指对象完全消失,符号仍可以存在。也就是说,符号能够脱离所指对象而在任何时空位移。

对于负载信息的征候来说,征候所到之处、之时,其所负载信息的对象必然到之。比如哪里出现了老虎的足印,就说明了老虎到了哪里。人什么时候吐血了,就表示什么时候生病了。这说明,征候与其所负载信息的对象能在时空中同步位移。也就是说,征候不能脱离对象在任何时空位移,只有所负载信息的对象位移了,它们才能随之位移。

第二,复制。

符号和征候在时空位移方面有所不同的原因,在于符号可复制。所谓可复制,指的是符号不需要所指对象便可无限地复制。它不需要所指对象便可复制,是因为它具有指代性,因而人人都可使用之,每使用一次,就是复制一次。但征候不可复制，它要出现一次，就需要负载信息的对象出现一次。譬如，如上所述，地上的老虎足印只是老虎曾从此处经过的征候，要想多一个脚印，老虎必须多跨一步。

但是，如果地上的老虎足印被用相机拍摄下来后形成图像，它便是符号，也就是图像上的老虎足印指代了地上真实的老虎足印，这样，它就可以无限复制，而不需要老虎真的迈步。

依据以上两点，只能区分所指对象为具体事物的符号或征候，不能区分所指对象为抽象概念的符号或征候。

第三，可控。

符号和征候的不同之处，还在于符号可以人为控制，而征候却难以控制。例如，某人爱上了一位异性，他可以用玫瑰示爱，也可以示之以情书，还可以暗恋之。但是对于走路的老虎来说，它不可能不留下脚印。同样，对于已经来到的春天来说，树无法控制"自己"是否一定发芽、开花；对于生病的人来说，他也难以控制症状出不出现。

第四，人为与习得。

符号和征候可控性的不同，在于符号是人为的，而征候是自然生成的。所谓符号的人为性，有两个层次：首先指的是符号是人类所独具的一种活动，其次指的是人类的符号活动是在有意识、有目的的状况下开展的，并且符号是人类后天习得的。这两个层次的含义之间存在递进关系。

所谓征候的自然性，也包括两种含义，这两种含义分别表示的是两种不同的情况。第一种含义指的是征候与其所传递的信息是一种自然现象，与人类无关。例如，树开花、结果实、天下雪与其分别所负载的信息：春天、秋天和冬天，这是几种具有因果关系的自然现象，不论人类存在或认识与否，它们都是存在的。人类只是把早已客观存在的因果关系揭示出来罢了。

第二种含义指的是征候与其所传递的信息与人类有关，但这种传递信息的行为、活动或表现是无意识的自然流露，甚至是一种本能表现，具有先天性、自然性，不需要人类来习得。例如，同样是人的"体态语"，"高兴了、满足了就笑，伤心了、不满意了就哭"之类的情感表达是全人类共有的动物性本能，不需要学习。因此，刚出生的婴儿便能如此。但是，表示"胜利"和"OK"的手势则需要学习才能掌握。

朱迪·K.伯古恩（Judee K. Burgoon）归纳非语言符号的特征时指出，非语言符号可以引发人们不受思维控制的无意识反应。非语言符号的传播具有自发性。在传播过程中，人们可能本能地使用一些非语言符号，往往未经思考就立即做出条件反射式的传播。① 其实，朱迪·伯古恩所指的非语言符号不能算作真正的符号，只能是一种症状，如缓慢的语速、沁出的汗珠、腿部的抖动，这些表现虽然意味着紧张，但它们并非紧张的符号，只是紧张的症状。

正如达尔文在《人类和动物的表情》一书中所指出的，面部表情在很大程度上是普遍的、先天的。因此，不能把所有的眼神、面部表情、手势、姿势、气味、服饰等都认为是符号。如果这样，就相当于否认德国哲学家恩斯特·卡西尔（Ernst Cassirer）所指出的符号是"人类的意义世界之一部分"，否认符号现象是人与动物的本质区别。

依据以上两点可以对所指对象为心理状态等抽象概念的符号和征候进行区分，如面部表情、眼神、手势、体态等。

第五，理据与非必然。

指代意义与负载信息的混淆是导致人们把征候误认为符号的原因之外，功能符号的理据性也是人们误把传递信息的事物看作符号的原因。

"很多的符号系统（物品、手势、图像）都有一个本体不在意指的表达实体：通常，这是一些由社会出于意指目的加以衍义的实用物品：衣服被用于蔽体，食物被用于果腹，但它们也被用来表达意义。我们提议将这些源于实用并具功能性的符号学符号称作功能符号。"②

---

① 李特约翰.人类传播理论［M］.史安斌，译.北京：清华大学出版社，2004：80.
② 巴特.符号学原理［M］.王东亮，译.北京：生活·读书·新知三联书店，1999：31-32.

纵观古今社会的功能符号，我们可以认为实用物品演变为功能符号是一个社会建构的过程，即通过行政机构、社会仪式，通过法规、教育、习俗等各种话语途径把实用物品与身份、角色、地位联系起来，使得实用物品成为身份、角色、地位的符号，正如罗兰·巴特（Roland Barthes）所说的："倘若衣服不借助于描述它、评价它并且赋予它丰富的能指和所指来构建一个意义系统的言语，它还能有所意指吗？"① 以古代官服为例，西汉思想家贾谊在《新书·服疑》中指出："贵贱有级，服位有等……天下见其服而知贵贱。"明、清官服，胸背加补子，根据品级织、绣不同图案：

文一品，织、绣仙鹤。武一品，织、绣麒麟。

文二品，织、绣锦鸡。武二品，织、绣狮。

文三品，织、绣孔雀。武三品，织、绣豹。

文四品，织、绣云雁。武四品，织、绣虎。

文五品，织、绣白鹇。武五品，织、绣熊。

文六品，织、绣鹭鸶。武六品，织、绣彪。

文七品，织、绣鸂鶒。武七品，织、绣犀。

文八品，织、绣鹌鹑。武八品，同武七品。

文九品，织、绣练雀。武九品，织、绣海马。

实用物品的符号化，一般具有理据性，即作为符号的实用物品使用其所指代的意义是有一定的道理或依据的。例如，黄袍作为帝王象征符号是由于赤黄近似日头之色，日是帝皇尊位的象征，"天无二日，国无二君。"故赤黄（赭黄）除帝皇外，臣民不得僭用。赭黄几乎成为皇帝常服专用的色彩。后来，为了防止黄色与赭黄相混，官民一律禁止穿黄色。从此黄色就成为帝皇的象征。又如，用不易磨变的钻石代表恒久的爱情。

社会把物质实体建构为符号，或出于政治目的，如上例中，我国古代皇帝用黄袍的太阳之色表明自己的至高无上；或出于经济利益，正如广告业界所熟知的价值80美元的香水，成本只需1美元，79美元是附加价值。这些

---

① 巴特.流行体系：符号学与符饰符码[M].敖军，译.上海：上海人民出版社，2000：前言.

附加价值也许就是可可·夏奈尔（Coco Chanel）所说的美丽的将来，①就是性感、优雅、神秘。

功能符号的理据性在于，其所指往往是通过转喻而建立在能指的功用、形状、颜色、质料、风格等基础之上的。其中，部分作为能指的实用物品往往是其所指对象的表现形式，即征候，如只有成功、富有的人才能拥有高级小轿车，因此高级小轿车既是财富、成功的征候，即负载着财富和成功的信息，又是财富、成功的能指，即指代着财富和成功的意义。因此，在符号化的实用物品上，征候与符号、负载信息和指代意义常常合二为一。社会生活中的这种现象导致人们在面对自然界的征候之时，难免简单类推，即将负载信息的事物等同于指代意义的符号，将征候等同于符号。

需要指出的是，社会生活的这种征候能够符号化是因为它与自然界的征候有区别，自然界的征候与其所负载的信息之间具有必然的联系，而且它们之间的这种联系并不是社会建构的结果；而作为征候的实用物品与其所指代的意义之间的关系并不具有必然的联系，如成功、富有的人并不必然购置高级小轿车，而拥有 Chanel No.5 香水更不会一定拥有"美丽的将来"，它们之间的联系是社会建构的结果。正是因为自然界征候与其所负载的信息之间的这种必然性，导致征候不必成为信息的符号，也能使人必然地联想到其所负载的信息；而由于作为功能符号的征候与其所指代的含义之间不具有必然性，所以必须被符号化，才能使人联想到其所指。

一方面，由于实用物品可以从功用、形状、颜色、质料、风格等不同的角度赋予不同的意义。另一方面，同一种意义可以通过不同的物品来给予体现，如时尚可以体现于服装、首饰、发型、饮食等，因此，不同于语言符号的能指与所指具有稳定的关系，功能符号的能指与所指常常关系松散，从而形成大量"浮游"的能指和所指。

第六，交际和展示。

---

① 可可·夏奈尔曾经说过："不用香水的女人没有将来。"1921 年，她推出了 Chanel No.5 香水，希望给所有女人一个美丽的将来。

符号是人类为了满足认知、交流的需要而诞生的，因而符号的指代性必然具有交流、交际的特性。这一特性可以使人们很好地区分哪些面部表情、人体姿势和动作、眼神是符号，哪些不是符号。例如，人们喜逢旧友之时的拥抱、握手、亲吻、微笑、鞠躬等动作显然是符号，因为人们利用这些动作展示情感，传递意义。"握手的原始意义据称是为了向对方展示手中无攻击性武器，不仅表示问候，也表示一种保证、信赖和契约。"① 除了传递感情和含义之外，它们别无他用；而人在独处时的站立、踱步、微笑、沉默，则不是一种符号，因为这些动作出于本能，而不是为了交际。但是当男子说"你愿意嫁给我吗？"时，女子的沉默、站立和跑开便又是符号——英语中，沉默表示犹豫不决；日语中，沉默可被理解为接受；对伊卜人来说，如果女方仍然站在那里就表示拒绝，如果她跑开则表示接受。②

　　这种交际表现在镜像符号中显示为纪念性或表演性，在功能符号中则显示为展示性。正如罗兰·巴特所指出的，并非所有的实用物品都是符号："一件裙子先于意指而存在，也可以无须意指而存在。它收到的意义只是昙花一现，便凄然凋零。（杂志）的言语抓住无意义的物体，不用改变它们的实体，便把意义迅捷地置乎其上，使之以一个符号的形式存在下去。它也可以剥夺这种存在，所以意义就如同飞来之福降临在物体身上。如果剥去罩衫身上的宽松性，这件裙子的浪漫色彩也就消失殆尽，重新回到除了是一件裙子外什么东西也不是的、毫无意义的状态。"③ 怎么判断消费品是否为符号，就看它是纯粹为了消费，还是在展示什么。一个人不会只为了掌握时间而购买几十万元的欧米茄金表，也不会只为了保暖而购买上千元的皮尔·卡丹，购买它们更主要的是为了展示自己的身份。

---

① 宋昭勋.非言语传播学概论［M］.四川：天地出版社，1999：210.
② 波特.跨文化传播［M］.闵惠泉，贺文发，徐培喜，等译.北京：中国人民大学出版社，2004：192.
③ 巴特.流行体系：符号学与符饰符码［M］.敖军，译.上海：上海人民出版社，2007：73.

模拟、施为与召唤*
——论仪式的符号特征

仪式是人类历史长河中最古老、最普遍的一种文化现象,被美国著名的人类学家克利福德·格尔茨(Clifford Geertz)称为"文化表演",被英国著名的人类学家维克多·特纳(Victor Turner)称为"社会戏剧"。像任何一种"文化表演"一样,仪式由符号组成,是"一个符号的聚合体"(an aggregation of symbols)。① 仪式由于它所具有的特殊传播效果而在现代社会被大量征用。本文试图就仪式的符号特征进行分析。

一、模拟与"互渗":仪式符号的象似性

人类的所有仪式几乎都由实物符号、肢体符号、语言符号组成:"仪式是由一套姿势、言辞和一种物质形式确立起来的崇拜对象构成的。"② 仪式符号尤其是其实物符号与肢体符号的产生源于模拟(摹仿/模仿与拟造),如英国著名女学者简·艾伦·哈里森(Jane Ellen Harrison)指出的:"仪式当然涉及摹仿。"③ 因为在原始社会,人们把彼此相似的东西看作同一个东西,因此巫师

---

* 文章原载于《国际新闻界》2011 年第 8 期,收入本书时,略有删改。

① TURNER V W.The drums of affiction:a study of religious processes among the Ndembu of Zambia[M].London:Bulletin of the School of Oriental and African Studies,1969:2.

② 哈布瓦赫.论集体记忆[M].毕然,郭金华,译.上海:上海人民出版社,2002:195.

③ 哈里森.古代的艺术与仪式[M].刘宗迪,译.北京:生活·读书·新知三联书店,2008:13.

认为,"通过模仿就可实现任何他想做的事"。① 例如,在北美洲的奥马哈印第安人部落,每当旱灾肆虐、庄稼枯萎之时,部落中的宗教性组织野牛会就会将一个巨大的罐子装满水,围绕着它婆娑起舞。其中一个舞者从罐子里喝一口水,然后朝向空中,喷水成雾,用以模拟雾气和毛毛雨。然后,他们把罐子倾倒,让水流到地上,众人纷纷爬到地上喝水,弄得自己满脸泥水。他们相信这样就能够让天降甘霖,浇灌庄稼。②

仪式符号的模拟方式多种多样。对于事物来说,模拟首先表现为相似,即由于某一事物在外形上与另一事物,尤其是人类身体或社会的某种现状具有某些相似性,因而此事物成为另一事物的模拟及其符号,如在恩登布人的仪式中,穆迪树由于分泌类似人类乳汁的白色乳胶,而成为"乳房""乳汁""哺乳""喂养"的能指。

詹姆斯·乔治·弗雷泽(James George Frazer)在其巨著《金枝》中指出,巫术赖以建立的思想原则,一类是"同类相生"或果必同因,另一类是"物体一经互相接触,在中断实体接触后还会继续远距离的互相作用"。前者名为"相似律",后者名为"接触律"或"触染律"。弗雷泽把遵循相似律的巫术称为模仿巫术;把遵循接触律的巫术称为感染巫术。③ 由此我们可以知道,在人类原始时期的仪式中,存在着众多的这种相似性符号。

实质上,上述所举事例的相似性模拟是一种隐喻。在相似性模拟中,最典型的做法是仿拟所指的形象,即雕像或图像。例如,古代的印度、巴比伦、埃及以及希腊、罗马的巫师们都深知如何通过破坏或毁掉敌人的偶像来伤害或消灭他的敌人。他们深信,在敌人的偶像受创伤时,他本人也会受到伤害,在偶像被毁掉时,本人也会死去。这一习俗至今仍在澳大利亚、非洲和苏格兰的民间流传。又如祭祀仪式场所的英雄雕像是对英雄的仿拟,丧葬仪式中的纸人纸马是对真人真马的仿拟,为亡灵鬼魂抛撒的冥界纸钱是对人间货币的仿拟。

---

① 弗雷泽.金枝[M].徐育新,汪培基,张泽石,译.北京:大众文艺出版社,1998:19.
② 哈布瓦赫.论集体记忆[M].毕然,郭金华,译.上海:上海人民出版社,2002:17.
③ 弗雷泽.金枝[M].徐育新,汪培基,张泽石,译.北京:大众文艺出版社,1998:19.

在所有的"同类相生"模拟中，最为相似的应该是同类事物中的"以此代彼""以个代类"。"以此代彼"的模拟符号通常构成了仪式上的"展品或所示之物"，包括神、英雄或祖先的遗物，土著的护身符，圣鼓或其他乐器。由于遗物、护身符等事物在世界上是独一无二的，因此常常被另一种同类事物代替。比如，后世基督教弥撒仪式中的圣体，不可能是耶稣最后的晚餐中的经过"祝圣"的面包或饼。奥运会开幕式也是如此，每届奥运会升在运动会主会场上空的旗帜都只是一面代用品。"以个代类"类型的物质符号则通常局限在成就展示性的仪式中，如我国 2008 年的奥运会开幕式与 2009 年的国庆阅兵式。追根溯源，"以此代彼"型与"以个代类"型的模拟之物实质上都是因转喻（提喻）而形成符号。

以上阐述的是仪式的实物符号的模拟机制。仪式符号形成的模拟机制还体现在角色的扮演与历史的重演，即肢体符号之上，如什叶派的穆哈兰节和天主教的礼拜。前者重演属于"先知者家族"的侯赛因及其亲属于 680 年在卡巴拉遭到进攻被杀的情景；后者的许多手势重现了圣经中提到的手势。对于这种类型的仪式来说，它"不是日记，也不是备忘录。它的支配性话语并不仅仅是讲故事和加以回味，它是对崇拜对象的扮演"①。无疑，扮演就是模仿。

角色的扮演与历史的重演这类模拟具有一定的局限性，因为它局限在纪念历史时刻与英雄人物的仪式中。但是，扩大仪式考察的范畴可以发现，绝大多数的仪式肢体符号都是因模拟而产生的。例如，几乎所有原始人类都有图腾崇拜，而在图腾崇拜仪式中，原始族群纷纷效仿自己所崇拜的图腾的外形、动作、姿态以及图腾事件，如传说商族的始祖是因其母简狄吞了玄鸟卵而生，玄鸟便成了商族的图腾，殷商时期祭祀图腾祖先的一个乐舞叫作"桑林"，其形式是用鸟羽化妆成玄鸟的巫师表演与简狄交媾的故事。

我们知道，绝大多数的仪式是人类与神灵鬼异进行交流的平台，但实际

---

① 康纳顿. 社会如何记忆［M］. 纳日碧力戈，译. 上海：上海人民出版社，2000：80-81.

上神灵是人类依照自己的形象与性质创造出来的一个"超人"范畴与模拟系统，其模拟系统可参见图1：①

> 第一层意义："我者"（人类）——"他者"（神灵）
> 以人类为模特儿创造出一个神话的超人系统
> （仪式的模仿关系）
> 第二层意义："我者"（人类）——"他者"（神灵）
> 以神话的超人系统为对象的一个摹仿和复制
> （诗学的模仿关系）

图1　模拟系统

正是因为神圣世界是对凡俗世界的模拟，所以被崇拜供奉的神灵具有与人一样的"食""色"需求、地位尊卑，甚至还有性格弱点。克雷维列夫（Крывелев）在《宗教史》中指出："古代神跟人一样，不但需要饮馔，而且需要声色。因此，在崇拜中除了让神醉饱以外，还要为他举行蔚为壮丽的盛大游行，表演各式各样的戏曲游艺。例如，在古希腊罗马，每逢葡萄种植业和葡萄酒酿制业的庇护神狄奥尼索斯的秘密祭时，要举行人山人海、载歌载舞的游行，史称酒神节。"②因此，仪式所建构的实际上是一种模拟现实社会结构的"象征秩序"，仪式中的生存世界与想象世界借助符号叙述得到融合，变成了同一个世界。③

以上说明，仪式大到框架的建构、关系的定位、场景的构建，小到符号的选用、动作的展示都源自模拟。这种因模拟机制而产生的符号无可置疑地具有象似性。

作为一种最古老的文化现象，仪式中为什么如此普遍地存在着模拟？这无疑与原始人类的思维方式有着极为密切的关系。法国著名人类学家列维－布留尔（Lvy-Bruhl）认为原始人类的思维受到互渗律的影响。

---

① 彭兆荣.仪式谱系：文学人类学的一个视野［D］.成都：四川大学，2002：132.
② 克雷维列夫.宗教史：上册［M］.王先睿，冯加方，李文厚，等译.北京：中国社会科学出版社，1984：84.
③ 王铭铭.象征的秩序［J］.读书，1998（2）：60-68.

互渗律是指在原始人的思维的集体表象中，客体和存在物都具有一种可被感觉到的神秘的力量。由于接触、相似、传染等原因，这种神秘力量在人与物之间互相渗透、互相作用、互相融合。在这种互渗中，最常见的是人与其画像或者雕像或者塑像之间的互渗。正是这种认识导致了报复、焚烧偶像的巫术行为，也导致了我国古代与现代民间普遍存在着在大门贴门神画像的风俗。例如，由于钟馗在古人的观念中具有捉鬼的本领，于是以其为素材的捉鬼年画便具有了避鬼驱邪的功能。"任何画像、任何再现都是与其原型的本性、属性、生命'互渗'的。这种'互渗'不应被理解成一个部分——不如说肖像包含了原型所拥有的属性的总和或生命的一部分。原始人的思维看不见有什么困难能使他不去相信这个生命和这些属性同时为原型和肖像所固有。由于原型和肖像之间的神秘结合，由于那种用互渗律来表现的结合，肖像就'是'原型，和波罗罗人就'是'金刚鹦鹉一样。这意味着，从肖像那里可以得到和从原型那里得到的一样的东西；可以通过对肖像的影响来影响原型。"[1]

当然，这种渗透不仅表现为人对物的渗透，还表现为物对人的渗透，即人将自己同化于对象之中，认为自己具有对象的某种特性，如鬼魂附体一说，便是异物对人的渗透。显然，列维-布留尔的这种人与物的互渗说类似于弗雷泽的人与物之间的交感说。

正是这种万物互渗的思维使得原始人类的仪式中广泛存在着模拟。仪式发展到现代社会，人们不再认为万物有灵、万物互渗，因此人们举行仪式的目的已经发生根本性的转变，即由解决各式各样的具体问题以及祈福祷佑转变为寻求一种共同感、认同感和团结感。这时的仪式符号进行模拟的目的便由控制神灵转变为唤起共鸣、唤起回忆、唤起心底共存的"集体表象"，因此这时也存在着"互渗"，但这种渗透已经由人与物之间的神秘力量的渗透转变为人与人，即仪式参与者、观看者之间的情感渗透与感染，如2008年8月8日的北京奥运会开幕式中，穿着民族盛装的56个小孩簇拥着国旗走向现场、走向旗杆的场景，它展现了来自世界各地的花朵般盛放的2008张灿烂的笑

---

[1] 布留尔. 原始思维 [M]. 丁由, 译. 北京: 商务印书馆, 1981: 72–73.

脸。这些场景与形象显然有助于我国各民族、有助于世界各地的人们在其上投射情感，唤起人们的认同感。

二、所说之话：从施为话语到陈述话语

随着时代的变迁，仪式的语境、目的、功效等都发生了根本性转变。在巫术时代，人们举行仪式主要是为了控制某种超自然力或神灵以应对各种各样的生存与延续等具体问题；在宗教时代，人们举行仪式主要是为了取悦神灵以求获得神灵的佑助；而在科学时代，在承继巫术仪式与宗教仪式之外，人们举行仪式已基本不是为了解决具体问题，也不是为了寻求心理寄托，更多的是通过展示或叙述而宣扬某种或某些价值观念，或者是为了塑造或巩固某种身份认同。目的不同，语言表达也迥然相异，它经历了从基本为施为话语到以施为话语为主再到以陈述话语为主，最后基本为陈述话语的转变。

在巫术时代，仪式的语言表达主要体现为咒语。因此，咒语是仪式中非常重要的组成部分，也是最重要的一环，正如勃洛尼斯拉夫·马林诺夫斯基（Bronislaw Malinowski）所说的："我们分析一切巫术行为的时候，也永远见得到仪式是集中在咒语的念诵上的。咒语永远是巫术行为的核心。"[①] 由于巫术时代人们举行仪式的实际目的是借助各种巫术符号达到用某种超自然力解决他们当时生活中遇到的各种各样的具体问题，因此其语言表达往往采取驱使、命令的语气，"在万物有灵观和神灵崇拜产生的初期，咒语以命令、驱使鬼神为主。……从历史的角度看，咒语魔力的构造机制的确经过了由巫师直接命令客观世界到通过驱使、祈求鬼神来控制客观世界的一个清晰的过程"[②]。具有这种驱使、命令特性的话语，在语用学中便被称为施为话语，即其语言表达具有较为明确的施为性。

[①] 马林诺夫斯基.巫术、科学、宗教与神话［M］.李安宅，译.北京：中国民间文艺出版社，1986：56.

[②] 马林诺夫斯基.巫术、科学、宗教与神话［M］.李安宅，译.北京：中国民间文艺出版社，1986：21.

施为话语是与陈述话语相对的。所谓陈述话语是指"说明事物的状态"或"陈述某项事实"的话语,而且这一"说明"或"陈述"是受"真实"或"虚假"这一标准检验和制约的。例如,"昨天我看了电影《2012》。"这句话是对"我昨天看电影"这一事实的陈述,这一事实或许是真实的,或许是虚假的,对方可以对此进行验证。但事实上,语法形式上为陈述句的句子,并非都在"说明事物的状态"或"陈述某项事实"。有些句子既不说明任何状态,也不陈述任何事实,因而说不上是"真实"或"虚假"的。它们的作用在于:说出这些话本身时,说话人便在"实施某一行为",如"我发誓我明年要考上博士""我宣布他有罪""我以六英镑赌明天会下雨"。显然,说话人说出这几句话时,并不是在"描述""陈述"或"说明"任何事实。他是在实施"发誓""宣告""打赌"等行为。在说话的这一刻,这三个行为便开始生效。对于施为句,我们只能认为其行为是否"恰当",是否"真诚"或是否"明智"。①

由于巫术是以命令、驱使某种超自然力或神灵来得以实现的,因此巫师们基本都采取这种在说话的同时进行某种行为的言语表达方式,如我国古代文献上记载的较早的咒语皆是向自然物直接发号施令,如《礼记·郊特牲》记载了年终腊祭的咒语:"土反其宅,水归其壑,昆虫毋作,草木归其泽!"又如《山海经·大荒北经》记载上古人们驱逐旱魃所用咒语:"魃时亡之,所欲逐之者,令曰:'神北行!先除水道,决通沟渎。'"不过,从形式上看,巫术咒语有些虽是明显施为句,但更多的是内含施为句、嵌入施为句、间接施为句。②

随着人类进入宗教时代,巫术仪式转变为宗教仪式,仪式咒语也随之转变为仪式祷词。"祷词是信教者以赞美、禀告、恳求、感谢等方式,向他们所信奉的神灵进行祷告以祈福禳灾的语言。"③咒语与祷词的区别源于巫术崇拜与神灵崇拜的区别。

弗雷泽指出,巫术认为"自然的进程不取决于个别人物的激情或任性,

---

① 刘保山. 英语中的施为句 [J]. 现代外语,1982(3):7.
② 刘保山. 英语中的施为句 [J]. 现代外语,1982(3):7.
③ 黄涛. 咒语、祷词与神谕:民间信仰仪式中的三种"神秘"语言现象 [J]. 民间文化论坛,2006(2):39-44.

而取决于机械进行着的不变的法则",这种法则是一种无意识的非人格化的力量,但人可以用适当的仪式和咒语操纵这种力量。① 宗教则"认定世界是由那些其意志可以被说服的行为者加以引导的",而且神灵具有控制一切的力量,如基督教中的上帝,所以宗教信徒总是试图以迎合、抚慰的方式取悦人格化了的神灵,以说服和诱导的方式使神灵按人的利益改变事物发展的方向。② 这种认知导致宗教仪式及其中的祷词表现了"人对神卑躬屈膝、讨好祈求的态度,它的内容一般有迎合和告求两部分,迎合包括对神的德行和智能的赞颂、对神的屈从态度和对供奉祭品的陈述,告求则是向神倾诉自己某方面的苦难,祈求神的帮助"。③ 因此,宗教仪式的语言表达不仅采用施为话语,还采纳陈述话语,如《圣经》中的各种祷词。

说话者本人在说话的同时实施某项行为这一显著特点之外,仪式中的许多施为话语还有一个非常明显的特征,那就是驱使或祈求别人做事,即其中包含了别人将要"实施"的动作,因此,仪式中的施为话语既意味着话语者的"行为实施",又蕴含着听话者将要实施行为,即说话者话语的"主题实现"。

"仪式"这一词语,希腊语为"dromenon",意为所为之事,是指实际的作为。④ 因此,从词源上来说,这意味着古希腊人已经切身体会到仪式的施为性。仪式的这种施为性,也处处充盈于现代仪式中,例如,奥运会开幕式的所有流程基本都起始于施为话语,如升(举办国家的)国旗、奏国歌;运动员入场;当届奥组委主席、国际奥委会主席讲话;会旗入场、升旗、演唱会歌;运动员和裁判员宣誓、圣火入场与点燃圣火等,最为典型的是举办国国家领导人的讲话,如北京奥运会胡锦涛的话语:"我宣布北京第二十九届奥林匹克运动会开幕!"奥运开幕式的这种施为性更体现为说话者的"行为实施"

---

① 弗雷泽.金枝[M].徐育新,汪培基,张泽石,译.北京:大众文艺出版社,1998:79.
② 弗雷泽.金枝[M].徐育新,汪培基,张泽石,译.北京:大众文艺出版社,1998:77,79.
③ 黄涛.咒语的本源、演变、基本特征以及与祷词、神谕的区别[J].宗教学研究,2006(3):160–165.
④ 哈里森.古代的艺术与仪式[M].刘宗迪,译.北京:生活·读书·新知三联书店,2008:13.

与听话者的"行为实施"的前后相继,如北京奥组委主席刘淇说:"现在,我非常荣幸地邀请国际奥委会主席罗格先生致辞。"很快,他这句话语的"主题"得以"实现",罗格先生给予致辞。因此,从这个意义上来说,北京奥运会开幕式确实是"实际的作为"。

巫术仪式因各种具体实用功能难以灵验而日益衰落,宗教仪式却因其社会凝聚功能、因其对集体情感和集体意识的唤醒功能而日益发展。表现仪式或纪念仪式便顺理成章地盛行起来,陈述这种话语方式与施为话语在仪式上也逐渐具有了同等重要性,甚至主宰了仪式上的语言表达,因为这时举行庆典是为了叙述某个群体的累累硕果和荣耀事件,并使之成为人们的集体记忆,使人们体会到彼此的亲属与亲近关系,如《诗经·周颂》中的《天作》《昊天有成命》和《时迈》便分别是祭祀时用来歌颂文王、成王、武王的功劳的乐歌。

现代社会的仪式也是如此,如2010年4月5日,陕西黄陵县桥山举行了规模宏大的"庚寅(2010)年清明公祭轩辕黄帝典礼",仪式主持人恭读的祭文基本都是通过陈述话语叙述黄帝的功劳和新中国成立60年的成就。

在仪式的物品展示、动作扮演、话语陈述的三重作用下,集体情感和集体意识得到了复苏,人们被动员并团结起来,"通过举行仪式,群体可以周期性地更新其自身的统一体的情感;与此同时,个体的社会本性得到了增强。"①

不过,现代社会仪式的功效和传播借助高科技的传播技术已经完全突破了时空的界限,从而完成了仪式的媒介化,其表现为对于大多数的受众来说,仪式的结构已经完全由仪式的现场展演与媒介的解说(在当今时代,主要是电视媒介的解说)两个必不可少的部分组成。因为媒介的解说不仅有助于受众把仪式的意义"带回家",而且能够用趣味性和相关性的话语将该意义激活。主持这类节目的记者们也会暂时搁置起往常的批评立场,拿出尊敬甚至

---

① 涂尔干.宗教生活的基本形式[M].渠东,汲喆,译.上海:上海人民出版社,2006:358.

敬畏的态度，扮演着牧师一样的角色。①

由于媒介解说对于大多数观众来说必不可少，因此现场司仪的功能日益衰落，其话语表达也日益精简，如北京奥运会开幕式，司仪的声音只是在每个流程的开始响起，以宣布各流程的开始，所以现场司仪的话语表达几乎都采取施为话语；而其他的内容依赖着媒介的解说，媒介的解说主要是以表述话语为主。这一特点不仅体现在北京奥运会开幕式上，也体现在 2009 年新中国成立 60 周年的阅兵仪式上。

三、仪式符号及其组合：形式主义与召唤结构

正如埃米尔·涂尔干（Émile Durkheim）所言：仪式的意义所在"首先是道德的和社会的"，②即通过唤起参与者由道德力和道德信念构成的某种心灵状态，从而达到塑造与再造共同情感、共同意识的效果。虽然巫术时代的仪式是为了实现各种非常功利而具体的目标，如祈孕求子、祈求天降甘霖等，但它促进身份认同与社会团结的功能始终存在。只不过是这种抽象的功能往往被其具体、功利的目标所掩饰，因此人们难以察觉其存在。基于此，涂尔干指出，"仪式的真正功能并不在于它表面上所追求的特别的和确定的效果，尽管人们通常借此来确定它的性质；仪式是一种一般的作用，虽然这种作用无论何时何地都是一样的，但可以根据不同的条件以不同的形式出现"③。

为了促成仪式这种一般的、共同的社会作用，仪式必然会采取某种特殊的形式与结构，除了上述的符号模拟和话语表述，其符号及其组合还另具特点，那就是形式主义和召唤结构。

---

① 戴杨，卡茨.媒介事件：历史的现场直播［M］.麻争旗，译.北京：北京广播学院出版社，2000：8，42.
② 涂尔干.宗教生活的基本形式［M］.渠东，汲喆，译.上海：上海人民出版社，2006：354.
③ 涂尔干.宗教生活的基本形式［M］.渠东，汲喆，译.上海：上海人民出版社，2006：366.

（一）仪式的形式主义

此处的"仪式的形式主义"是指仪式对形式非常重视，并不含有对内容的忽视这一内涵。仪式由三个部分组成：展品或"所示之物"、行为或"所做之事"、教诲或"所说之话"，这三部分体现了仪式对形式美的追求。

首先，简单考证一下仪式话语对形式主义的追求。无论是巫术的仪式咒语，还是宗教的祭祀仪式、表现仪式（纪念仪式）、禳解仪式的祷词与祭文，基本都辞藻华丽，朗朗上口，形式优美，有押韵，有反问，有重复，有赋比兴，有对比、排比，修辞手段层出不穷，如上述的《礼记·郊特牲》所记载的蜡祭咒语便采纳了排比句，朗朗上口，易于记诵。众所周知，《诗经》中的《颂》，尤其是《周颂》都是周王室的宗庙祭祀诗，即周王室祭祀的乐歌，被称为诗和乐歌，便说明了它的形式之美，如典型的有《噫嘻》：

噫嘻成王，既昭假尔，率时农夫，播厥百谷。骏发尔私，终三十里。亦服尔耕，十千维耦。

全诗八句，分为两层。从第三句起全用对偶，后四句句法尤奇，似乎不对而实为"错综扇面对"，若将其加以调整，便能分明看出：

骏发尔私，亦服尔耕；终三十里，维十千耦。

这说明"骏"和"终"、"亦"和"维"字隔句成对；其他各字，相邻成对。此种对偶法，即使在后世诗歌最发达的唐宋时期，也是既颇少见，又难有如此诗所见之自然。①

正是由于仪式语言追求形式之美，才导致诗歌源于仪式，如柏拉图（Plato）指出的："诸体诗颂，或祈愿于诸神，此所谓颂歌，或与之相反，则所谓哀歌，又有所谓赞歌。"②

总之，古代的仪式咒语、祷词与祭文或为四字句，或为六字句，句末多

---

① 姜亮夫，夏传才，赵逵夫，等.先秦诗鉴赏辞典［M/OL］.上海：上海辞书出版社，1998：665-666［2010-09-09］.https://weread.qq.com/web/bookDetail/f3e3e2fc0811e1c5d1g011384.

② 哈里森.古代的艺术与仪式［M］.刘宗迪，译.北京：生活·读书·新知三联书店，2008：64.

有押韵，或排比或对仗，或比拟或摹声，既富有节奏韵律，又形象生动，因此，可称之为"古典诗歌／乐歌体"。"古典诗歌体"仪式话语不仅盛行于古代，在中世纪甚至现当代社会同样盛行，如"庚寅（2010）年清明公祭轩辕黄帝典礼"的祭文。

这种"古典诗歌体"雅致简洁，辞藻华丽，但对于现代的人们来说，创作起来显然有一定难度，因此出现了"现代诗歌体"，如现在的蒙古咒语一般为固定不变的短小韵文。

同时，在近现代社会中，由于仪式内容的繁复，其话语形式随之出现了"优美散文体"，如媒介化仪式的解说词与日常新闻简明扼要的表述风格迥然不同，前者运用了大量庄严的或者装饰性语言，并配以深沉的赞美诗式的朗诵风格，让观众仿佛沉浸在一篇优美的散文之中，如2008年奥运会开幕式和新中国成立60周年的阅兵仪式的解说词都可谓一篇优美的散文。

仪式话语的形式主义还体现为语言的风格化和典型化，即相同的仪式，其语言风格追求一致，言语系列也大体相当，这就使得仪式的语言在句法、词汇、文体等各方面受到了限制，"当一种语言受到系统性编排，以限制其语言上可供选择的范围时，我们称之为形式化语言。这格外适合仪式的情况，在那里，许多语言选择被放弃，以使词汇、句法和风格的选择，明显比日常语言有更多限制。"① 正是这种仪式语言的教规化，或者说风格化、典型化，导致无论是祭拜炎帝还是祭拜黄帝，无论是北方人祭拜还是南方人祭拜，无论是清明节祭拜还是重阳节祭拜，其祭文都采取古典"诗歌体"。

其次，仪式"所做之事"，即仪式动作也表现着对形式的追求。仪式动作的形式主义主要体现为其程式化。一个仪式一旦传承下来，其行为与过程的程式便会固定下来。比如我国的祭奠仪式，其过程一般是：击鼓鸣钟（或者奏响祭祀音乐）；敬献花篮（或时鲜供品）；恭读祭文；行鞠躬礼；乐舞告祭；礼炮（音乐）再次响起；祭祀礼成。

正是仪式的这种程式化导致仪式在今天的人们眼中变成了墨守成规、枯

---

① 康纳顿.社会如何记忆[M].纳日碧力戈，译.上海：上海人民出版社，2000：68.

燥乏味的事情，即便仪式不被人真诚地信仰，人们也继续例行公事，因此，"在现代人看来，仪式的实践者，都是些墨守成规的人，循规蹈矩地重复着先人的遗训和规矩，亦步亦趋，不敢越雷池一步"①。

仪式的程式化更表现在其一成不变的姿势、手势与动作中。在几乎所有的仪式中，"身体在规定的套路中被赋予适当的姿势和动作。身体保持直挺挺的立正姿势，全神贯注；双手合十，放置胸前，就像做祈祷的手势；人们鞠躬，跪下来表示虚弱；或者，他们也可以完全放弃直立姿势，匍匐称贱。"②比如在祭祀仪式中，敬献供品、鞠躬或跪拜的动作都有规定的套数，否则会被认为不敬；又如所有天主教婚礼仪式的流程都一模一样，牧师、新人与亲朋好友的动作、答词也都固定不变。

最后，仪式"所示之物"对形式的注重主要体现在对其外形的尽可能精美的追求上。有机会在仪式上被展示的器物在当时几乎都称得上是艺术品或尊贵之物。即便有些仪式的器物为大自然之物，也会通过花环、旗帜和彩绘等手段将其装饰得漂漂亮亮，如弗雷泽在《金枝》中指出，在古代，五月朔节在世界许多地方都非常盛行，其仪式最重要的器物是五月朔花柱。这一花柱基本是人们用从森林里砍来的诸如冷杉树等各种树干做成的，为了使其变得精美，树干上下都会用花环、旗帜和彩绘进行装饰，因此被称为"花柱"。

对"所示之物"外形精美的刻意追求的一个经典例子，便是我国 2008 年北京奥运会开幕式上的"缶"。我国古代乐器的缶本为陶缶，而开幕式上的缶却为鉴缶，鉴缶与乐器陶缶风马牛不相及。进行这一置换是因为鉴缶结构复杂，造型奇特，工艺精湛，材质优良，外形美观。

仪式的这种对"所示之物"形式美的追求还体现在动物甚至人物上。比如古希腊春天庆典中，公牛是被千挑万选出来的，驱赶公牛的也是被挑选出来的美艳女子和俊雅男子。③

仪式对形式的注重显然不是为形式而形式，而是具有实用目的。巫术时

---

① 哈里森.古代的艺术与仪式［M］.刘宗迪，译.北京：生活·读书·新知三联书店，2008：1.
② 哈里森.古代的艺术与仪式［M］.刘宗迪，译.北京：生活·读书·新知三联书店，2008：67.
③ 哈里森.古代的艺术与仪式［M］.刘宗迪，译.北京：生活·读书·新知三联书店，2008：54.

代,仪式的这种对形式主义的追求源于巫术的目的,因为只有如此,才能将其与世俗的现实生活进行区分,才能显示其神圣性。① 在宗教时代,仪式的形式主义则源于取悦诸神,为了显示对诸神的尊重。这一实用目的的典型体现是屈原作《九歌》的原因,据汉代人王逸《楚辞章句》记载:"昔楚国南郢之邑,沅湘之间,其俗信鬼而好祠,其祠必作歌乐鼓舞,以乐诸神……屈原放逐……出见俗人祭祀之礼,歌舞之乐,其词鄙陋,因为作九歌之曲。"② 科学时代,随着仪式的媒介化,仪式对形式主义的追求发展到极致,即已经转变为赏心悦目的文艺表演,以吸引观众、吸引集合体中的每一个个体,只有这样,才能在集合体中重新铸造共同情感与共同意识。

(二)仪式的召唤结构

"召唤结构"原是波兰哲学家罗曼·英伽登(Roman Ingarden)阐释学理论中的一个概念,文学接受理论学派用它来说明作品的虚构与陌生化、作品中的不确定性、空白、一定程度上对读者已有观念的否定等结构,所构成的呼唤读者去完成未尽之意或完全进入情境的态势。③ 究其实,召唤结构就是文本召唤其对象进入情境所使用的方法或技巧。

纵观巫术时代、宗教时代和科学时代的仪式,我们可以发现仪式对象基本可以分为两类:一是非人类,即超自然或神灵,主要是巫术时代、宗教时代的仪式,如祈祷,因此其召唤的对象就是超自然或神灵,"古代仪式的根本宗旨就是召唤生命之神的回归"④。二是普通民众,主要是科学时代的仪式,如奥运会开幕式,相应地,其召唤的对象就是集合体的每一个个体。召唤对象不同,召唤结构也不同。

如上所述,由于巫术时代的人们认为大自然被互渗律所掌管,或者说存在相似效力和接触效力,所以人们认为巫师之类的人可以用适当的仪式及其

---

① 涂尔干.宗教生活的基本形式[M].渠东,汲喆,译.上海:上海人民出版社,2006:358.
② 屈原.楚辞补注[M].北京:中华书局,1957.
③ 陈力丹,闫伊默.传播学纲要[M].北京:中国人民大学出版社,2007:161.
④ 哈里森.古代的艺术与仪式[M].刘宗迪,译.北京:生活·读书·新知三联书店,2008:89.

咒语操纵超自然或神灵，也就是人最终能凌驾于超自然或神灵之上。因此，巫术的召唤结构或者是直呼其名，没有矫饰，没有奉承，没有取悦，如上述的"神北行！先除水道，决通沟渎"；或者是通过相似的符号或与之有所接触的物质来进行召唤，如在古代的德国撒克逊，一个种亚麻的农民如果想让他的亚麻长高，就会在亚麻地里使劲蹦高跳舞，希望借此促使亚麻拔高。他们深信，跳舞跳得越高，亚麻就会蹿得越高。①

在宗教时代，神灵日益拟人化。人们认为只有让神灵高兴了，他才会为人类服务。于是各种取悦人的召唤手段在宗教仪式中得到大量开发与运用，如尊称敬语、卑躬屈膝、赞美奉承、悔悟感激、乐歌舞蹈、盛情款待等，其中一些如基督教的圣歌与祷词。

在科学时代，除了遗存的巫术仪式、宗教仪式外，新创的仪式召唤的对象已经完全转变为普通民众，召唤的目的往往不再是现实目的，而是共同情感诞生与强化，因此其召唤的手段首先是在仪式话语中使用了许多"我们（us）"和／或"那些人（those）"等表示集合体的词汇。"我们"和"那些人"中的复数形式表明有许多说话人，但他们就像只有一个说话人那样集体行动，这是一种集合人格。"当带来凝聚力的代词被反复宣称的时候，共同体就此形成。在宣称'我们'的时候，参加者们不仅相聚在一个可以定界的外部空间，而且相聚在一种由他们的言语行为决定的理想空间。……共同体在这个场所中形成，让自己回忆自己已成型的事实。"②

其次，为了召唤同族中更多人员的情感激荡，仪式还会叙述始祖的故事、民族共同的价值观念，以唤起沉淀在人们心底的原型或者说集体无意识。

最后，为了聚拢人气，吸引眼球，仪式主办方（由于仪式的媒介化，其主办方常常包括媒体）还会采用诸如评选等榜单技巧进行与受众的互动，如《感动中国》；还会采用这个时代的各种高超的传播技术，如利用"片花"等进行广而告之，勾起人们观看的期待与欲望。这种提前宣布、广告，"观众把

---

① 陈力丹，闫伊默. 传播学纲要［M］. 北京：中国人民大学出版社，2007：74.
② 康纳顿. 社会如何记忆［M］. 纳日碧力戈，译. 上海：上海人民出版社，2000：67.

它们看作一种邀请——乃至一种指令——停止日常惯例来参加一项节日体验。如果把节日收看与平常收看之间的关系比作假日与平日之间的关系的话,那么,这些事件就可被视为大众传播的盛大节日了"①。仪式的媒介化导致召唤的重要性日益凸显,"仪式的存在就在于观众与演员之间的互动之中。观众的反应是仪式的重要特征之一。离开了反应,仪式就是空的"②。

通过上述诸种召唤结构,"广大观众被请来参加国家领袖的加冕、婚礼或葬礼并附和'阿门'",③并使得媒介化仪式的这一时刻成为重申效忠的时刻,成为重新肯定大家共同维护的迷思的时刻,成为共同体的认同感重新高涨甚至爆发的时刻,成为人们心底沉淀已久的原型得以释放的时刻。

---

① 戴杨,卡茨.媒介事件:历史的现场直播[M].麻争旗,译.北京:北京广播学院出版社,2000:2.
② 戴杨,卡茨.媒介事件:历史的现场直播[M].麻争旗,译.北京:北京广播学院出版社,2000:108.
③ 戴杨,卡茨.媒介事件:历史的现场直播[M].麻争旗,译.北京:北京广播学院出版社,2000:47.

从模拟到表征再到自我指涉*
——论人类的三种符号崇拜

法国学者雅克·拉康（Jacques Lacan）指出，符号是"挖空存在使之成为欲望"的东西，即符号正是由于客体的不在场，才具有意义。① 因此，某种东西在我们内心所激发的情感会自发地附加在代表这种东西的符号上。② 这自然容易导致符号崇拜现象。

英国学者齐格蒙特·鲍曼（Zygmunt Bauman）认为，人类社会可被分为两个阶段：生产者社会和消费者社会。③ 笔者认为，他这里所说的人类社会应该不包含原始社会，因为原始社会或者以狩猎和采集经济为主，或者以渔业为主，或者以简单的自然农业为主，总之，他们只是利用简单的工具从大自然中获取现成的生活资料而不是创造生活资料；而生产则是指人们使用工具来创造各种生产资料和生活资料。因此，从这一角度来说，人类社会应该包括三个阶段：获取者社会、生产者社会和消费者社会。本文试图厘清人类在这三个社会阶段的符号崇拜及其指代特征。

---

* 文章原载于《现代传播（中国传媒大学学报）》2011年第6期，与苏学良、邱秀聪合作，收入本书时，略有删改。
① 麦茨.想象的能指：精神分析与电影[M].王志敏，译.北京：中国广播电视出版社，2006：13.
② 涂尔干.宗教生活的基本形式[M].渠东，汲喆，译.上海：上海人民出版社，2006：209.
③ 鲍曼.全球化：人类的后果[M].郭国良，徐建华，译.北京：商务印书馆，2013：77.

一、人类的三种符号崇拜

追溯社会发展的这三个历程，我们可以认为人类符号崇拜的演变历程是：获取者社会的巫术符号崇拜，生产者社会的宗教符号崇拜，消费者社会的身份符号崇拜；而诸如英国的爱德华·泰勒、詹姆斯·乔治·弗雷泽，法国的列维－布留尔、列维－斯特劳斯等众多人类学家把人类的智力演化划分为三个阶段：巫术时代、宗教时代和科学时代。人类学家的阶段划分在某种程度上是人类符号崇拜演变历程的佐证。

（一）仪式符号崇拜

在获取者社会，即原始社会，人类靠天吃饭。这使得那时的人们对大自然或者大自然中与他们生死攸关的某种事物充满了崇拜与畏惧。例如，由于埃及的食物供应依赖尼罗河的潮汛，因此他们最古老的神灵奥西里斯①的祭祀仪式和历法都依赖尼罗河的潮汛。为了获得足够的生活资料，人们举行各种仪式进行祈祷、祭祀、赎罪，以取悦他们所认为的能够控制他们所赖以生存的生活资料的神圣事物或者超自然力量。

在原始社会，人们几乎无一例外地相信宇宙存在某种超经验、超自然的力量，而且认为只要通过特定的仪式便能得到这种力量的帮助。"倘若真的有人仅凭一句话或一个手势，就能够调兵遣将、转斗移星、呼风唤雨，对原始人来说这也是不足为奇的。在原始人看来，借助仪式使土地肥沃、猪羊满圈，使自己的部落繁盛兴旺起来，这完全是合情合理的事情，就像在我们的眼里，利用农学技术手段可以获得同样的结果一样。"② 因此，原始社会普遍存在着仪式崇拜：无论是生命转折，还是部落节日；无论是遭遇天灾人祸（如长期干旱，或者亲属去世）还是出现失意困扰（如不孕不育，或者诞下双胞胎），都

---

① 奥西里斯（Osiris），古代埃及神话中的死而复生之神，他的死而复生象征大自然的季节循环。他是埃及最古老、最长命、影响最深远的神灵，还是所有复活之神的原型。
② 涂尔干. 宗教生活的基本形式 [M]. 渠东，汲喆，译. 上海：上海人民出版社，2006：23.

会求助仪式。

对仪式的崇拜之所以是对仪式符号的崇拜,一是原始人认为主宰宇宙中的一切的"神秘的(或非经验的)存在或力量"因看不见、摸不着而在仪式上被化约为一种符号,这使得崇拜"神秘的(或非经验的)存在或力量"变成了崇拜指代它的符号。原始社会的仪式崇拜实质上是巫术仪式崇拜①,而"原始巫术是基于这样一种观念,即由于人们创造了支配现实的形象,人们就能实际地支配现实……因此,人们将事先施行的祭仪视作实际活动获得成果的原因"②。格奥尔格·卢卡契(György Lukács)的这一观点明白地告诉了我们,在原始社会,仪式形象(符号)被原始人认为具有一种魔力,因而成就了巫术,也促使他们诸事求助于仪式。二是仪式本身就是由一个个符号组成的体系:"每一类仪式都可以被看作象征符号的布局,一种'乐谱',而象征符号则是它的音符。"③

在原始社会,仪式符号的崇拜最突出地表现为图腾膜拜。"图腾首先是一个符号,是对另外某种东西的有形的表达。"④因此,图腾崇拜实质上是图腾符号崇拜。

总之,原始人相信,只要举行相应的仪式,只要有那些巫术符号,他们形形色色的现实问题就能迎刃而解。

(二)宗教符号崇拜

随着人类在物质领域从获取阶段进入生产阶段,人类已经可以凭借自身的知识与大自然的条件产生出剩余产品,这为私有制、阶级和国家的产生奠定了基础。为了维护既得的政治、经济利益,巩固业已形成的社会分工,作为统治阶级的奴隶主利用人们心目中的"万物有灵论"等自发宗教意识,控

---

① 曾庆香.从象征之林到象征交换:论符号"巫术"与符号"迷思"[J].国际新闻界,2009(7):6–10.
② 卢卡契.审美特性:第一卷[M].徐恒醇,译.北京:中国社会科学出版社,1986:65.
③ 特纳.象征之林[M].赵玉燕,欧阳敏,徐洪峰,译.北京:商务印书馆,2006:47,19.
④ 涂尔干.宗教生活的基本形式[M].渠东,汲喆,译.上海:上海人民出版社,2006:199.

制神权，创造了人为宗教。人类的精神领域也相应地从巫术时代进入宗教时代（有的学者称之为由自发宗教时代进入人为宗教时代）。

与仪式一样，宗教的存在实质上也是一种符号的存在。缪勒指出："一切宗教的基本要素之一，就是承认有神灵的存在，那既不是感性所能领悟的，也不是理性所能理解的。"弗雷泽也认为宗教是通过讨好、邀宠、取悦于神灵以实现自己的目的。[1] 显然，神灵是看不见摸不着又不可接近的，因为它根本不存在。于是，人类便制造各种符号代表神灵，如布亚特人常常以木头、金属、蚕丝、动物皮、羽毛等各种材料构思神灵的图像，"制造图像的目的，是给神灵提供一个实体居住地"[2]。这样，神的符号便成为神的替代品，"象征（符号——笔者注）并非被当作概念的同义字，或是众神的单纯复制品。相反，象征具体地扩大了心中意象的特质，并对这些特质加以评论、凸显，让它们也成为主体"[3]。这样对神灵的"讨好、邀宠、取悦"，实质上变成了对神灵符号的"讨好、邀宠、取悦"，因此，宗教信仰实质上是一种宗教符号崇拜。

这种宗教符号崇拜的典型表现是，人们对亵渎宗教符号的行为的不可容忍，如2005年美国《新闻周刊》透露，美军在关塔那摩监狱里曾经以亵渎《古兰经》的方式作为打击穆斯林囚犯意志的手段。这引起了穆斯林的强烈愤慨。[4]

因此，人类对宗教的信仰实质上是一种典型的符号（及其世界）崇拜。只不过，宗教符号的表征方式、其符号所指的神圣性以及将其所指等同于指涉物的误识，掩盖了宗教的符号特性。这如同人们照镜子时只看到镜中的影像，而忽略了镜子本身。这种情形类似人类看到巫术并以为巫师驾驭着一种超自然的力量，实质上，巫师操控的只是"巫术"符号而已。

---

[1] 缪勒. 宗教的起源与发展［M］. 金泽, 译. 上海: 上海人民出版社, 1989.
[2] 韩丛耀. 图像: 一种后符号学的再发现［M］. 南京: 南京大学出版社, 2008: 23.
[3] 曼谷埃尔. 阅读地图［M］. 吴昌杰, 译. 台北: 台湾商务印书馆, 1999: 154.
[4] 美军行动触怒上亿人 卡尔扎伊要美查亵渎事件［EB/OL］.（2005-05-16）[2011-06-15].
https://news.sina.com.cn/o/2005-05-16/09415898955s.shtml.

(三)身份符号崇拜

不少人类学者指出,人类有许多属性,基本的属性除了"生物存在和经济存在",还有"故事的讲述者"(storyteller),即符号存在。[①] 显然,"生物存在和经济存在"是马斯洛的物质性价值需求,而"符号存在"则是其精神性价值需求。人类对符号存在的追求与取得荣誉、博取尊重的本能需求紧密相连,而荣誉与尊重的来源则是通过诸如力量、财产、金钱和消费等各种竞争后所显示的身份地位的优越。因此,人类的"符号存在"属性,即精神价值需求决定其对身份地位的追求,对符号资本的角逐,或者说,人类"符号存在"的形式便是其符号资本,"符号资本涉及对声望、名声、奉献或者荣誉的积累"[②],拥有符号资本就意味着获得社会和他人的欣赏、尊重与佩服,并进而获得其他服务与物品。总之,对身份地位的追求、对欣赏与尊重的向往是一种潜藏的人类本能。

在消费者社会,其符号运作,即"物品=符号",且"消费符号=身份象征",极大地刺激了这种本能的释放,甚至放大了这一精神价值。物品"要成为消费的对象,必须成为符号",消费过程是"一种符号的系统化操纵活动","是吸收符号及被符号吸收的过程"。[③] 物品的符号化使其本身"都彻底地与某种明确的需求或功能失去了联系",而"对应的是另一种完全不同的东西"。[④] 因此,现在的商品交换更多的是一种符号交换、一种象征交换。

"物品=符号",正如语言学家弗迪南·德·索绪尔(Ferdinand de Saussure)所指出的,区分与对立是符号最重要的特性。因此,物品符号化的过程,也就是社会进行区分并显示差异的编码过程,即进行身份定位的过程,"在发达资本主义制度下,普通大众不仅被生存所迫的劳动之需所控制,而且被交换符号差异的需要所控制。个体从他者的角度获得自己的身份,其首要来源并不是

[①] 彭兆荣.人类学仪式的理论与实践[M].北京:民族出版社,2007:105.
[②] BOURDIEU P. The state nobility: elite schools in the field of power[M]. Redwood City CA: Stanford University Press, 1998.
[③] 鲍德里亚.物体系[M].林志明,译.上海:上海人民出版社,2001:223.
[④] 波德里亚.消费社会[M].刘成富,全志钢,译.南京:南京大学出版社,2014:161,48.

他们的工作类型，而是他们所展示和消费的符号和意义"。①

"消费符号＝身份象征"，因此人们理所当然地认为，身份有差异，消费的商品也应该有差异。这使得消费符号与身份象征紧密相关，所以消费符号常常成为那些具有"地位恐慌"的人们用来创造"地位假象"的手段，即他们通过消费比自己地位更高或者自己视为理想的阶层的物品符号，摆脱自己所属阶层的身份，并获得更高阶层的身份幻象。在以往的社会中，身份地位只能依靠恩赐，如家庭出身来获取，而在消费社会，"消费符号＝身份象征"，这导致人们在很多情况下能达到"想在无法通过恩赐拯救的情况下通过自身的努力来拯救"自己的地位等级的目的。由于存在着通过消费符号来表现身份的现象，导致身份更高的人只好追求更高等级的商品。如此循环往复，最终导致消费的主体沉浸在这种"社会地位能指秩序"，即身份象征之中不能自拔，沉浸在一面能在其中极端扮演自己的镜子之中。

人类的这三个符号崇拜历程，可以在以下事实中得到佐证：在获取者社会，一个人如果难受，不知如何应对，他会举行仪式；而在生产者社会，"一个人如果难受，不知如何是好，他也许会去教堂，也许会闹革命，诸如此类。今天，你如果难受，不知所措，怎么解脱呢？去消费！"②

二、三种符号崇拜的指代特征：从相似到表征再到自我指涉

米歇尔·福柯（Michel Foucault）将符号与现实的逻辑关系演进顺序总结为相似性模式、表征模式和自我指涉模式。③纵观从仪式符号崇拜到宗教符号崇拜再到身份符号崇拜，我们可以发现，人们所崇拜的符号的指代方式同样依次经历了从模拟模式到表征模式再到自我指涉模式的过程，即相似性模式在仪式符号中表现为模拟模式。不过，需要强调一点，此处的仪式符号的模拟模式并非指所有符号，而是指大多数符号，支配性符号是因模拟而产生的，

---

① 波斯特.第二媒介时代［M］.范静晔，译.南京：南京大学出版社，2000：145.
② MILLER A. The price［M］. New York: The Viking Press, 1968：92.
③ 周宪.视觉文化：从传统到现代［J］.文学评论，2003（6）：147-155.

其他两类也是如此。

（一）仪式符号：模拟模式

无论是现代社会的仪式，还是原始社会的仪式，几乎都是由场景、动作（包括舞蹈）、话语（包括歌曲、咒语）、实物等组成的；而这些符号大多数通过模仿的方式而产生。在原始社会，人们把彼此相似的东西看作同一个东西，因此，巫师认为，"通过模仿就可实现任何他想做的事"。[1] 例如，在北美洲的奥马哈印第安人部落，每当旱灾肆虐、庄稼枯萎之时，部落中的宗教性组织野牛会就会将一个巨大的罐子装满水，围绕着它婆娑起舞。其中一个舞者从罐子里喝一口水，然后朝空中喷水成雾，以模拟雾气和毛毛雨。然后，人们把罐子倾倒，让水流到地上，再纷纷趴到地上喝水，弄得自己满脸泥水。他们相信这样就能够让天降甘霖，浇灌庄稼。[2]

仪式的模拟不仅使实物成为符号，而且其中大多数的动作、场景都通过模拟而成为符号。正是因为模拟，所以原始社会的不少仪式符号都由自然界的事物充当。这种模拟在原始社会的大量存在是由于原始人类的思维具有集体表象和互渗律的特征，[3] 导致他们在这些自然界符号身上既能看到事物的表象，又能看到人类社会的身影。因此，他们用事物的表象指代人类社会的"身影"。例如，恩登布人仪式中的支配性符号穆迪树，由于该树会分泌类似于人类乳汁的白色乳胶，而被赋予"乳房""乳汁""哺乳""喂养"等感觉极含义；继而被赋予"母子关系""部落风俗""母系继嗣制度""和谐、仁爱""依赖"等理念极意义。[4] 显然，这些象征符号的感觉极意义建立在能指与所指的相似性基础之上，即具有一定的模拟性的基础上。虽然其理念极的意义越来越抽象，但都与其感觉极意义具有一定的相似性，恩登布人把奶树看作"部落风俗"，是因为他们认为部落成员从部落习俗中得到滋养，孩子接

---

[1] 弗雷泽.金枝[M].徐育新，汪培基，张泽石译.北京：大众文艺出版社，1998：19.
[2] 哈里森.古代艺术与仪式[M].刘宗迪，译.北京：生活·读书·新知三联书店，2008：17.
[3] 布留尔.原始思维[M].丁由，译.北京：商务印书馆，1981.
[4] 特纳.仪式过程[M].黄剑波，柳博赟，译.北京：中国人民大学出版社，2006：52.

受训导（上学）好像婴儿吮吸乳汁。

后来，仪式的精神虽然瓦解了，人们对其灵验的信念消失了，但仪式本身，即仪式的模仿特性，却保留了下来。①

（二）宗教符号：表征模式

美国哲学家皮尔士把符号分为肖似符号、指示符号和象征符号（symbol，指语言，有学者将其翻译为表征符号②）。由于仪式符号因模拟而产生，因此它类似肖似符号，而宗教符号则类似象征符号。

正如福柯所指出的，在人类社会的初始阶段，词与物之间，尤其是仪式象征符号与其所指代的事物之间存在着相似性。"当上帝本人把语言赋予人类时，语言是物的完全确实和透明的符号，因为语言与物相似。"③文字的初始状态向我们证明了这一观点的正确性，如我国的甲骨文基本都是象形字、指事字、会意字；又如古代四大文明的文字，几乎都是象形文字。

由于模拟模式本身具有局限性，所以人类摸索出表征模式。表征（representation）的基本含义是"一物代表另一物的行为"，④这说明表征注重指代性，注重约定俗成性。虽然表征的内涵既包括形象表征模式，又包括语言表征模式，但与形象表征相比，语言表征更具有表征特性。而且，虽然表征符号包括皮尔士的三种符号类型，但由于肖似符号和指示符号的局限性，导致象征符号的产生。由于象征符号的便利性，导致其产生之后便占据了主导地位，语言表征也随之主导了表征模式。也就是说，表征在很大程度上变成了语言表征，以致语言表征成了表征的代表，正因如此，在皮尔士的符号三分说中，有学者把他指语言的"symbol"翻译为表征符号。

表征模式意味着人们不再在符号与事物的表象上寻求相似之处，而是强调

---

① 哈里森.古代艺术与仪式［M］.刘宗迪，译.北京：生活·读书·新知三联书店，2008：89.
② 宋潇潇，周昌乐.符号"三分说"与汉字"六书"［J］.浙江大学学报（人文社会科学版），2010，40（1）：135-141.
③ 福柯.词与物［M］.莫伟民，译.上海：上海三联书店，2001：49.
④ 陈大刚.表征：认识论及审美［J］.兰州学刊，2007（11）：1-4.

约定俗成。① 约定俗成既意味着符号与事物之间不再强调甚至不再局限于（显而易见的）理据性或者模拟性，又意味着符号与事物之间存在（一定程度的）任意性。

虽然在表征阶段，符号与事物之间不再具有象似性，但社会表征仍然与现实世界具有紧密的联系。"如果语言不再直接与自己所命名的物相似，那么，语言也并不因此就脱离了世界；它仍以另一种形式成为启示的场所并存在于真理被宣明又被表达的空间中。"② 这就是说，这时的符号表征不再纠缠于形似，即形式上的象似，而是寻求神似，即关系上的象似，也就是说符号世界反映真实世界的本质，符号以真理的方式与事物存在着联系。当然，无论是神似，还是真理，都具有社会时代的局限性。正因如此，学者们认同人类所崇拜的宗教，实质上就是一整套关于人、自然、社会的理论体系，并且历史与现实已经证明它们确实成为人类掌握自然、掌握自我、掌握社会的一种实践方式。③

符号的模拟模式存在局限性，而符号的表征模式存在着上述的长处，这导致世界上的不少宗教拒绝图像模拟或者形象表征，而赞成语言表征。例如，《圣经·创世纪》一开始就是神用"言"或"话"创造天地万物和人的。同时，《圣经》中非常明白地表达了对于图像的反对与禁止。例如，摩西十诫的第一条就是"不可为自己雕刻偶像，也不可作什么形象仿佛上天、下地和地底下、水中的百物。不可跪拜那些像，也不可侍奉它"。

表征模式使人类从"杰出的、严峻的和有约束的象似性形式"的符号中挣脱出来，进入"理性主义"的阶段。④

（三）身份符号：自我指涉模式

由于功能的现实性、目的性，大多数的仪式符号显然指涉现实世界中的、具体的客观事物。如上所述，由于宗教的"精神鸦片"作用，使得其大部分

---

① 索绪尔.普通语言学教程[M].岑麒祥，叶蜚声，高名凯，译.北京：商务印书馆，1980.
② 福柯.词与物[M].莫伟民，译.上海：上海三联书店，2001：50.
③ 刘丽.宗教是人类掌握世界的一种方式[J].江西财经大学学报，2008（1）：87-90.
④ 福柯.词与物[M].莫伟民，译.上海：上海三联书店，2001：68-72.

的符号及符号世界的指涉脱离了现实世界具体的事物，而作为虚无缥缈的希望以及对现实世界的综合、总体的把握。无疑，二者都是现实指涉，但相比而言，仪式符号比宗教符号的现实指涉性更突出。

在消费者社会，身份符号（符号资本）与现实没有多大联系，更多的是一种迷思运作，①生产者社会中的那种"符号与真实的辩证法的黄金时代"已经过去，"真实死了，确定性死了，不确定性成为主宰"②，即符号与指涉之间最为重要的联系被粉碎了，"指涉衰弱"③了。

在这里，笔者需要澄清的一点是，符号与指涉之间的关系并非指能指与所指之间的关系，而是指符号与现实之间的关系。"真实死了"，并非指所指死了。所指虽然与现实有关，但并不就是现实，它只不过是现实的心理再现，即有关现实的概念。

索绪尔曾经从两个角度考察符号项的交换，一是各符号项之间的替换对比，形成了符号的结构价值；一是各符号项的指称交流，形成了符号的功能价值。由此他把符号项比作货币，前者类似于货币系统中各项之间的关系，后者类似于货币购买实际物品。

由于身份象征不再与真实有关联，即符号虽然有所指，但所指并不指涉现实，所以其概念、命题无所谓真伪。因此，符号的指称功能价值消失，只剩下结构价值，符号得以从现实中挣脱、解放出来。于是人们可以随心所欲地进行排列组合，玩纯粹的符号游戏。"所指价值被消除，为价值的结构作用提供了方便。换言之，结构方面获得了自主性，指涉方面被排除在外，前者建立在后者的尸骨上。生产、表意、影响、实质、历史等指涉乃至赋予符号以某种有用的分量，即符号形式所代表的整个'真实'内容，已经荡然无存。"④因为真实即指涉物已经死亡，所以符号成了自我指涉，"词所要

---

① 曾庆香.从象征之林到象征交换：论符号"巫术"与符号"迷思"[J].国际新闻界，2009（7）：6-10.
② 鲍德里亚.象征交换与死亡[M].车槿山，译.南京：译林出版社，2006：5.
③ 波斯特.信息方式[M].范静哗，译.北京：商务印书馆，2000：87.
④ 鲍德里亚.象征交换与死亡[M].车槿山，译.南京：译林出版社，2006：4.

讲述的只是自身，词要做的只是在自己的存在中闪烁"。①

针对消费者社会商品符号的这种自我指涉，让·波德里亚（Jean Baudrillard）用了一个有趣的例子来说明：美拉尼西亚的土著人曾经被天上飞行的飞机搅得心醉神迷，他们以为那是神奇的大鸟。但是，这些东西从来没有在他们那里降落过。他们看到白人在地面上布置了相似的东西来引导飞机，于是就用藤条和树枝建造了一架模拟飞机，精心地划出一块地面，并且耐心地在那里等待着飞机前来着陆。接着他指出，消费中的人们也布置了一套模拟物、一套具有幸福特征的标志，然后期待着幸福的降临。我们知道，白人之所以能够引导飞机着陆，是因为他们有真实的着陆引导系统，而土著人的模拟飞机与真实的着陆引导系统没有关系，空中的飞机自然不会着陆。同样，在商品消费中，商品类似于土著人的模拟飞机，虽然被赋予了幸福的含义，但与真实的幸福没有关系，因此人们期待的幸福难以降临。例如，虽然人们满怀希望地戴着象征永恒纯洁的爱情的铂金钻戒结婚，但永恒纯洁的爱情并不一定会如期而至。因此，这些被赋予了幸福含义的商品只是在自我指涉而已。

综上所述，这三个阶段是指涉物逐渐淡出符号的视野之外的过程，也是符号的自主性逐渐增强的过程：在模拟模式阶段，指涉物与能指和所指的结合体——符号紧密相连，常常出现于符号主体的视线之内并影响、左右其符号行为；在表征阶段，虽然外在的作为"参照物的世界、现实、日常生活仍然存在于地平线上"，但已经"像一团已经收缩的白矮星"。② 也就是说，外在的作为参照物的客观世界对符号主体的影响力日益衰退，而这个时期的符号更多是能指和所指的结合，符号与符号的结合，且它们的结合似乎有它们自己的一套有机的逻辑，虽然如此，但客观世界的影响力仍然存在；而在自我指涉阶段，作为外在的参照物的客观世界，已经完全消失在符号主体的视线之外，符号已经完全具有自主性，并进而转变为一种

---

① 福柯.词与物［M］.莫伟民，译.上海：上海三联书店，2001：392-393.
② 詹明信.晚期资本主义的文化逻辑［M］.北京：生活·读书·新知三联书店，1997：285.

能指游戏。这一演变过程其实就是"话语"的"能指／所指／指涉物的三元结构"逐渐被"能指／所指的二元结构"再被"能指的一元结构"所取代的过程。

人类符号崇拜的演变规律除了在指代方式上经历了从相似到表征再到自我指涉的演变，还经历了从符号巫术到符号迷思、从所指崇拜到能指崇拜的演变，限于篇幅，笔者会另文撰述。

从象征之林到象征交换*
——论符号"巫术"与符号"迷思"

法国学者雅克·拉康（Jacques Lacan）指出，符号是"挖空存在使之成为欲望"的东西。即符号正是由于客体的不在场，才具有意义。① 因此，某种东西在我们内心所激发的情感会自发地附加在代表这种东西的符号上。② 这自然容易导致符号崇拜现象："我们爱慕、畏惧、崇敬的是记号，令我们感到感激和快慰的是记号，我们为之献身的也是记号。士兵为他的旗帜而死，为他的国家而死；但事实上，在他的意识中，旗帜是第一位的。有时候甚至是旗帜直接决定了他的行动。"③

追溯人类的符号崇拜历史，可以发现两种典型的现象：一是符号"巫术"崇拜，认为符号具有魔力，和巫术一样能发挥作用，这是人类的智力发展局限导致的对符号功能的一种想象，主要盛行于获取者社会，即原始社会；二是符号迷思崇拜，迷思把荒诞转变为自然与正当，这是人类出于意识形态的动机而有意把符号转变为"魔术"，主要流行于消费者社会。

---

* 文章原载于《国际新闻界》2009年第7期，收入本书时，略有删改。
① 麦茨.想象的能指：精神分析与电影[M].王志敏，译.北京：中国广播电视出版社，2006：13.
② 涂尔干.宗教生活的基本形式[M].渠东，汲喆，译.上海：上海人民出版社，2006：209.
③ 涂尔干.宗教生活的基本形式[M].渠东，汲喆，译.上海：上海人民出版社，2006：210.

一、符号"巫术"

诸如英国的爱德华·泰勒、詹姆斯·乔治·弗雷泽，法国的列维－布留尔、列维－斯特劳斯等众多人类学家把人类的智力演化划分为三个阶段："巫术时代"（Age of Magic）、"宗教时代"（Age of Religion）和"科学时代"（Age of Science）。人类学家的阶段划分在某种程度上可谓人类符号崇拜演变历程的佐证。

原始社会普遍存在着仪式崇拜：无论是生命转折，还是部落节日；无论是遭遇天灾人祸，如长期干旱，或者亲属去世；还是出现失意困扰，如不孕不育，或者诞下双胞胎，都会求助于仪式。因为仪式是"用于特定场合的一套规定好了的正式行为，它们虽然没有放弃技术惯例，却是对神秘的（或非经验的）存在或力量的信仰，这些存在或力量被看作所有结果的第一位的和终极的原因"①。这就是说，在原始社会，人们几乎都无一例外地相信宇宙存在某种超经验、超自然的力量，只要通过特定的仪式便能得到这种力量的帮助："倘若真的有人仅凭一句话或一个手势，就能够调兵遣将、转斗移星、呼风唤雨，对原始人来说这也是不足为奇的。在原始人看来，借助仪式使土地肥沃、猪羊满圈，使自己繁盛兴旺起来，这完全是合情合理的事情，就像在我们的眼里，利用农学技术手段可以获得同样的结果一样。"②"曾有一个时期人们为满足他们那些超越一般动物需求的愿望而只相信巫术。"③这就是说，在原始社会这个巫术时代，人们所举行的仪式实质上是一种巫术仪式，人们对巫术的崇拜，实质上是对巫术仪式的崇拜，这便是组织仪式的人员被英国的维克多·特纳（Victor Turner）等人类学家称为巫师或巫医的缘故。巫术仪式在原始人类的生活中具有举足轻重的作用，"当部落的福利被认为是有赖于这些巫术仪式的履行时，巫师就上升到一种更有影响和声望的地位，而且可能很容

---

① 彭兆荣. 人类学仪式的理论与实践［M］. 北京：民族出版社，2007：15.
② 涂尔干. 宗教生活的基本形式［M］. 渠东，汲喆，译. 上海：上海人民出版社，2006：23.
③ 弗雷泽. 金枝［M］. 徐育新，汪培基，张泽石，译. 北京：大众文艺出版社，1998：83.

易地取得如同一个首领或国王的身份和权势"。①

一般认为，术是"通过一定的仪式表演，利用和操纵某种超人的力量来影响人类生活或自然界的事件，以满足一定的目的"。②巫术仪式的主要组成部分有歌舞、实物和咒语。显然，这里的歌舞、实物和咒语都是（象征）符号。"每一类仪式都可被看作象征符号的布局，一种'乐谱'，而象征符号则是它的音符。""象征符号是仪式中保留着仪式行为独特属性的最小单元，它也是仪式语境中的独特结构的基本单元。"③

在原始人看来，仪式中的这些符号，尤其是其中的实物符号、图像符号和咒语具有一种魔力，或者说他们所利用和操纵的超人的力量能完成他们各项具体的、现实的诉求，达到他们预期的目的。"原始巫术是基于这样一种观念，即由于人们创造了支配现实的形象，人们就能实际地支配现实……因此，人们把事先施行的祭仪看作实际活动获得成果的原因。"④卢卡契的这一观点明白地告诉了我们，在原始社会，仪式形象（符号）被原始人认为具有一种魔力，因此成就了巫术，也促使他们诸事求助于仪式。例如，在恩登布人部落中，"在把促使妇女多育作为明确目标的仪式里，人们使用的工具性象征符号就有果实众多的树或者根须众多的树的各个部分。恩登布人认为这些果实和根须代表孩子，它们具有使女人多生孩子的效力。它们是达成仪式主要目标的手段"⑤。

原始社会的这种符号巫术化、巫术符号化，可从我国的甲骨文资料（多为卜辞）中得到证明。因此，我国学者何九盈、马德邻分别指出："巫师是文字的创造者，所创造的'文字'原本就是'图画'……那个时候的'文字'是巫术形式的重要组成部分，是巫师与精灵世界、神话世界取得'联系'的一种象征。""文字的发明在很大程度上是为了巫术的需要。无巫则无字，无字

---

① 弗雷泽.金枝[M].徐育新，汪培基，张泽石，译.北京：大众文艺出版社，1998：70.
② 吕大吉.宗教学通论[M].北京：中国社会科学出版社，1989：254.
③ 特纳.象征之林[M].赵玉燕，欧阳敏，徐洪峰，译.北京：商务印书馆，2006：47，19.
④ 卢卡契.审美特性：第一卷[M].徐恒醇，译.北京：中国社会科学出版社，1986：65.
⑤ 特纳.象征之林[M].赵玉燕，欧阳敏，徐洪峰，译.北京：商务印书馆，2006：31.

则无史。"①②

总之，原始人相信，只要举行相应的仪式，即只要有那些仪式符号、仪式象征符号，他们形形色色的问题就能迎刃而解。

二、符号"迷思"

及至消费者社会，对于大多数的物品来说，符号化其实就是迷思化，人们崇拜物品符号也就是崇拜物品符号迷思。迷思，即 Myth，大陆翻译为神话，台湾翻译为迷思，笔者在这里之所以使用迷思这一译语，是因为它既表达了传者为种种动机制作神话的含义，又形象地表达了受众对这一神话的迷恋状态。迷思是一种言谈，并且是两度符号化后的言谈，"神话是一个奇特的系统，它从一个比它早存在的符号学链上被建构：它是一个第二秩序的符号学系统。那是在第一个系统中的一个符号（也就是一个概念和一个意象相连的整体），在第二个系统中变成一个能指。"如图1所示：③

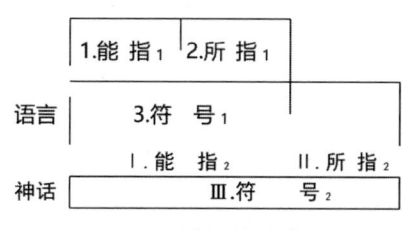

图1 神话的形成

在万宝路美国西部牛仔的广告图片中，第一个符号系统，即罗兰·巴特（Roland Barthes）的语言符号系统的能指1是美国西部牛仔、万宝路香烟、高头大马等非语言镜像符号，其所指1是"阳刚粗犷、英俊潇洒的西部牛仔正抽着万宝路香烟"，形成了整个广告图片，即一个完满的符号1。在神话层面，整个图片又变成了能指2，其所指2则是"万宝路能使你成为阳刚、粗犷、英俊的男子汉"。"我买什么，我就是什么"（I shop, therefore I am），套用这句流行的广告语来说就是，"我抽万宝路，我就是阳刚、粗犷、英俊的男人"。在这里，整个图片作为符号1，它是完满的；作为能指2，它是空洞的。

---

① 何九盈. 汉字文化学 [M]. 辽宁：辽宁人民出版社，2000：288-289.
② 马德邻. 宗教，一种文化现象 [M]. 上海：上海人民出版社，1987：54.
③ 巴特. 神话：大众文化诠释 [M]. 许蔷蔷，许绮玲，译. 上海：上海人民出版社，1999：173.

正因它是空洞的，消费者才能把这位"阳刚粗犷、英俊潇洒的美国西部牛仔"置换变形为"任何一位万宝路的男士消费者"；又因它是完满的，消费者才会认为"任何一位万宝路的男士消费者"都将变得"阳刚粗犷、英俊潇洒"。因此，"在形式（符号1兼能指2——笔者注）中枯竭的这个历史，将被概念完全吸收"，"神话的概念（所指2——笔者注）与其意义（符号1兼能指2——笔者注）结合的关系，基本上是一种变形的关系"。①

正是依赖着迷思的运作，"汽车象征着社会地位、腋下除味剂实现了革命抱负、复印机促进了上帝的工作、乘飞机也成了狂欢的经历""地板蜡＝浪漫"②。与此同时，迷思借助一种类比关系使得"所指2"顺畅地进驻"能指2"，如借助"钻石的恒久"与"纯洁"，类比"爱情的永久"与"忠贞"，从而使得"复印机促进了上帝的工作""地板蜡＝浪漫"等荒诞可笑的命题具有一种自然化的效果，这让消费者无知地消化神话，即不把它视为一种符号系统，一种意识形态的操作，而是把它视为一种归纳系统，一种事实的系统。"神话有给予历史意图一种自然正当化的任务，并且使偶然性显得不朽。"③ 显然，这种自然化效果会让消费者产生强烈的购买欲望，进而对符号迷思产生崇拜心理。

除此之外，一种常常被滥用且经常能致效的迷思更能促进消费者的购买欲望，那就是潜意识或者说本能的欲望，尤其是性欲。对于通过唤起人们本能欲望来促使人们消费，波德里亚有非常深刻的认识，"这样的例子还有成百上千，说到底都是在玩弄所谓'潜移默化'的把戏，这一把戏'如此危险地'操纵着我们的'冲动和我们的幻觉'。……金发女郎身上挂着些黑色内衣吊带，好了，赚到了，吊带商发财了""其中存在着无意识，还存在着一些与之相联

---

① 巴特.神话：大众文化诠释［M］.许蔷蔷，许绮玲，译.上海：上海人民出版社，1999：178，181.
② 波斯特.信息方式［M］.范静哗，译.北京：商务印书馆，2000：72，82.
③ 巴特.神话：大众文化诠释［M］.许蔷蔷，许绮玲，译.上海：上海人民出版社，1999：202.

系的幻象，而这种奇妙的结合促进了销售。"① 在这样的迷思下，能刺激各种欲望及快感的身体变成了"符号的尸体"。

因此，迷思的运作使商品的使用价值，即功能降为零，商品交换转换为符号交换、象征交换："财富和产品的生理功能和生理经济系统（需求和生存的生理层次）被符号社会学系统（消费的本来层次）取代。"② 同时，使得人们对消费对象的使用价值的需求转换成了"为欲望而欲望"的需求，从而把过去为满足"需要"（needs）的消费转变为满足"欲"（wants）的消费，即对欲望本身的消费。

另外，消费者社会通过种种物品符号迷思产生了一个整体迷思，那就是关爱和尊重的迷思。在现代，每一个物品都是诸多的人员为了消费者的各种利益而研制、推销的，如香皂，它是一群专家为消费者的皮肤健康与光滑着想从而进行了为期几个月的研究之后的成果，又如各种坐垫，它是专家们从人体解剖学、社会学甚至哲学角度进行了研究之后研制成功的。同时，每一个消费者的消费过程都被各式各样的美妙微笑、热心服务所包围，消费者还被尊称为"上帝"。在这样的消费氛围里，所有消费者都在消费着被关爱和尊重的迷思。"当代消费者们沐浴在关切的阳光中。"③

总之，迷思使人们确信，所有物品都是幸福、快感、关切的符号。拥有它们，就拥有了幸福、快感与尊重。

三、符号"巫术"与符号"迷思"的对比

波德里亚曾经在《消费社会》中指出："美拉尼西亚的土著人曾经被天上飞行的飞机搅得心醉神迷，他们以为那是神奇的大鸟。但是，这些东西从来没有在他们那里降落过。白人每次都成功地将它们接收。因为他们在地面的某一区域布置了相似物，用以引导飞机的飞行。于是，土著人便用树枝和藤

---

① 波德里亚.消费社会[M].刘成富,译.南京:南京大学出版社,2006:115.
② 波德里亚.消费社会[M].刘成富,译.南京:南京大学出版社,2006:161,48,50.
③ 波德里亚.消费社会[M].刘成富,译.南京:南京大学出版社,2006:127.

条建造了一架模拟飞机,精心地划出一块地面。他们耐心地等待着真飞机前来着陆。"显然,土著人坚定地认为他们布置的相似物具有魔力,只要有它,就能引来飞机。

行文至此,我们可以发现,消费社会中的人们对符号迷思的期待与崇拜和原始社会的人类对符号巫术的期待与崇拜具有相似之处:"毋须把当今游荡在城市丛林里的类人猿的狩猎冠以原始状态(为什么不呢?),人们就能够在这里看出消费社会的寓言。消费中见过圣迹显示的人也布置了一套模拟物、一套具有幸福特征的标志,然后期待着(一位道德主义者很失望地说)幸福的降临。……这些最小的满足还只是一些驱魔做法,还只是一些获取、祈求完全舒适与幸福的方法。"[1] 这就是说,无论符号"巫术"崇拜还是符号"迷思"崇拜,都是把符号当作具有某种魔力的东西,认为它会带来人类所期待的东西,即人们都相信符号的威力。

二者不同之处在于,符号迷思诉求的往往是虚无飘渺、若有似无,或者说笼统、空洞的一些心理情感,"情调、趣味、美感、身份地位、氛围、气派和心情",[2] 更准确地说,应该是这些心理情感的幻觉,类似于吸毒者之后的幻觉。它们没有现实中的具体指涉,它们只是自我指涉,而符号巫术诉求的则是一些具有摸得着看得见、具体的、物化的即时效果,具有非常强烈的现实指涉性。例如,女子由原来的不孕到后来的怀胎生子,孱弱的病躯变为健康的体魄,长久的干旱突降甘霖喜露等。我们知道,具体的物化效果,可以从现实中得到检验,而笼统空洞的心理感受与愿望由于没有现实指涉性,因而难以得到检验,既可说其有,又可说其无。这就显示了符号迷思比符号巫术的高明之处,这种高明类似于算命先生模棱两可、变幻莫测的语言,似乎在描述你的性格与命运,又似乎在描写世界上所有人的性格与命运,因此大多数人都认为算命先生的话语很准确!作家安妮宝贝在《戒指》中说:"希望爱我的人送我一颗明亮的小钻石。明亮坚硬的小石头,等到老去的时候用

---

[1] 波德里亚.消费社会[M].刘成富,译.南京:南京大学出版社,2006:6-7.
[2] 王宁.消费社会学[M].北京:社会科学文献出版社,2001.

来温暖自己的心。虽然诺言和爱也许一去不复返……可是依然能带来安慰。"这种心理感受难道不是似有若无、似无若有吗？这种诉求难道不是永远正确的吗？

爱德华·萨皮尔（Edward Sapir）指出，仪式象征符号具有四个主要特征：①许多种意义浓缩在一个单一的形式里；②所指的简约性；③情感或欲望的品质占主导；④与无意识区域的联结。[①] 如上所述，特纳也指出，仪式象征符号具有两极性："感觉极"和"理念极"。

细究迷思符号可以发现，消费社会每个物品的符号与仪式的象征符号都有诸多相似之处。第一，大多数品牌物品符号是多种意义的浓缩，并且这些意义能被区分为感觉极和理念极。例如，Debeers 钻石就是一个"浓缩的"象征符号，其"钻石恒久远，一颗永流传"，便是其感觉极的意义，而其最经典的迷思——爱情的纯洁与永久，以及其演绎的其他迷思——智慧与主见，性感与美丽，自由、自在、自然与自信，显然处于理念极。不过需要指出的是，如同原始社会的仪式支配性象征符号，物品迷思符号要经过广度与深度开发，才能达到多种意义的浓缩。

第二，物品为了吸引人们的注意力并让人们记住，其诉求不会指向复杂的幻象，其所指无疑同样具有简约性。比如，喜之郎果冻布丁的迷思——"水晶之恋"，海尔冰箱的迷思——"真诚到永远"。

第三，如上所述，物品符号为了促进人们购买和销售，也常以无意识的情感或欲望为诉求。正因如此，消费社会的消费被称为"为欲望的消费"，而非"为需求和享受的消费"。"对物品的独占是无目的的（用里斯曼的话说就是'无目的的渴望'）。表面上以物品和享受为轴心和导向的消费行为实际上指向的是完全不同的目标，即对欲望进行曲折隐喻式表达的目标、通过区别符号来生产价值社会编码的目标。"[②] 这一点还可以在迷思制作者的观点中得到证明，如广告人杰里·古迪斯（Jerrie Gudis）说："广告并非总是反映着人们

---

① 特纳.象征之林[M].赵玉燕，欧阳敏，徐洪峰，译.北京：商务印书馆，2006：20.
② 波德里亚.消费社会[M].刘成富，译.南京：南京大学出版社，2006：49.

是怎样行动的，倒是人们的梦想总出现在广告里……从某个意义上来说，我们正做的，便是把你的情感包装起来，然后再卖给你。"① 正因如此，诸多学者把消费者社会的消费定性为"感性消费"。

与此同时，特纳指出，仪式象征符号的本质特点存在于粗野的物质性和结构化的规范性的并置之中、有机体的和社会的并置之中。② 把这句话稍作改动，我们就可以用其描述物品符号迷思的特点："物品符号的本质特征存在于精致的物质性和结构化的区别性的并置之中，无机体的和社会的并置之中。"在原始社会中，象征仪式符号，即巫术符号通常取自身边的、自然界中的、具有生命的物质，因而它们是粗野的有机体；而在消费者社会中，物品符号，即迷思符号的载体是机器或人工制作的各种精致美观的无机物质。如上所述，巫术符号的意义具有两极性：感觉极和理念极，理念极意义事实上是有关部落结构、规范的社会意义，如恩登布人的"奶树"的含义。物品迷思符号则是社会阶层进行区别化的编码，因而又被称为"地位符号"或"社会分层符号"，"确实所有的商品都是一些关系进程、制度进程转移进程、文化进程的纽结，而不只是工业进程的纽结。在一个有组织的社会中，人们不能单纯地交换商品。他们同时交换了一些象征、含义、服务及信息。"③ 因此，消费社会的物品符号迷思是具有社会性的。

不过，在这一点上，二者同中有异。涂尔干指出，整个世界被划分为两大领域：神圣与凡俗。显然原始社会的仪式符号巫术崇拜属于神圣领域，"病人、大巫医、小巫医和阴魂自身都属于一个由已被挑选者和待被挑选者所组成的单一神圣的共同体。"④ 而消费者社会的物品符号迷思崇拜属于凡俗范畴。也就是说，人类所崇拜的符号经历了从神圣到凡俗的历程，从自然物质符号到人工制品符号的历程。与此同时，仪式符号巫术崇拜的是符号所指，而物

---

① 杰哈利.广告符码：消费社会中的政治经济学和拜物现象［M］.马姗姗，译.北京：中国人民大学出版社，2004：144.
② 特纳.象征之林［M］.赵玉燕，欧阳敏，徐洪峰，译.北京：商务印书馆，2006：29.
③ 波德里亚.消费社会［M］.刘成富，译.南京：南京大学出版社，2006：128.
④ 特纳.象征之林［M］.赵玉燕，欧阳敏，徐洪峰，译.北京：商务印书馆，2006：11.

品符号迷思崇拜的是符号能指（限于篇幅，笔者将另文撰述）。

四、符号"巫术"与符号"迷思"并非结局

如上所述，原始社会之所以会出现仪式符号崇拜，是因为他们认为仪式符号具有一种魔力，借助这些"巫术"符号，人能够控制一种超自然的力量，以达到各种具体的、物化的目的。但日久天长，人们日益觉察出许多的巫术仪式和咒语，并不能真正产生他们所期望的结果，人类无法借助"巫术"符号随意左右某些自然力。也就是说，"巫术"符号的无效这一重大发现，促使人类之中更富于思想的人们去寻求一种关于自然的更为真切的理论和一种更为有效地利用其资源的方法。这一认识在那些精明的发明者的思想上引起了一种可能是缓慢的但也是根本性的革命，那就是人们知道了无论是朋友还是敌人都得屈从于一种力量，这个力量比任何人类所能支配的都更为强大，大家都得服从于一种个人无力控制的命运。因此，产生了宗教这一象征崇拜，①这是宗教象征崇拜缺少强烈的"巫术"色彩的原因，即宗教信仰不追求直接的、具体的、即时的物化效果；这也是它仍然保持淡薄的"巫术"意识又具有"迷思"意味的原因，如宗教信仰相信因果报应，相信天堂与地狱之奖赏与惩罚等。

同样，迷思毕竟是意识形态的操纵，是将"世界的历史现实"转变为"世界现实的自然意象"，②意象与现实之间的差距自然导致"实际消费或使用商品会变成一种理想幻灭的经历。消费现实与梦境或幻觉不一致。这个持续不断的从令人高兴的期望到失望的循环说明了现代消费永无止境、无法被满足的特点，说明为什么人们会不断购物直至精疲力竭"③。于是，这个丰盛的

---

① 弗雷泽. 金枝 [M]. 徐育新，汪培基，张泽石，译. 北京：中国民间文艺出版社，1987：83-88.
② 巴特. 神话 [M]. 许蔷蔷，许绮玲，译. 上海：上海人民出版社，1999：201.
③ 张一兵. 景观拜物教：商品完全成功的殖民化——德波《景观社会》的文本学解读 [J]. 江海学刊，2005（6）：22-28.

"美丽新世界""将出现一个世界性的疲劳问题"。① 疲劳之后,是否会出现一种新的符号崇拜形式来分化瓦解符号迷思崇拜,我们拭目以待。

在符号"迷思"盛行的时代,符号"巫术"并没有完全淡出人们的视野,它作为一种集体意识或者集体无意识仍然盘踞在许多人的思想之中,如我国普遍盛行数字迷信,部分国人崇尚数字"8"就足以说明符号巫术思想的根深蒂固,又如命名迷信、生辰八字迷信等,都是一种符号巫术思想在作怪。

---

① 波德里亚.消费社会[M].刘成富,译.南京:南京大学出版社,2006:148.

图像化生存：从迹象到拟像、从表征到存在[*]

有人把我们的时代称为"读图时代"，哲学家则认为我们的文化出现了"图像转向"，但笔者以为，在当今社会，我们不仅"读图"，不仅走进了视觉文化，更重要的是，我们正以图像化的方式进行生存，真正而彻底"冥顽不灵地流连在柏拉图的洞穴之中，仍然依其亘古不变的习惯沉浸在纯粹的理念映象之中、沾沾自喜"[①]。因此，本文的创新意义在于提出"当今社会人们以图像化的方式进行生存"这一观点，并对造就图像化生存的原因、图像作为符号的特征及图像化生存的进程进行了分析。

一、图像化生存：视觉中心主义与图像技术的共谋

根据认识主体与认识对象的关系，人的感觉器官可被分为距离性的感官和非距离性的感官，前者如视觉和听觉，后者如触觉、味觉和嗅觉。由于直立行走，人类的嗅觉功能大大退化，而视觉得到了极大的开发与发挥。因此，从古希腊起，视觉就被推崇为具有最突出的地位的感觉器官。例如，亚里士多德（Aristotle）早在两千多年前就指出，"无论我们将有所作为，或竟是无所作为，较之其他感觉，我们都特爱观看。理由是：能使我们识知事物，并显明事物之间的许多差别，此于五官之中，以得于视觉者为多"[②]。

---

[*] 文章原载于《新闻与传播研究》2012年第5期，收入本书时，略有删改。
[①] 苏珊·桑塔格.论摄影[M].艾红华，毛建雄，译.长沙：湖南美术出版社，1999：13.
[②] 亚里士多德.形而上学[M].吴寿彭，译.北京：商务印书馆，1959：1.

视觉在人类认知中的这种崇高地位无疑体现在人类所使用的语言符号中，如汉语中的"红眼（病）、白眼（狼）、轻看、重视、轻视、小瞧、小视、管窥、微观、宏观、冷眼、热望、好看、难看"，英语中的"green eye, give sb. a black look（恶狠狠地瞪某人一眼），look black at（对……怒视），black eye, with red yes, to take a poor view of sb's behavior, good-looking, a good eye, a good view, round eye, sharp eye, wide eye"等众多词语都是以"视觉"为基点而形成的，或形容一个人的品格，或表达一个人的态度，或描绘一个人的动作，或描写一个人的外貌。对此，德国美学家沃尔夫冈·韦尔施（Wolfgang Welsch）考证指出，"知道"一词在词源学上是"看见"的同义词，且诸如洞见、证据、理念、理论、反思等表达认知的词汇都是凭视觉裁定的。① 人类认知仰赖视觉的典型表征是中国俗语"眼见为实，耳听为虚"。人类对视觉的偏爱还体现在众多知识体系里。美国学者汉斯·乔纳斯（Hans Jonas）进一步指出："对Theoria（'理论'——笔者注）这一最高贵的心灵活动的描述，其所采用的大部分修辞隐喻都来自视觉隐喻。……视觉，除了为显示智力活动的高层结构提供比拟外，往往被当作各种感知的典范，并因此成为其他种种感觉的论衡标准。"② 无独有偶，美国著名哲学家理查德·罗蒂（Richard Rorty）也认为西方思想的历史是由视觉隐喻来支配的。③ 针对视觉对人类认知的核心作用，心理学也有研究精确表明，在人所接受的全部信息中，有83%来自视觉，11%来自听觉，其他6%分别来自嗅觉、触觉和味觉。④ 不仅如此，人类记忆也仰赖视觉，纽约大学的心理教育学家詹里姆·布鲁诺（Jerome Burner）研究发现，人类的记忆10%来自听觉，30%来自阅读，80%则是通过视觉和实践获得的。⑤

---

① 王桂亭.千年悖论：从"心灵之眼"到肉眼——关于"视觉中心主义"的思考［J］.华侨大学学报（哲学社会科学版），2009（2）：106-111.
② 艾尔雅维茨.图像时代［M］.胡菊兰，张云鹏，译.吉林：吉林人民出版社，2003：21.
③ 陈卫星.影像的边界［J］.新闻与传播研究，2007（1）：25-26.
④ 李慧晓杉.视觉传播时代与新闻摄影发展关系探究［J］.学理论，2010（3）：81-82.
⑤ 莱斯特.视觉传播：形象载动信息［M］.霍文利，史雪云，王海茹，译.北京：北京广播学院出版社，2003：447.

视觉在人类认知中所具有的至高地位，或者说人类对视觉的偏爱源自视觉通常被看作可用于真理性认识的高级器官，如柏拉图指出的："在我看来，视觉是于我们最为有益的东西的源泉，因为如果我们没有见过星星、太阳和天空，那我们就不可能有用来描述宇宙的语言。"① 法国知名学者让·弗朗索瓦·利奥塔（Jean-François Lyotard）则一针见血地指出："在现实中，所有理性论断的判断依据从根本上源自通常的'观看'（sehen），即源自原初的根本意识（ideas I）。"② 由此，人类文化便顺理成章地"形成了一种视觉在场的形而上学，一种可被称为'视觉中心主义'（ocularcentrism）的传统。并且，在这一传统中，人们建立了一套以视觉性为标准的认知制度甚至价值秩序，一套可以被用以建构从主体认知到社会控制的一系列文化规制的运作准则，形成了一个视觉性的实践与生产系统——用马丁·杰（Martin Jay）的话说，一种'视界政体'（scopic regime）"③。这一"视觉中心主义"传统因柏拉图、亚里斯多德、阿奎那、笛卡儿、黑格尔、贡布里希、阿恩海姆、胡塞尔等的论述而为人们所认知、所重视。

一方面，由于视觉在我们的文化中占有这样的支配地位，"视界政体"成为主体建构和社会控制的重要机器，这种对视觉的倚重和对其他感官的忽视导致有学者认为人类的知识体系是不全面的；另一方面有学者认为视觉支配的文化必定是贫乏的、低贱的或者是精神分裂的，因此存在着视觉恐慌与厌恶症。如早期存在着基督教的偶像捣毁运动，维特根斯坦也明确公开了他的偶像憎恶症和对语言哲学中普遍存在的视觉再现的忧虑，后来的罗蒂强烈地表达了"完全从我们的言语中驱逐视觉，尤其是镜化隐喻"的决心，这些对图像的批判从反面说明了人类文明中的"视觉中心主义"与"视界政体"的客观存在。

人类对视觉的偏好及认知体系对视觉的仰赖，直接导致人类对图像技术的追求孜孜不倦，锲而不舍；从最原始的简易图画，到后来栩栩如生的精美

---

① 柏拉图.提麦奥斯篇［M］//吴琼.形象的修辞.北京：中国人民大学出版社，2005：2-3.
② 高燕.论海德格尔对视觉中心主义的消解［J］.上海大学学报（社会科学版），2010，17（4）：114-124.
③ 吴琼.视觉性与视觉文化［M］//吴琼.形象的修辞.北京：中国人民大学出版社，2005：2-3.

绘画，再到纤毫毕现、毫无二致的照片，然后到随时随地动态记录的摄像，最后到可被随意合成、修改的数字影像；从肉眼视觉，到化学视觉，再到光学视觉，最后到电子视觉。归纳起来，人类的图像经历了三个历程：一是作为文字的图画，其是为了生存而记事，如象形文字；二是作为艺术的图画，其目的是欣赏与再现，如绘画；三是作为复制[①]的图像，其目的是纪念甚至是记录生活、工作，如摄影与摄像。显然，前面两个阶段，图像的产生依赖的是人类的才能；而第三个阶段的图像依靠的是机器，"它完全满足了我们把人排除在外、单靠机械复制来制造幻象的欲望""在原物体与它的再现物之间只有一个无生命的物体的工具性在发生作用"[②]。对才能的依赖决定了图像难以遍及所有人，从而限制了人类的图像化生存；而图像的机械化决定了其愈来愈易得、快速，从而具有平民色彩——"摄影还是很快被认为是平民的媒介……平民百姓有机会用某种手段为子孙后代记录下自己的形貌，这在历史上还是第一次"[③]。这为人类的图像化生存创造了可能。

可能性与偏好天性的结合促成了人类后现代的"图像化生存"的事实：上自对天体的观测，下自对地球底层的探察，外自对万象事物的表象认知，内自人类自身内隐的各种器官的活动，包括大脑的活动、心脏的跳动，都借助复杂的影像技术而被转换为一种可视的图式。人类的"图像化生存"更体现在人类主动和被动的图像化展示，主动和被动地成为图像与镜像囚徒上，如在言语殿堂的教室，各个层次的教师为了适应后现代人们的学习需要，都在被迫、极力地把无形的语言知识体系转换为有形的图像知识体系。因此，如果说以前的知识体系是一种间接的视觉隐喻，那么现在的知识体系则是一种直接的视觉图像，如今天的生物学、地理学、天文学和医学都是建立在照片、影像之上的；而现在的医生在进行医疗手术之前都要进行一系列的图像检查，可以说达到了"无影像不手术"的地步。因此，法国学者米歇尔·德

---

① 此处的复制，是指图像是对现实的复制，而非对图像本身的复制.
② 巴赞.摄影影像的本体论[M]//吴小丽，林少雄.影视理论文献导读.上海：上海大学出版社，2005：160.
③ 米尔佐夫.视觉文化导论[M].倪伟，译.南京：凤凰出版传媒社，2006：89.

赛图（Michel Desertoux）指出："我们的社会充斥着像癌症一样疯长的视觉形象，所有东西的价值都取决于显示或被显示的能力，谈话也被转化为视觉过程。"①

二、图像作为符号：从迹象到拟像

除了上述的图像分类，图像还可被分为：自然图像，即自然界为宇宙万物所留存的天然迹象，如各种化石、阳光下的各种动植物的影子、沙滩、泥地上的各种足迹等；人为图像，即图像的形成完全依赖人的才能，如甲骨文、绘画等；机器图像，即图像的形成完全依赖照相机、摄像机等机器的功能，如摄影、摄像等。在这三种图像中，自然图像、机器图像和绝大多数的人为图像都有一个共同之处：作为符号的图像与其所指代的现实存在必然共同在场，如拍照的一瞬间——照片形成之时与所照之人必须同时在场。正是这点使得图像具有迹象的特点，能产生真实的效应，从而能起到一种证据的效果，并被喻为"影子"。因此，苏珊·桑塔格（Susan Sontag）在《论摄影》中指出"这类形象之所以确实能够取代真实，首先因为照片不仅仅是形象（而绘画只是形象），不仅仅是对真实的一种阐释，它也是一种印记，是实物上直接印下来的东西，就像脚印或死亡面具"②。图像所具有的这种迹象性往往让人认为图像本身具有真实性，即"图像所指"的物质性，或者说图像由真实物质组成，从而导致人类社会中出现了图像崇拜、图像畏惧的心理。

图像作为符号，除了具有迹象的特点，还具有一个非常重要的特点：它因酷似自然从而具有自然的直接性和呈现性，尤其是今天的 3D 图像技术所成之图像更是如此。然而，语言作为典型的符号，与自然相比，显然是一种它者，因为它通过将非自然的成分引入时间、意识、历史的世界之中，并运用符号思维的外在干预，造成自然呈现的中断，形成人为而任意的对人的愿望

---

① 陆扬，王毅. 大众文化研究[M]. 上海：上海三联书店，2001：91.
② 桑塔格. 形象世界[M]//陈永国. 视觉文化研究读本. 北京大学出版社，2009：119.

的生产。这也使得人们常常不把图像当作符号，而当作真实存在本身。

上述的两种图像特性导致人们试图通过图像证明、挽留真实存在，即当人们感到真实存在随着时间的流逝而逐渐收缩、逐渐被淡忘、挖空之时，感到真实桀骜不驯、不可接近、难以理解之时，便会采取图像的方式来进行弥补，因为"相机固定转瞬即逝的存在"，能让真实静止不动，即人类开始了通过"占有图像"来"占有真实"的生活方式。

然而，为了真实性，人们制作图像；而在图像制作中，真实之感被抽干；为了弥补这一枯竭之感，人们又狂热地制作图像，以证明自己各个时刻的在场与存在的真实。这导致"摄影者为支撑住空虚的真实感而付出的努力促成了真实感的枯竭"，导致"相机既是解毒剂又是疾患，既是挪用真实性的手段又是使真实性被废弃的手段"。[①]

一旦如此，真实存在便对图像产生了依赖。这种依赖会使作为真实迹象的图像或多或少地缺乏一定的真实性，如在面对镜头之时，人们难以做到真正的自然放松，完全无视被观看的状态，也和面对外人时，人们难以做到完全放下假相、暴露百分之百的自己一样，这使得照相好像在举行一种仪式，需要摆姿势，其结果是照片上的人一般正面居中、保持昂首挺胸的站姿或坐姿、睁开双眼注视着前方的照相机、面带微笑与尊严。"摆姿势是让自己以不'自然'的姿态被拍摄。这样的意图也体现在人们修正仪态、穿上盛装、拒绝以平常面貌拍照上。摆姿势意味着自尊和想要得到别人的尊重。"[②] 这说明面对捕捉并能"固定"自己外貌的镜头或目光时，人们通常是按照自己希望被观看的方式，或者说预先设想的自我形象来呈现自我的。

图像"实现了自我形象的客观化"，因此，为了使图像上的真实迹象更完美，或者为了使图像上的真实存在更能证明某种意义，人们会有意无意地对真实进行润饰。

---

① 桑塔格.形象世界[M]//陈永国.视觉文化研究读本.北京大学出版社，2009：131.
② 布尔迪厄.摄影的社会定义[M]//陈永国.视觉文化研究读本.北京大学出版社，2009：137.

正是这种润饰意识导致新闻摄影中出现了许多摆拍的图片,在政治生活与公共事件中,出现了许多作秀的成分,如美国的总统大选越来越以适宜图像的方式进行。显然,润饰与摄影的迹象性质和人们将其作为证据的初衷是相悖的,因为照片本是对某一特殊、自然瞬间的忠实记录。润饰虽然没有改变图像作为真实存在的迹象,却改变了真实存在本身。例如,武汉晚报摄影记者邱焰获得2003年第47届荷赛奖的新闻图片"非典时期的婚礼"(见图1)。照片所指代的真实是彻头彻尾由邱焰亲自导演、亲自编拍并一手策划出笼的。照片中举行婚礼的新人并非生活中有婚姻关系的新婚夫妻,而是供职于一家影楼的摄影模特。记者找到他们并邀请婚纱店的摄影师、平面设计师等人,安排好行走路线,然后用数码相机跟随拍摄。照片上除了过路的老人外,其他都是婚纱店员工。①

图1 非典时期的婚礼

当然,人们并不仅仅在真实存在之上进行润饰,随着技术的发展,人们还可在图像之上进行修饰,合成与删除便是两种常见的方式,如美国民主党前总统候选人克里的智囊团,曾为了表现克里本人的反越战立场,将其照片与反战歌手方达照片进行合成;而意大利人墨索里尼为了突出自己的形象在一张骑马军装照中删去了为他牵马的马夫。

图像修饰的技术越发高明,最终导致如前所述的"在成像的那一时空点,

---

① 谢常青.新闻图片失实现象透视[J].当代传播,2007(1):105-107.

作为符号的图像及其所指代的现实存在必然共同在场"的前提完全消失。取而代之的是作为拟像的图像，即人们使用机器制作出没有真实存在的图像，这意味着"作为迹象的图像""作为物证的摄影"的终结。

三、图像对真实的殖民：从表征到存在

如上所述，拟像的产生意味着"作为迹象的图像""作为物证的摄影"的终结，但这并不是说摄影将不再存在。它仍将在日常生活中被大量使用，只是它不能再宣称自己必然是真实的展示。正如 1839 年法国画家保罗·德拉罗什（Paul Delaroche）见识了最早的摄影术——达盖尔摄影术后所发出的著名断言："从今天起，油画死了！"他并不是在说油画不再存在了，而是在说油画不再是一种必不可少的记录外部现实的手段了，因为在摄影术产生之前，油画被认为是模仿现实的最忠实的工具。① 这就是说，迹象性图像仍然停留在表征的范畴，而拟像性图像却突破了其作为表征的身份而发展为存在，从而进行对真实的入侵与殖民。

因对真实进行润饰，或因对图像进行润饰而产生的迹象性图像，其或者是"邪恶的表象——它是邪恶秩序的再现"，或者"假装是一个表象——它是巫术秩序的再现"。但细究可以发现，无论是对真实的润饰，还是对图像的润饰，都是掩饰或者假装，或者是掩饰自己没有的东西，或者是假装拥有自己本来没有的东西。但无论是掩饰还是假装，都"不能动摇现实法则的完整性，（真实与虚假、现实与想象的）差异仍然泾渭分明地存在着，它只是被掩盖了。"但拟像却完全不一样，它不再是一个表象，而是拟仿："拟仿威胁到'真实'与'虚假'，'现实'与'想象'之间的差别。"② 因此，迹象性图像产生的逻辑是，先有某种现实存在，再有对它进行展示、表征的图像；而拟像性图像的发生逻辑恰恰相反，它与任何真实都毫无关联，是没有本源的拟仿

---

① 米尔佐夫.视觉文化导论[M].倪伟，译.凤凰出版传媒社，2006：82.
② 鲍德里亚.拟像的进程[M]//吴琼.视觉文化的奇观.北京：中国人民大学出版社，2005：81-85.

的产物,"拟仿不再是某个指涉物或实体的拟仿。它是通过一种没有本源或真实性的现实模型产生的,它是一种超现实。版图不再先于地图,也不会比后者更长久。相反,是地图先于版图——这就是拟像的进程——是地图产生了版图"①。

拟像之所以能侵入现实,完成对现实的殖民,是因为它存在着能唤起人们或敬畏或喜爱等心理的诱惑力,"正是这同样的帝国主义促使当今的拟仿者试图使现实、所有的现实与它们的拟仿模型相符合。但这既不是地图的问题,也不是版图的问题。某些东西消失了,就是那区分彼此的至高无上的差异,是这差异构建了抽象的诱惑力,因为正是差异构建了地图的诗意和版图的魅力,构建了观念的魔力和现实的诱惑力。"魔力与诱惑力又进一步促使人们对图像所表征的虚拟之像产生认同与欲望,于是在"把你的欲望变成现实"②的推动下,它们完成了图像与现实、表征与存在之间的内爆。

放眼世界,我们可以发现,到处都是这种表征与存在、图像与现实的内爆,而且在技术(包括图像技术)越发达的地方,自然的真实之景消退得越快,人工景观出现得越多。在数字图像技术的作用下,所有的新建楼盘在未动工之前就能发布各种各样的有山有水、有花有草、有人有车、童话般的宜居实景图。正是这些景观的美丽及其与周边环境的差异勾起了人们购买的欲望与冲动。而后,依据这些童话般的拟像,人间冒出了无数个童话般的居民小区和功能区,让人们流连、惊叹、羡慕不已。这些小区和功能区,有的是古典的四合院,有的是现代的高楼大厦;有的是大气的北方建筑,有的是南方别致的亭台楼榭;有的是中国皇宫的拟像,如天下第一城,有的则是美国、意大利、法国等世界各地别墅的拟像,如温哥华森林、远洋·傲北(巴摩梭罗);有的是对大自然的拟仿,如国家体育中心——"鸟巢"、国家大剧院——"鸟蛋"、CCTV新办公楼——"鸟腿",北京三大标志性建筑都是对鸟的拟仿,

---

① 鲍德里亚.拟像的进程[M]//吴琼.视觉文化的奇观.北京:中国人民大学出版社,2005:79-80.
② 鲍德里亚.拟像的进程[M]//吴琼.视觉文化的奇观.北京:中国人民大学出版社,2005:80,103.

相映成趣；有的则是对童话中的世界的拟仿，如世界各地的迪士尼乐园。然而，在一片目力所及的地方，我们可以看到一个个风格各异的拟像滑稽地组合在一起，观感如同坐过山车，一会高耸入云，欲与天使做伴；一会又深入地底，欲与地魔轻语；一会领略美国的风情，一会又欣赏意大利的美景；一会在人间踯躅徘徊，一会又在童话中流连忘返；一会遨游古代的场景，一会又神游未来的景象。

不仅如此，人类或者在穷山恶水之地，根据拟像制造出种种美丽、别致的景观；或者在郁郁葱葱的丘陵地带，开天辟地地整出一片壮观的梯田；或者愚公移山，夷平深山野岭；或者精卫填海，填平深湖大海，建造出一个个仿佛天上宫阙的人工景象。因此，"我们每时每刻都在表现的奇迹——创造现实并生活在我们自己的真实创造物之中的奇迹——建立在符号特有的品质之上：符号既是现实的表征，又为现实提供表征"①。

可以说，拟像因其魅力与诱惑力而具有强大的"攻城略地"的本领。人在所有空间、所有时间需要消费之物，不仅包括人的所有身外之物，而且包括人的所有身上之物，拟像摇身一变转为存在之物，如人们吃什么、穿什么、用什么、看什么、玩什么等几乎都有广告图像的拟像，而广告图像无疑是根据某一现实模型（在模特和演播室的加持下）制作出来的。正是在这些广告图像的作用之下，所有的物品都脱离了它的使用价值，脱离了它的真实，而转变为另一种东西，另一种真实，如服装不再是服装，而是性感、时尚、高贵、优雅等，这些形容词借助图像中的模特而被想象性地转移到普通的穿着者身上。"在持续性的生产与过度生产中，每个社会所寻求的东西就是重建那不时逃离它的真实。这也就是在今天这样的'物质性'生产也属于超现实的范畴的原因。"②

因此，拟像的盛行，显然是消费主义的产物，或者说拟像的逻辑是为消费主义的逻辑服务。人们制造具有魅力的拟像显然是为了诱惑人们消费、不

---

① 凯瑞,丁未.作为文化的传播："媒介与社会"论文集[M].北京：华夏出版社,2005：17.
② 鲍德里亚.拟像的进程[M]//吴琼.视觉文化的奇观.北京：中国人民大学出版社,2005：104.

停地消费，并且其消费的不是使用价值，而是符号价值。于是，美轮美奂的拟像诱惑人们帮助其完成了"由表征置换为存在"的过程；而人穿梭于拟像之中，对拟像的使用，更维持了拟像的这种对真实、事实的客观性的认知与幻想。

无疑，这些拟像表示人类通过科学主宰了客体、主宰了真实，而人类也因为这一点沾沾自喜。但事实上，我们很难分辨是客体还是人类胜利了。因为"客体也依据一种无意识的反转把自己投注到它身上，以制造出深度。这一无意识的反转对于死亡和循环的质询只会作出死亡和循环的回应"①。如一片片人间天堂、童话般的居民小区实际上飞沙走石、黄土漫天；一座座满是高耸入云的高楼大厦的城市却垃圾飞扬、污水四溢；一片片绿油油的庄稼却被泥石流淹没。总之，客体以环境的污染、恶劣的天气、堆积的废物、枯竭的资源、不愈的疾病等完成对人类的拟像化存在、偷换真实的行为的报复性回应。

人类的图像化生存：从迹象到拟像，从表征到存在，显示了人类对机器的依赖。由此，我们不禁像拍摄了三部以人的生存状态为主题的作品②、又执导了电影《大地》的美国导演罗伯特·弗拉哈迪（Robert Flaherty）一样反省追问："从什么时候开始我们与机器同生共死？那些令人惊异的机器！新的世界、梦中的彼岸世界近在咫尺！"然而，这安放、抚慰灵魂的"新的世界、梦中的彼岸世界"又成为一个"让我们的生存举步维艰的环境"。③这一悖论式的问题至今悬而未决。

问题虽未解答，但事实却很鲜明："现实（自然的、无中介的）与文化（人工的、总是有中介的）之间的区别"与边界逐渐被抹掉，逐渐被销蚀。

---

① 鲍德里亚.拟像的进程[M]//吴琼.视觉文化的奇观.北京：中国人民大学出版社，2005：88.
② 关于爱斯基摩人的《北方的纳努克》、讲述波利尼西亚人的《摩阿纳》、描绘爱尔兰岛民生活方式的《亚兰岛人》.
③ 邓启耀.视觉表达与图像叙事[J].广西民族学院学报（哲学社会科学版），2004（1）：114-121.

第二部分

故事篇

新闻话语中的原型沉淀*

众所周知，新闻话语必须具有时效性，也就是求"新"。但事实上，许多新闻话语中存在着一些"旧"的、亘古不变的东西，那就是沉淀在其中的、世代相传的原型。正是凭着这些原型，有些新闻话语才得到受众的注目和信任。

一、原型的内涵

原型是集体无意识的一种外在表现形式。瑞士著名心理学家卡尔·荣格（Carl Jung）认为，无意识包括两部分："个体无意识"和"集体无意识"。集体无意识，又名为"超个体无意识"或"种族记忆"，是种族和人类共有的超个性心理基础，是一种普遍的、反复发生的心理内容和一种具有古老和神话色彩的思想形式。集体无意识的主要内容是原型。[①]

集体无意识集聚着自人类有史以来的几乎所有经验和情感能量，处于个体无法意识到的深层的心理层次。它对人类的想象、知觉与思维具有先天的制约作用，但它是看不见、摸不着的，它只有在体现为具体的、外化的形式，即原型时才能被人类所把握、所了解。

最初，学者认为原型只局限于以象征形式出现在人类意识中的"原始意

---

* 文章原载于《新闻与传播研究》2004 年第 2 期，收入本书时，略有删改。
① 荣格. 荣格文集 [M]. 冯川，苏克，译. 北京：改革出版社，1997：5-83.

象""原始模型",即"原始时代就存在的形式……那些自亘古时代起就存在的宇宙形式"。① 随着对原型的研究,人们发现并不是所有的原型都来自原始时代,也并不是只有原始时代的集体无意识才会被积淀、被继承,并被外化为原型。任何时代由于社会、政治、经济生活的不同和各种新环境的出现,都存在着那种对外在世界的无意识认识,并同样被沉淀、继承下来。这样,原型概念就得到了补充和扩展。加拿大的文学理论家诺思洛普·弗莱(Northrop Frye)是重要的、著名的原型批评学派专家,他对原型的概念进行了不同层次的、不同侧面的深入阐述。② 1957年,他在《批评的解剖》中指出:

……原型,即那种典型的反复出现的意象……特定文化中的大多数人很熟悉它们。

24年后,弗莱在《伟大的编码》一书中对原型的说明又略有不同:

某些主题、情景和人物类型从阿里斯托芬时代直到今天都几乎没有多大变化地被保持下来。我曾用"原型"这个术语来表示……

在《布莱克的原型处理方法》一书中,他进一步扩展了原型这一定义。他说:

我把原型看作……一个人物、一个意象、一个叙事定势,或是一种可从范畴较大的同类描述中抽取出来的思想。

综合以上几种表述我们可以认为,原型是具有一定稳定性的、典型的、反复出现的意象、象征、人物、母题、思想或叙述模式(情节),具有约定俗

---

① 荣格.荣格文集[M].冯川,苏克,译.北京:改革出版社,1997:40.
② 叶舒宪.神话:原型批评[M].成都:四川人民出版社,1988:15-16.

成的语义联想，是可以独立交际的单位，其根源既是社会心理的，又是历史文化的。① 从本质上说，它是一种稳定的对外在事物的认知方式、认知角度和认知结果。像人的生理特点可以遗传一样，集体无意识和原型沉淀在种族心灵的深处，也被一代代地继承下来。② 例如，"红颜祸水"这一母题是一种源远流长的原型：妲己亡殷，西施沼吴，杨妃乱唐，都是人们耳熟能详的故事。这一母题可以说今天还不断地出现在各种媒体上："一本总体格调应该说是很严肃的法制类新闻杂志，最近刊登了这样的一篇文章：《美女毁灭千万富翁》"③。显然，如此众多的"红颜祸水"故事表达的是一种历史上积淀着的性别偏见，它不断地混淆着人们的视听，可能在一定程度上扭曲着人们的思想与认识。

因此，原型具有符号性、历史性、继承性和社会性。它在某种相似情境的诱发下会自发地显现在神话、童话、民间故事、宗教冥想、艺术想象、幻想和精神失常状态中，也会出现在儿童的脑海中和成年人的梦中。④

然而，原型在继承的过程中并不是一成不变的，它随着每一个时代、每一个社会的真善美标准的变化而转换变形。例如，俄狄浦斯神话与更为古老的克洛诺斯杀父娶母神话具有一脉相承的关系，但他们又有不同之处：俄狄浦斯杀死父王娶母后为妻完全是不知内情的行为，为此他受尽了磨难，承受了沉重的道德谴责和良心责备；而克洛诺斯恰恰相反，他的杀父娶母行为不仅是完全知晓内情的作为，而且过后并未受到任何道德和良心的谴责，也未因此遭受磨难。俄狄浦斯神话之所以在克洛诺斯杀父娶母神话的基础上作这一变更，是因为杀父娶母也许是史前时代的事实，所以克洛诺斯在神话中不必受到道德谴责；而到了希腊文明社会，杀父娶母已经是一种乱伦、一种禁忌，因而神话根据时代的道德标准做了变形。

世界各国文学家对原型的深刻阐述已向我们昭示，原型对文学创作的深

---

① 叶舒宪.探索非理性的世界[M].成都：四川人民出版社，1988：101-102.
② 荣格.荣格文集[M].冯川，苏克，译.北京：改革出版社，1997：5.
③ 池雨花.为"美女"正名[N].中国妇女报，2003-01-18（2）.
④ 班澜，王晓秦.外国现代批评方法纵览[M].广州：花城出版社，1987：214.

远影响已是显而易见的。但是原型不仅体现为一种文学传统的力量,还体现为社会心理和历史文化的力量,它同人类交际、人类生活、人类思维有着非常紧密的联系,它能唤起某种认同感,是构成一个民族和文化必不可少的因素。

因此,原型不会只对文学作品的创作有深厚的影响,也会在新闻话语的建构与写作中得到一定程度的体现。倡导话语分析的阿姆斯特丹大学教授特恩·A.梵迪克(Teun A. Van Dijk)在《作为话语的新闻》(*News as Discourse*)中指出了许多条增加新闻报道劝服效果的有效策略,其中的三条是:①在熟知的情境中插入新闻事实,尽管这样可能会使得新闻报道显得平常;②使用该领域广为人知的说法或概念;③尽量把新闻事实组织到大家熟知的结构中,如报道的叙事结构。① 这里的"熟知的情境""广为人知的说法或概念"和"大家熟知的结构"便是原型的各种形式。至于新闻中的各种被学者们经常批判的"刻板形象"无疑是各种原型在现代话语中的烙印。下面通过对新闻中的"英雄"原型叙述模式的个案分析来探讨新闻话语中的原型沉淀。

二、灾难新闻话语的叙述模式:"英雄"原型

"英雄"原型叙述模式在许多的新闻话语中都有体现,如典型人物报道、灾难事件报道等,其中尤以灾难新闻最为典型、体现得最为充分。

灾难事件是突发性事件的重要题材,是动态新闻的主要品种,是任何国家的新闻媒体都重点关注和报道的对象,它主要包括:①社会政治、经济局势的突变,如战争、骚乱、暴动和经济危机等;②重大自然灾害,如水灾、旱灾、火灾和地震等;③重大交通事故或其他意外事故,如空难、沉船、撞车等;④暴发性流行病,如瘟疫、肝炎等;⑤重大刑事案件,如杀人、投毒等。

灾难性事件有三个报道侧面:灾难性事件本身、灾难性事件的受害者、

---

① VAN DIJK T A. News as discourse[M]. Groningen:University of Groningen,1988:85.

灾难性事件引发的政府或社会行为。西方媒体往往把灾难性事件本身及其受害者作为报道主体，以满足受众对灾难性事件的受害者的关注、对灾难的认知；中国媒体则以政党、政府行为为报道的主体。① "在前段时间，关于洛阳大火的新闻报道中，就发生了'问马'而不'问人'的现象。这类报道的重点是写各级领导人如何亲临现场指导救火。从省市到地方，官员的名字列了不下十个，却把真正的新闻：死了309个老百姓放在了报道的最后一句。"② 在2003年突发的非典灾难事件中，几乎绝大多数的新闻报道都是以人类的"抗灾救灾"行为为报道主体，从各种角度诠释"万众一心，众志成城，科学防治，战胜非典"的思想，如2003年5月7日《人民日报》海外版的《昂首踏过荆棘路》就是一篇典型的以政党、政府抗击灾难行为即"人定胜天"为主题的赞歌。这种不同叙述模式的背后有着深刻的心理机制和深厚的历史内蕴。在我国，这种叙述模式复现的是历史积淀下来的英雄的叙事原型。

根据对各个古代民族现存神话材料的综合考察，我们发现"灾难"和"救世"是神话的两个重要主题。③ 中国神话所记载的每一次灾难事件中，都伴随着"英雄"母题的出现，上古有"大禹治水""后羿射日""构木为巢"④"钻燧取火"⑤的神话；而在西方有关自然灾害的（宗教）神话里，很难找到一位救民众于水火的英雄。的确，西方也崇拜英雄，但它们的英雄是个人主义英雄，他们的英雄观强调的不是功绩，而是某种硬汉精神与品质，如海明威的《老人与海》的老人形象与古希腊神话中普罗米修斯的形象便是典型代表，这类英雄形象类似于中国的《愚公移山》中的愚公。

在世界各国的上古神话中，都可以找到有关人类经历洪水的神话

---

① 万生云.中西方灾难性事件新闻摄影报道的差异性研究［J］.国际新闻界，2001（2）：58-63.
② 李希光.新闻学核心［M］.广州：南方日报出版社，2003：5.
③ 谢选骏.神话与民族精神：几个文化圈的比较［M］.济南：山东文艺出版社，1986：49.
④ "上古之世，人民少而禽兽众，人民不胜禽兽虫蛇。有圣人作，构木为巢，以避群害，而民悦之，使王天下，号之曰有巢氏。"——选自《韩非子·五蠹》。
⑤ "民食果蓏蚌蛤，腥臊恶臭，而伤害腹胃，民多疾病，有圣人作，钻燧取火以化腥臊，而民悦之，使王天下，号之曰燧人氏。"——选自《韩非子·五蠹》。

故事。"大禹治水"①是中国洪水神话的代表；而《圣经》中的"挪亚方舟"②是西方洪水神话的典型。这些故事被认为是上古时代地球上洪水期在人类童年经验中的记录，因此，我们可以确认这些故事的基本主题是关于自然灾害的。分析这两个神话故事的叙述模式，我们会发现东西方灾难新闻的叙述模式的不同在这里已初现端倪。也就是说，东西方灾难新闻的叙述模式的不同源于沉淀于东西方民族意识深处的原型的不同。

所谓灾难，从另一个角度来说，可以被解释为一种旧秩序的破坏和新秩序的重建。在《圣经》的故事中，人类世界的破坏与重建都是在上帝一手操纵下进行的，③是上帝对人类的惩罚和拯救，并且人类所承受的灾难得到了淋漓尽致的描绘；而在大禹治水的故事中，我们看到的是另一种叙述方式，那就是"帝"（中国古人意识中宇宙最高的神，类似于基督教的"上帝"）直接操纵的退隐，而代之以"帝"的臣子（如禹）与灾难之间的抗争，而人类的灾难却是一笔带过，仿佛灾难的出现只是为了引出英雄的诞生。"大禹治水的神话大约记录于西周初年，可以算作中国史籍上最古老的神话，也是最著名的'灾难—救世'神话。这个典型的神话同样具有上古神话的普遍特点：第一，

---

① "祝融降处江水，生共工。"——选自袁珂.山海经校注［M］.巴蜀书社，1993：534."共工振滔洪水，以薄空桑。龙门未开，江淮通流，四海溟涬。民皆上邱陵，赴树木。"《淮南子·本经训》"洪水滔天，鲧窃帝之息壤以堙洪水，不待帝命，帝令祝融杀鲧于羽郊，鲧复生禹。帝乃令禹卒布以定九州。"——选自袁珂.山海经校注［M］.成都：巴蜀书社，1993：536。

② 耶和华对挪亚说："你和你的全家都要进入方舟……因为再过七天，我要降雨在地上四十昼夜，把我所造的各种活物都从地上除灭。"……当挪亚六百岁，二月十七日那一天，大渊的泉源都裂开了，天上的窗户也敞开了，四十昼夜降大雨在地上。正当那日，挪亚和他三个儿子闪、含、雅弗，并挪亚的妻子和三个儿妇，都进入方舟……洪水泛滥在地上四十天，水往上涨，把方舟从地上漂起。水势浩大，在地上大大地往上涨，方舟在水面上漂来漂去。水在地上极其浩大，天下的高山都淹没了。水势比山高过十五寸，山岭都淹没了。凡在地上有血肉的动物，就是飞鸟、牲畜、走兽，和爬在地上的昆虫，以及所有的人，都死了。凡在旱地上、鼻孔有气息的生灵都死了。凡地上各类的活物，连人带牲畜、昆虫，以及空中的飞鸟，都从地上除灭了，只留下挪亚和那些与他同在方舟里的。水势浩大，在地上共一百五十天。神纪念挪亚和挪亚方舟里的一切走兽牲畜。神叫风吹地，水势渐落。渊源和天上的窗户都闭塞了，天上的大雨也止住了。水从地上渐退……——选自《圣经》（新标准修订版）［M］.中国基督教协会，1995：9-10。

③ 王永洪.清官原型批判［J］.文艺评论，1998（5）：68-77。

洪水灾难的原因不清楚；第二，治水和救世的内在含义也不十分清楚；第三，上帝在'灾难—救世'的神话中的地位和作用极其模糊。"① 但在"挪亚方舟"中，洪水灾难的原因非常清楚，上帝在"灾难—救世"的神话中的地位和作用极其明显。这种显在与隐在的区别，意味着其中蕴含着不同的世界观、价值观。笔者尝试以阿尔吉达斯·于连·格雷马斯（Algirdas Julien Greimas）的"符号矩阵"②理论为依托来进行分析。

如上所述，我们已经明确洪水灾难神话是一个关于秩序的破坏与重建主题的故事，因此，这里形成了一组对立的矛盾关系：秩序与反秩序。如果以这一矛盾为支点，参以格雷马斯的"符号矩阵"表示，则大致可以构成如图1所示的图形：

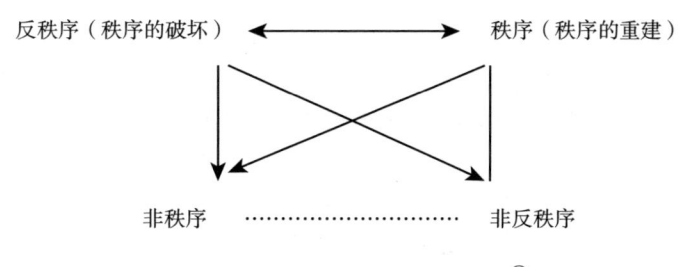

图1 秩序与反秩序的符号矩阵③

在《大禹治水》的故事中，我们刚好可以找出四个相应的人物形象：帝、禹、共工、民。在这个神话中，显然存在着两个不同的秩序系统：天界系统与地界系统。天界是帝与天神的世界，地界则是人类的世界，这两个世界既相互区别，又相互联系。地界相对天界而言，是处于下位的，地界的秩序由天界决定，并且不能介入天界。帝是天界的最高统治者，也是地界的最高神。显然，我们上面所讲的"秩序"是指地界的秩序，因为天界的秩序就是帝的秩序，并且不允许有任何"反秩序"的行为。地界的秩序则受多方面因素的

---

① 谢选骏. 神话与民族精神：几个文化圈的比较 [M]. 济南：山东文艺出版社，1986：78.
② 李幼蒸. 理论符号学导论 [M]. 北京：社会科学文献出版社，1999：435-438.
③ 无箭头的实线表示间接参与秩序的建立或秩序的破坏；→表示影响关系；↔表示矛盾关系，虚线表示不发生关系，下同。

影响，自己没有主动权，并且极易受到来自天界的侵扰。这样，我们就可以知道，发动洪水的共工显然处于"反秩序"的位置；治水的禹是作为秩序的重建者的形象出现的，因而处于"秩序"的位置；而采取"上邱陵，赴树木"等消极应对方式的地界的"民"，由于秩序对他们来说是来自天界的东西，他们只有接受的义务，所以他们处于"非秩序"的位置；而"帝"，因为他关注的只是天界的秩序，所以对他来说，地界的秩序是无可无不可的（在大禹治水的神话中，帝对地界秩序的无可无不可的态度表现为既令祝融杀鲧又令禹定九州，而在"挪亚方舟"的宗教神话中，上帝的无可无不可态度表现在既让洪水肆虐大地，又令洪水消退），因而他处于"非反秩序"的位置。同时，由于帝与共工发动洪水、与民被动躲避洪水毫无关系，所以"非反秩序"与"反秩序""非秩序"之间不需线条连接，这样就可形成如下大禹治水的叙事模式（见图2）：①

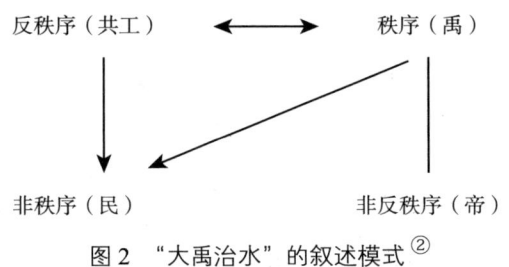

图2 "大禹治水"的叙述模式②

虽然大禹治水获得了帝的命令，但帝并没有直接参与，而在"挪亚方舟"中，洪水的来临和消退都是上帝所造成的，而挪亚对于洪水既无力也无意进行抗衡，只是被动接受，因此，帝与神代表了秩序和反秩序，挪亚则充当了非秩序和非反秩序的角色，用图形表示如下（见图3）：

---

① 中国社科院文学研究所. 中国文学史：第一卷 [M]. 北京：人民文学出版社，1962：11.
② 两项之间没有线条表示没有任何关系。

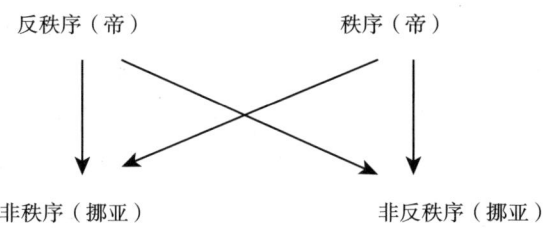

图3 "挪亚方舟"的叙述模式

图2、图3清楚地显示了:"首先,(中国)神话传说中的一些英雄人物在自然界的大灾害面前都不是束手无策,而是具有无比巨大的力量去克服它们的,像炼石补天的女娲,射日的羿……其次,那些英雄人物的命运不是由神来安排,而是由他们自己的力量来决定的,体现了一种'人定胜天'的思想。"① 在"挪亚方舟"的故事中,人类得到的一切都只是上帝和神的恩赐。显然,中国的洪水神话与流行于西方的同类神话不同,西方神话既是关于神惩罚罪恶的神话,又是(神)试图拯救人类的神话;而中国神话是由英雄的工作改变这种灾难状态的神话。② 也就是说,帝在"大禹治水"的神话中的作用是模糊的,发出作用力重建秩序的是英雄"禹",而在"挪亚方舟"的宗教神话中,帝的作用力决定了一切。

这些神话中英雄叙事的"人定胜天"原型及与此相应的集体无意识已深深烙印在中华民族的心理结构中。因而,只要符合这种特定原型的情景出现了,这个特定的原型就会复活,如1998年的抗洪抢险便出现了许多类似于大禹形象的英雄和大禹治水的叙述模式,例如:

为军旗增辉
——记空降兵某部李家洪少将率部抗洪救灾 ③

7月3日6时30分,空降兵某部副部队长李家洪少将奉命率1770余名官兵奔赴监利投入抗洪抢险斗争。这是他进入20世纪90

---

① 中国社科院文学研究所.中国文学史:第一卷[M].北京:人民文学出版社,1962:11.
② 中国社科院文学研究所.中国文学史:第一卷[M].北京:人民文学出版社,1962:1.
③ 杜若元.为军旗增辉[N].人民日报,1998-08-08(1).

年代以来第七次带领部队执行急难险重任务。20多天来，他顶狂风暴雨、战酷暑，运筹帷幄，亲临一线，指挥部队先后战胜了三次长江洪峰，降服了46处漫堤，为确保荆江大堤长江干堤及人民群众的生命财产安全立了功。

上面这段新闻话语可以被格雷马斯的"符号矩阵"图形表示为（见图4）：

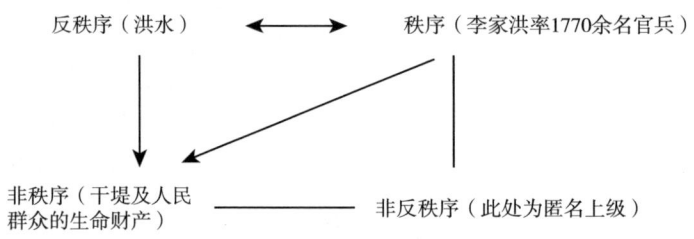

图4　格雷马斯的"符号矩阵"

通过图形分析可知，此段新闻话语叙事模式非常类似于"大禹治水"。正如报道中所明确指出的那样："县委、县政府在锦旗上书：'神兵天降，化险为夷'"，其中的英雄意识和英雄崇拜一目了然。马克思曾套用《圣经·传道书》中的语句"已有的事，后必再有。已行的事，后必再行"来说明新闻话语中的"旧闻"问题。[①] 历史上确实存在着同类的事情重复发生的现象，但事实上并非所有给人相同感觉的事情就真的是同类的事情，只不过是使用了相同的叙事原型，使人有同类事情的感觉罢了。不过，对照图4和图2可知，虽然它们的英雄叙事模式大体一致，但有两处细微的差别：①英雄虽存在，但成就伟业还需广大官兵的支持和协助，也就是说，此处的英雄观获得了历史性的进步；②此处的"非反秩序"与"非秩序"之间有间接的联系，即上级关心着长江干堤和人民群众的生命财产的安危。

类似这样的英雄原型意象和英雄叙事模式，不仅沉淀、复现在许多的灾难新闻和人物新闻话语中，如抗洪抢险报道和焦裕禄、孔繁森的典型报道；

---

① 陈力丹. 精神交往论：马克思恩格斯的传播观 [M]. 北京：开明出版社，1993：251.

在许多策划新闻话语中也一再涌现，如在"香港回归"和"澳门回归"的报道中，这种英雄原型意象和叙事方式得到了大量的复制。例如：

> 在这欢庆的时刻，人们怀念伟大的领袖毛主席。是他，领导中国共产党和中国人民推翻了三座大山，建立了新中国……
> 在这欢庆的时刻，人们怀念敬爱的邓小平同志。是邓小平的伟大实践夯实了共和国的根基，是他的伟大理论扬起了改革开放和现代化建设的风帆，是他提出的"一国两制"的伟大构想，才有了香港顺利回归的实现……
> 在这欢庆的时刻，人们赞颂在以江泽民同志为核心的第三代中央领导集体的坚强领导下，使我们国家捍卫民族尊严、洗雪民族耻辱的愿望，终于得以实现……来自京郊卢沟桥乡的农民代表，沉浸在喜庆的气氛中。他们说，吃水不忘掘井人。没有共产党就没有新中国。是毛主席使中国人民站起来了，是邓小平使中国人民富起来了。①

上面几段文字建构的意象、叙事的方式非常贴近"大禹治水"的济世救民的英雄母题，这里仅对上面第一段文字，即毛泽东这一英雄形象进行"符号矩阵"分析：

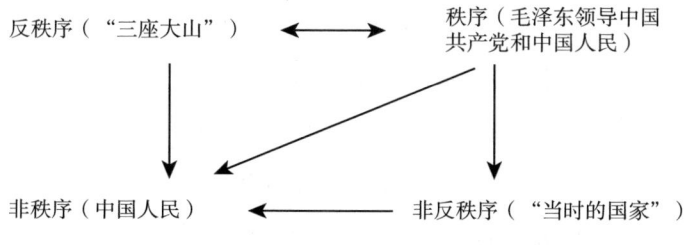

图5 对"毛泽东"形象的"符号矩阵"分析

同样，图5中的英雄观中体现了图4中所含有的历史性进步，那就是毛

---

① 唐召明.北京祝福你，香港[N].人民日报，1997-07-01（6）.

泽东伟业的实现离不开中国共产党和中国人民的力量。同时，此处的中国人民不仅是被动的"非秩序"的代表者，还是主动的"秩序"的重建者。

细究这些英雄的身份地位，我们会有另一个发现，那就是不论是历史上的英雄，还是出现在灾难新闻话语中的英雄，他们中的大多数都不外在于国家的权力系统，如有巢氏、燧人氏、后羿、大禹都为上古时期的君主，毛泽东、邓小平、江泽民都曾是中华人民共和国的最高领导人。因此，我们可以认为，中国英雄的手中一般握有或大或小的权力，换言之，中国的英雄原型中一般糅进了或多或少的权力意识。正是这种深深沉淀和烙印在中华民族心理结构上的、融合了或多或少的权力意识的英雄原型造就了中华民族共同的灾难认知方式，决定着我国的灾难新闻话语主要采取以政党、政府的行为为报道主体的不同于西方的叙事模式。

三、原型的功效

原型在新闻话语中的沉淀，荣格所经历的一件事最能深刻说明。"盛传于世的关于飞碟的传说……我获得了有意思和非常意外的发现。1954年，我有一篇文章发表在《世界周刊》上。尽管文章对数量不小的确信'不明飞行物'的专家们的严肃看法给予了应有的重视，但我的基本态度则是将信将疑。1958年，这篇东西突然被国际新闻界发现，成为'新闻'，像野火一样从西到东蔓延开去，但是我的原意却被歪曲了。我被说成是一个确信存在飞碟的人。我对合众社发表了声明以及反映我观点的原件，但这一次野火却悄然不兴了：就我所知，除了一家德国报纸，无人对此一顾。这是很耐人寻味的。由于新闻界的所作所为是一种反映世界舆论的盖洛普测验，人们必然得出结论，认为肯定飞碟则受到青睐，而表示怀疑则遭逢冷遇。笃信飞碟迎合了一般的舆论，相反，提出疑问则不合时宜。这就形成了一个印象，即世界上有一种确信飞碟并希望真有其事的趋势……"①

---

① 荣格.天空中的现代神话［M］.张跃宏，译.北京：东方出版社，1989：6-7.

为什么人们宁信其有而不信其无？荣格在对传说中、梦中、现代绘画中以及历史上和非心理学眼光中的飞碟分析后指出，宁信其有的原因在于沉淀在人们无意识中的一种原型被"释放"出来了。"与飞碟有关的心理体验存在于圆形物幻象中，这是以曼达拉形式表达的完整和原型的象征。"① 曼达拉是西藏佛教徒创造出的最精美优雅的图案，是一个非常重要、意义深远的象征符号。它是最古老的象征，可以追溯到旧石器时代，在任何地方，任何时代都能发现它。②

同样，经不起推敲的"牛津少女"③ 神话能在2001年7月至9月被近百家大大小小的媒体报道和转载，却少有媒体对它的真实性提出疑问，原因也在于沉淀在人们无意识中的一种原型被"唤醒"并"释放"了出来。这个原型是由各种有关清朝以来中国留学生在国外具有不俗表现的传说、文学作品和真实报道所塑造、培育出来的，并逐渐沉淀在我们民族的无意识之中。

原型之所以具有强大的力量，新闻话语之所以欢迎和运用原型，是因为"谁说出了原始意象，谁就发出了1000种声音，摄人心神，动人魂魄，同时将自己所要表达的思想摆脱了偶然性，转入永恒的领域。他把我们个人的命运纳入整个人类的命运，并在我们身上唤起那曾使人类摆脱危难，度过漫漫长夜的所有亲切力量"；④ 这是因为每一个原型中都有着人类精神和人类命运的一块碎片，都有着我们祖先或前辈在历史中重复了无数次的欢乐和悲哀的一点残余。正是凭借着这些原型中残存的欢乐和悲哀，新闻话语具有了超越时空的魅力，具有了打动千百代人心灵的力量，释放了超个人的深层心理能量，从而使受众心中回荡着一种共鸣的愉悦、一种透彻、深刻的酣畅。

---

① 荣格.天空中的现代神话 [M].张跃宏，译.北京：东方出版社，1989：131.
② 莫阿卡宁.荣格心理学与西藏佛教 [M].江亦丽，罗照辉，译.北京：商务印书馆，1994：104.
③ 媒体报道一位名叫吴杨的女孩在牛津大学一年级的期末考试中，数学、计算机等11门功课全部考取了第一，这在牛津大学建校800年的历史上是从未有过的，并称牛津大学破格授予这位中国女孩博士学位和6万英镑的最高奖学金。
④ 叶舒宪.探索非理性的世界 [M].成都：四川人民出版社，1988：55；荣格.心理学与文学 [M].冯川，苏克，译.北京：生活·读书·新知三联书店，1987：122.

正如美国新批评的一位大师诺思罗普·弗莱（Northrop Frye）所说的："原型构成观念联合束，即与符号有区别的可变性整体。这些整体包括许多从学校学得或从外获得的观念联合，由于这些联合对于所有依靠一种共同文化的人来说是熟悉的，因此，很容易得到传播。"① 由此可知，原型归根结底是一种稳定的对外在事物的一种认知方式、认知角度和认知结果，这就注定了新闻话语中沉淀的原型是把双刃剑：它可以使新闻话语更为贴近受众，释放沉淀在受众心底的情感，达到引导舆论的功效；它也可以是新闻话语追求"客观、真实"的障碍，成为新闻话语中固定成见、刻板印象的发源地，成为大量炒作、复制、传播假新闻的根源。因此，新闻实践工作者在新闻策划时，要充分运用沉淀在民族心理结构中的集体无意识和原型，以亲和受众、吸引受众；但也不能一味地听从心底原型对自己的召唤，以免无意间成为假新闻的炮制者，并尽可能避免生成带有倾向性的新闻话语。受众也必须用自己的理智抵制假新闻中原型对自己的呼唤，以免上当。

---

① 吉罗.符号学概论［M］.怀宁，译.成都：四川人民出版社，1988：96.

新闻中的永恒故事：原型对记者视角的框限[*]

在网络世界里，在普通市民与政府人员发生冲突时，人们总会陷入把杀人犯称为抗暴英雄、义士、刀客、烈女的误区，如杀死两名城管重伤一名城管的夏俊峰被称为英雄，导致 6 死 5 伤的杨佳被称为义士，杀死政府官员的邓玉娇被称为烈女等。相应地，这些受害者则被部分网民称为"恶霸""恶吏""淫官"等。这种表述与一些记者把杀人犯塑造成弱者与受害者难脱干系，部分原因是这一形象复活了人们头脑中的"官逼民反"原型。

一、施害者 / 市民作为个人：悲情叙事与身份转换

一般来说，只要不是正当防卫，施害者就是加害者，而不是受害者。但一些新闻用以下悲情叙事技巧将施害者顺理成章地转变为受害者。

（一）施害者作为日常生活中的好人或弱者

造成 6 死 5 伤的杨佳，本应被称为"丧心病狂""穷凶极恶""毫无人性的暴徒"[①]，却在新闻中被呈现为好人：

> 积极参加班级活动，有时也会跟同学打打闹闹，但不记仇，很快就又好了。

---

* 文章原载于《新闻界》2018 年第 6 期，与沈瑱、潘晓飞合作，收入本书时，略有删改。
① 岳君. 杀人者杨佳青春档案［N］. 南方周末，2008-07-17（1）.

……凡事讲究规则，不乱穿马路，看不惯父母乱丢垃圾，会跑过去捡起来。"连玩丢沙包的游戏都从不作弊耍赖。"

…………

在"驴友圈"，杨佳参加活动时很主动，话不多，但乐于助人，见到漂亮女孩很腼腆。①

事实上，生活中不存在十全十美或十恶不赦的人。每个人身上都有优缺点，所以在人们身上寻找闪光点并不难。新闻突出施害者的闪光点暗含着：这样的好人杀人肯定事出有因，从而削弱其杀人行为的恶感。

造成 2 死 1 重伤的夏俊峰则被新闻塑造成典型的被生活所迫的、勤劳的、可怜兮兮的弱者：

凌晨三点收摊回家，睡两小时，夏俊峰五点起床上货，张晶七点送儿子上学。休息几小时，夫妻二人十一点开始备料，下午三点半出摊。在公交站点卖一阵后，晚上再去网吧门口卖。大半夜的蹲到一两点，半夜三点才能再次回到家里。

沈阳的冬天冷，晚上零下二十多度……最冷的时候两个人就跳绳、踢毽，在网吧台阶上来回地蹦。②

杀死北京城管副队长的崔英杰也在新闻中被刻画成好人和弱者，具有双重形象：

2003 年，崔英杰以一个优秀士兵的身份光荣退伍，从山东济南回到了家乡。

…………

---

① 岳君. 杀人者杨佳青春档案［N］. 南方周末, 2008-07-17（1）.
② 沈阳杀死城管小贩家庭现状：妻子获评"正能量"/ 张晶：小贩之妻［EB/OL］.（2012-10-17）［2018-06-10］. https: //news.sina.com.cn/c/sd/2012-10-17/074125374833.shtml.

尽管生活艰辛，但崔英杰从不哭穷，能说会道的他人缘极佳……也许正因如此，在他走投无路的情况下，同样拿不到工资的同事们愿意借钱给他。实际上，连续三个月拿不到工资的崔英杰的生活几乎难以支撑。胡天说，崔英杰每天就只吃方便面，后来连方便面也吃不起了，就去院子里的小卖部赊。①

把施害者塑造成一个好人、一位弱者，主要是为以下逻辑做铺垫："忠良遭法屈，叛逆成大义"，即他们的杀人行为是出自其受到了不公正待遇，因此不是恶行。

（二）施害者作为曾经或当时的受害者

他们不仅是生活中的好人，苦苦挣扎的弱者，还是曾经或当时的受害者，如杨佳：

> 杨佳指控当日在派出所遭到"七八个警察的殴打"。②

又如夏俊峰：

> "一个秃头上来，把东西夺走，就往车上扔，东西洒了一地。后来过来十几个人抢，东西抢得差不多了，就回来围着他（夏俊峰）打，来回推他。"

……夏俊峰迈进门槛的时候，后面冷不丁被踹了一脚，然后有人拿不锈钢的杯子砸他的头。夏俊峰的头上、脸上、腮上都挨了拳头。其中有人一脚踢到他下身，他一条腿跪到地上。③

---

① 赵凌，郑焰. 城管副队长之死［N/OL］. 南方周末，2006-09-14［2018-06-10］. https://news.sina.com.cn/o/2006-09-14/142710019349s.shtml.
② 岳君. 杀人者杨佳青春档案［N］. 南方周末，2008-07-17（1）.
③ 赵佳月，施雨华. 一个小贩的两次死刑［J］. 南方人物周刊，2011（16）：76-81.

崔英杰也是如此：

> 李志强封堵了崔英杰的去路，崔英杰不断挥舞着双手。"车子留给我，别的都给你们。"崔英杰喊道。……崔英杰一直在央求，"求你们把车子留给我，就靠这个吃饭"。①

新闻中所描述的某些殴打行为往往只是一方的指控与陈述，即便有一定的真实性，也大多事出有因。但在官民冲突事件中很少有新闻报道对完整因果链条进行关注。因果链条的断裂，导致人们进行错误归因：施害虽说不是必然，却情有可原；受害不仅有过错，而且有重大明显过错。正如崔英杰案辩护律师夏霖在结案陈词时说："当事人来到城市，被生活所迫，从事这样一份卑微贫贱的工作，生活窘困，收入微薄；他没有偷盗没有抢劫，没有以伤害他人的方式生存。当赖以谋生的饭碗被打碎，被逼到走投无路的绝境，你们会怎样选择？"显然，夏霖的结案陈词诉求与新闻诉求如出一辙：弱者＋受害者。

（三）施害者作为精神疾病患者

即便经过上面的叙述，有些杀人行为的残忍仍让人难以理解，于是新闻报道中出现了施害者患上精神疾病的桥段，如刺死官员的邓玉娇被报道患有抑郁症：

> 从案发到被警方带走这段时间内，她一会儿表达能力非常强，一会儿语无伦次，民警在她的行李中查出了治疗抑郁症的药品。审理时，她也曾要求服用治疗抑郁症的药物。②

在一个有两名服务员在场且只把邓玉娇推坐在沙发上的行为很难被认定

---

① 赵凌，郑焰. 城管副队长之死［N/OL］. 南方周末，2006-09-14［2018-06-10］. https://news.sina.com.cn/o/2006-09-14/142710019349s.shtml.
② 京华时报. 欲求特殊服务未遂显摆钞票并强行肢体接触 湖北一官员被女服务员刺死［N/OL］. 中国新闻网，2009-05-14［2018-06-10］. https://www.chinanews.com.cn/sh/news/2009/05-14/1690930.shtml.

为强奸行为，而受害者邓贵大身上有两处致命伤的情况下，邓玉娇被认定为涉嫌故意杀人。不过，邓玉娇的抑郁症（实为"躁郁症"，亦名"双相情感障碍"），成为其免予刑事处罚的重要原因。

作为施害者的邓玉娇具有精神疾患确有其事，因此新闻媒体会对之进行报道或重点报道，这可以理解。但杨佳案中，在其本人明确否认精神疾患的问题①之后，仍有媒体如下报道：②

> 有一次，王静梅曾向朋友说起，她怀疑杨佳得了心理疾病，希望她去看心理医生。这也许是一次避免日后悲剧的机会，但因经济原因，她最终还是放弃了。

显然，这句话暗含的意思是：①杨佳有心理疾病；②如果杨佳上次去治疗心理疾病了，可能就不会杀人了。

（四）施害者家属的悲情

对于有些施害者，新闻不仅关注他的悲情，而且引导公众把同情延伸至其家人，其中较为典型的是夏俊峰。许多媒体报道了他家人生活中的种种艰难和悲痛，包括上访、赚钱、养孩子、哭泣、晕倒等，如《中国周刊》的《沈阳杀死城管者家庭现状》；《三联生活周刊》的《从小贩妻子到沈阳张晶》。经过新闻传播，夏俊峰妻子张晶的奔波、痛苦被呈现在公众面前，赢得了无数人同情，也赢得了不少捐款，甚至还有一些名人施以援手。

最能拨动人们心底琴弦的是孩子，尤其是有才华的孩子。夏俊峰的儿子夏健强喜欢绘画，因此某些擅长悲情叙事的新闻记者对夏健强的报道，尤其是对其绘画才能的报道，成了这起暴力案件中最柔软最打动人心的部分。

媒体大肆报道施害者亲属的悲痛：父母失去儿子、妻子失去丈夫、9岁

---

① 吕宗恕. 律师称袭警杀手杨佳性格倔强［N/OL］. 新京报，2008-07-08［2018-06-10］. https://news.sina.com.cn/c/2008-07-08/075815891371.shtml.
② 岳君. 杀人者杨佳青春档案［N］. 南方周末，2008-07-17（1）.

的孩子失去父亲。施害者家属的困境：老无所养、幼无所依，让人感同身受。因此，受众对施害者的同情和宽恕更深一层，对施害者家庭的捐款与帮助源源不断，还有人像吊唁英雄或烈士一样对施害者进行吊丧。

二、受害者/官方人员作为群像：职业人物与简历式存在

在普通市民与政府人员的冲突中，新闻一方面把普通市民呈现为有血有肉的独立个体，另一方面要么忽略政府人员，要么把他们群像化，即把所有政府人员看作一个群体，认为他们具有相同的形象特征。

（一）受害者作为职业人物的强悍与冷漠

由于工作性质的特殊性，城管和警察经常会与管理对象发生冲突，相关工作人员与小贩之间也会屡屡发生冲突，因为"城市管理的标准和一些百姓的生存、谋利需求是冲突的。最典型的就是游商，城市管理不允许游商存在，但是不少人只能靠做游商来解决收入问题。这样，冲突自然在所难免"①。

对于人类天性与新闻价值来说，没有冲突的职务行为，大家熟视无睹。对于被整顿好的环境，大家认为其是理所当然的。只有冲突才会被记者报道，吸引大家的眼球。于是记者在报道这些政府人员时，往往报道的是他们与管理对象发生冲突的场景：

> 平时队员们对摊贩进行口头说服教育时，老百姓没看到；教育无效动手查扣物品时，难免有肢体接触，老百姓看到了，就说我们野蛮执法。②

无论普通市民是施害者还是受害者，众多新闻都习惯于把他们作为报道主角。《南方周末》的崔英杰施害事件的报道《城管副队长之死》是难得的一

---

① 黄庆畅，陈晓婉.城管尴尬凸显城市成长烦恼［N］.人民日报，2013-07-03（17）.
② 王晨.刺死两城管 沈阳一小贩终审被判死刑［N］.中国青年报，2011-05-10（3）.

个例外。尽管如此,这篇新闻却将叙述重点放在了城管工作层面,为"一个工作认真、为人和善的城管干部"塑造了一个强悍、冷漠的形象:

> 城管车停在一个合适的距离,李志强第一个跳下车,向崔英杰径直走去……
>
> ……
>
> 李志强和同事来到摊前……李志强封堵了崔英杰的去路……崔英杰一直在央求,"求你们把车子留给我,就靠这个吃饭"……
>
> 此时李志强正在队友的协助下,把三轮车抬到城管的卡车上。①

新闻之所以重点叙述受害者的职业行为,而不涉及他们的日常生活,是为了刻画他们的强横与冷漠,规避人们的同情心。正如夏俊峰的律师滕彪指出的:"我相信张旭东、申凯在妻子或孩子面前,绝不会表现其人性的残忍和暴力的轻率,他们在家庭的场域之下遵循爱和良善的原则"②,只是在面对违章违法而又屡犯不改的小贩时才会变得强横与冷漠。

(二)群体刻板形象作为受害者形象

如前所述,在普通市民与政府人员的冲突中,许多冲突是由工作性质引起的,因此不可避免且频繁发生。由于冲突量大,且其经常发生于大庭广众之下,这就导致冲突经常被报道,大众就形成了对这一职业人物的刻板印象,新闻报道是导致刻板印象形成的重要因素。③ 刻板印象一旦形成,便成为从事这一职业的所有人物的特征,所有个体都丧失了个性,群像得以形成。

群像具有强烈的唤起效应,会使人们在未见证暴力的情况下也认为城管、

---

① 赵凌,郑焰.城管副队长之死[N/OL].南方周末,2006-09-14[2018-06-10]. https://news.sina.com.cn/s/2006-09-14/095511006956.shtml.
② 郑琳.小贩杀死俩城管被判死刑 律师辩词催人泪下[EB/OL].(2011-05-10)[2018-06-10]. https://cn1.crntt.com/crn-webapp/mag/docDetail.jsp?coluid=0&docid=101689774&page=7.
③ 党宝宝,高承海,万明钢.民族刻板印象:形成途径与影响因素[J].西南民族大学学报(人文社科版),2016,37(5):202-206.

警察等群体中的个人实施了暴力行为,如夏俊峰案,有 24 年人大代表生涯的中国科学院教授冯有为因耳闻目睹过多次城管的暴力执法,在未目睹两个现场(街道、办公室)的情形下,理所当然地认为城管的做法"肯定是让人家受不了了"①,即把这次城管执法归为暴力执法,执法城管有暴力行为。群像对人们心理的唤起正如夏俊峰的辩护词所说的:

  城管野蛮执法人所共知,城管打人事件几乎天天都有,而城管殴打公民致死的案件也不在少数。不要以为这些和本案没有直接关系的事实真的与本案无关。这些事实(不管夏俊峰本人有没有清楚地了解全部城管暴行),在一个具体的案件里已经成为相关参与者的常识,或不言自明的社会认知或潜意识。②

  夏俊峰的这个辩护词的逻辑为:因为别的城管杀人了,所以这个城管也会杀人。夏俊峰杀死城管是为了自己不被杀。
  因为受到群像影响,部分人们存在一种扭曲心理:群体中的无辜者应为其中的残暴者买单,正是这种心理导致连坐情况的出现。因此,群体中无辜者的死亡常常得不到新闻的报道、人们的同情,如杨佳案,杨佳杀死的是与案件毫无关系的人员,这几位死者及其亲属的伤痛几乎完全被媒体忽视。
  同样,由于小贩无论是施害者还是受害者,都常被某些媒体塑造为好人、弱者与受害者,这样的小贩群像导致人们不会做出如下推理:城管、警察之所以收缴东西、之所以暴力执法,肯定是因为这个小贩的违章违法行为,屡教不改。事实上,根据当时的录音,杨佳在上海大街被警察拦住询问时,不仅行为非常不配合,而且态度非常恶劣,话语也是胡搅蛮缠。③ 即便录音公开,许多受众和媒

---

① 张国栋. 沈阳风雨坛街:一边是"小贩专区"一边是小贩杀城管[N/OL]. 南方都市报,2010-01-20[2018-06-10]. https://news.sina.com.cn/o/2010-01-20/094616962743s.shtml.
② 小贩杀死俩城管被判死刑 律师辩词催人泪下[EB/OL]. (2011-05-10)[2018-06-10]. https://cn1.crntt.com/crn-webapp/mag/docDetail.jsp?coluid=0&docid=101689774&page=7.
③ 上海警方通报袭警案详情:七警察合力制服袭警者[N/OL]. 京华时报,2008-07-08[2018-06-10]. https://news.ifeng.com/mainland/200807/0708_17_638951_2.shtml.

体也并不认为如果杨佳挨打了就是咎由自取，而是仍然把他当作好人呈现。

（三）被杀者作为个体的简历式存在

如上所述，发生冲突的政府人员在新闻中一般作为强横、冷漠的公务群体一员而存在，偶尔会作为个体出现，但是以无血肉、无感情的简历方式出现的，例如：

> 1975年出生的申凯有着一系列骄人的成绩——16岁参军，9个月后入党。1993年，年仅18岁的申凯因表现优秀，被记三等功一次。19岁时，申凯退伍参加工作。2002年，申凯通过考试进入沈阳市城市管理行政执法局沈河分局。这期间，他还获得了中央党校（国家行政学院）的本科文凭。2005年，他被提拔为滨海执法中队副中队长，2008年年初被提拔为中队长。①

事实上，根据新闻报道的简短报道可知，被杀害的公务人员，如申凯、张旭东，如果受到杀人者的"待遇"，完全可以写出非常感人的故事，因为"申凯是家中的单传'独子'"，而且没有孩子；而张旭东"带着老婆孩子与年迈的父母、因病至今未婚的哥哥，一直挤在一处五六十平方米的房子里"，并且他的"女儿和夏俊峰的孩子差不多大"。②

不仅针对城管与警察的报道如此，涉及其他公务人员的官民冲突事件报道也是如此，如拆迁事件重点报道强拆的野蛮，完全不提及被拆方的不合理要求和蛮横态度。例如，2010年的"宜黄拆迁案"，拆迁冲突的起点是2007年，新闻报道均不提及此前宜黄官方所做的长达三年的劝解、调解等各方面的工作，让人误以为事件突发于2010年9月。③

---

① 王晨.刺死两城管沈阳一小贩终审被判死刑[N].中国青年报，2011-05-10（3）.
② 王晨.刺死两城管沈阳一小贩终审被判死刑[N].中国青年报，2011-05-10（3）.
③ 陈力丹.树立客观、平衡报道事实的理念[J].新闻与写作，2014（6）：57-58.

三、控制史实的信念真实：原型与事件框架

上面的分析显示，在政府人员与普通市民的冲突中，部分新闻报道有着明显的倾向性，未遵守客观、平衡报道事实的理念，即违背客观性原则。[①]

（一）客观原则的违背：故事的悲情？民意的绑架？

从新闻报道的操作性角度来说，产生这种倾向性的直接原因是，记者主要的采访对象是杀人者，即普通市民一方，如夏俊峰的妻子张晶是很多新闻的消息来源。在对峙与冲突中，双方的利益诉求存在差异。有了不同利益诉求，就有了突显与遮蔽，即突显己方的正当性，遮蔽对方的正当行为。新闻只报道或重点报道普通民众一方的叙述，显然与给予事实所涉及的各方提供同样陈述的机会的客观性原则背道而驰。

作为一个把客观性原则奉为圭臬的职业，但在报道官民冲突事件时却罔顾它的实际操作方法，学者们有以下两种观点：

（1）普通民众一方更具有故事性。[②]的确，在官民冲突中，普通市民会策划、表演一些具有戏剧性的抗议剧目，甚至会做出一些反常的、惨烈的行动，如"宜黄拆迁案"中，钟如九微博直播的"厕所攻防战"。

在许多案件中，普通市民认为自己是弱势群体，会非常配合甚至主动寻求媒体的报道，因此在采访和报道便利上占据一定优势，如夏俊峰案，夏俊峰的妻子张晶既擅长利用大众媒体，又擅长使用微博这一自媒体来造势：

> 张晶很会接受媒体采访，除了讲述案件经过，她还会讲当时的天气、环境、她的想法感受、别人的反应，这些丰富的细节很能打动人。张晶的朋友胡力夫告诉本刊记者，张晶有一次去录制一档收

[①] 陈力丹.树立客观、平衡报道事实的理念［J］.新闻与写作，2014（6）：57-58.
[②] 从小贩妻子到沈阳张晶［EB/OL］.（2013-10-25）［2018-06-10］.http://old.lifeweek.com.cn//2013/1025/42970.shtml.

视率很高的访谈节目,她一气呵成讲完之后,想问主持人还有什么问题,主持人已经想不出问题了,只在她对面流眼泪,她又问编导,发现编导也在旁边流眼泪。①

张晶声泪俱下的故事讲述与情感渲染,以及在社会底层挣扎的生活状态,的确有利于媒体讲故事。但事实上,从故事看,申凯四代单传,离异无子;张旭东家庭贫病交加,恐怕比夏俊峰家庭更具曲折情节与悲情色彩。因为论悲情,申家比夏家更凄惨;论贫穷,张家比夏家更寒酸,张、夏两人都留下年迈父母和孤儿寡妻,而张旭东还有一位病兄。因此,故事性并不能完全解释官民冲突的新闻报道明显偏向民众一方的报道倾向。

(2)新闻报道屈从于网络民意。不可否认,许多网民把夏俊峰、崔英杰、杨佳称为英雄、义士、壮士,把邓玉娇称为烈女。网络上存在一片呼声:不能判他们死刑,并且在一些施害者被判死刑之后,众多网民表达愤怒与失望,声称"正义公平死了"。因此,有人指出传统媒体关于此类事件的违背客观性原则的报道是因为受到了网络舆论的推动和裹挟,因此呼吁"平衡报道不能屈于网络民意"②。但是,在对事件铺天盖地的报道中,媒体想要抓住受众眼球,往往需要差异化甚至独具一格的报道。在这种情境下,如果记者对事件有不同的报道框架和情感倾向,难道会扭曲自己的观点来迎合大众的想法吗?同时,独立性作为新闻客观性的前提,是新闻报道所一再强调的原则。记者在意识到自己有完全不同于网络舆论的想法时,这种独立性的职业训练与要求也不会让他们选择屈服于民意。因此,部分媒体几乎如出一辙的倾向性报道很难成为记者完全屈从网络民意的结果,只能被认为是记者们对事件持有与网民们相同的情感与看法的结果。

---

① 傅剑锋.平衡报道不能屈于网络民意[M/OL]//南方报业传媒集团新闻研究所.2009南方传媒研究(第19辑):媒体与民意.广州:南方日报出版社,2009:130[2018-06-10]. https://www.doc88.com/p-698155854489.html.

② 傅剑锋.平衡报道不能屈于网络民意[M/OL]//南方报业传媒集团新闻研究所.2009南方传媒研究(第19辑):媒体与民意.广州:南方日报出版社,2009:130[2018-06-10]. https://www.doc88.com/p-698155854489.html.

（二）塔西佗陷阱：信念真实对史实的控制

在一些小众的公民新闻中，夏俊峰、杨佳并非如此无辜、弱势，也并非受害者，而是社会上的恶霸，如夏俊峰案，网友"光明的黑暗生活"于2010年1月13日在天涯社区爆料：夏俊峰曾经是个社会上的混混，也曾经在当地街道办事处工作。在成为小贩之后，夏俊峰成了小贩中的一霸：他卖炸香肠位置的前后50米不准别人和他卖一样的东西，不然轻则掀摊重则打人。在杀人事件的前几个星期，一位环卫工人因为对他家把竹签废纸扔了一地表示不满，遭到夏俊峰殴打，并报案处理。①

这个爆料的真实性很容易从小贩、邻居和当地公安部门考证，但没有媒体对此进行求证。同时，根据张晶和夏俊峰证词的前后矛盾之处，法医提供的申、张的伤情鉴定，以及夏俊峰重伤一位毫无过错之人的事实，也容易推知夏俊峰并不是一位真正无辜之人，但是媒体对这些事实只字不提，一味地忽视这些否定夏俊峰是一位弱者、受害者的事实。②

有关夏俊峰并非弱者、忍让者，甚至如网民爆料所说是社会上的混混等特征，《南方周末》在新闻《和夏俊峰、蔚少辉一起蹲班房》中有非常清晰的陈述——夏俊峰自己在狱中炫耀："和道上几个大流氓玩过，一次他一个人出面，平息了一桩很大的黑社会火拼。"狱友评价他："没什么能耐，小心眼，爱吹牛，自尊心还挺强。"在狱中，夏俊峰的行为、言语戾气重："偶尔一次，有人打牌和老夏起了争执，老夏一个咸菜罐子撇过去。""一次警察提老夏去审讯，他不怎么配合，警察说他，都要死的人了拽什么拽！他忽然怒起来，就把警察给骂跑了。回到房里老夏还在骂，脸通红通红的。"③

即便是《南方周末》这样的著名、权威的媒体通过狱中生活表现夏俊峰的易怒、争强好胜、爱打斗、爱面子等性格特征也未能纠正大多数网络媒体

---

① 呼吁政府刀下留人 从轻处理夏俊峰：10楼［EB/OL］.（2010-01-13）［2018-06-10］. https://tieba.baidu.com/p/1080114949.

② 关于夏俊峰案，你所不知道的［EB/OL］.（2013-10-05）［2018-06-10］. https://blog.sina.com.cn/s/blog_5513b1cd0102ee65.html.

③ 周华蕾. 和夏俊峰、蔚少辉一起蹲班房［N］. 南方周末，2012-06-28（A07）.

对夏俊峰的弱者、受害者等形象建构倾向和网民舆论走向。

杨佳也是如此，《广州日报》的报道显示：杨佳曾经在上海干过一段时间偷车的营生，①而《都市快报》的报道显示，杨佳脾气臭，爱较真，爱打架，蛮不讲理而且报复心强。②但是除了这篇报道，其他新闻如上所述，都将他呈现为和善、遵守规则，乐于助人的。事实上，根据上海警察街上询问的执法录音，杨佳的回话的确印证了报道中的话语：他平日"都梗着脖子，紧皱眉头，小眼瞪着，像老猛牛似的，老不高兴的劲儿，好像有什么深仇大恨似的"。③他在山西太原火车站与警察的冲突；他的家庭氛围——他妈妈认死理的行为与性格；他每次工作时间都不长等，无不显示《都市快报》对杨佳性格特征的陈述与他残杀6人重伤5人的行为更匹配。即便如此，《广州日报》和《都市快报》的这两篇报道也并未引起其他报道进行更多层次、更多方面的客观报道，并且未产生较大影响。

为什么这些否定夏俊峰和杨佳的报道得不到其他媒体和网民的认可与转发，而从正面叙述他们的报道却能得到广泛传播？原因在于"信念真实对史实的控制"。

（三）原型：建构信念真实与事件框架

人类认识现实世界之时，脑海里并不是一片混沌虚无，而是被社会、文化输入了许多价值观念、故事情节与人物形象。这些价值观念、故事情节与人物形象为人们认识事物与事件提供了范畴，这就是人类认知世界的范畴化。范畴认知包括四个步骤：首先，对复杂和丰富的外部事物进行感知；其次，在对事物进行感知的同时进行心理扫描和信息选择；然后，参照大脑已储存的知识库中的各个范畴对上述感知信息进行归类；最后，对在大脑中已辨认

---

① 姚琳琳. 记者调查核实袭警案传闻 律师称杨佳难逃死刑［N/OL］. 广州日报，2008-07-08［2018-06-10］. https://www.chinanews.com.cn/sh/news/2008/07-08/1305039.shtml.
② 都市快报. 邻居回忆杨佳［N/OL］. 都市快报，2008-07-04［2018-06-10］. https://news.sina.com.cn/c/2008-07-04/040714113527s.shtml.
③ 都市快报. 邻居回忆杨佳［N/OL］. 都市快报，2008-07-04［2018-06-10］. https://news.sina.com.cn/c/2008-07-04/040714113527s.shtml.

出的上述事物的范畴，即认知范畴进行语言确认或语言命名。① 基于此，沃尔特·李普曼（Walter Lippmann）指出："多数情况下我们并不是先理解后定义，而是先定义后理解。"②

人类对世界范畴的划分以那些经常出现的、典型的、基本的原始模型（原型）为基点，从而形成一个个概念、框架、情节等，再用一个个名称来为这些概念、框架、情节命名，并储存在大脑中，以备随时调取以认知外界事物与事件。从本质上说，原型是一种稳定的、典型的、反复出现的对外在事物的认知角度、认知情感与认知框架，包括意象、象征、母题、人物形象、故事情节、叙述模式等。在某种文化中，原型是一组具有约定俗成特性的语义联想，是可以独立交际的单位，其根源既是社会心理的，又是历史文化的。和人的生理特点可以遗传一样，原型沉淀在种族心灵的深处，也被一代代继承下来。③

因此，当面临所发生的事件时，人们一边用感官进行认知，一边搜索大脑中所储存的原型，当发现事件具有某个原型的特质时，便会立刻用这一原型对之进行理解与界定。因此，李普曼指出："置身于庞杂喧闹的外部世界，我们一眼就能认出早已为我们定义好的自己的文化，而我们也倾向于按照我们的文化所给定的、我们所熟悉的方式去理解。"④

一旦把某事件与某原型进行匹配，人们便会用原型的各种特质去框限、同化事件的各个方面，这往往会使人们（包括记者）主动屏蔽一些事实，否定一些事实，突出一些事实，甚至生造一些事实，从而使新闻传播展现流言传播的变形机制：削平、磨尖、添加。

在中国的文学作品和历史故事中，许多有关官民冲突的事件采取了"官逼民反"的叙述模式，如名著《水浒传》、家喻户晓的"陈胜吴广起义"等。在具有悠久的官逼民反原型的文化里，上述的认知机理导致人们在面对官民冲突事件时，很自然地把它归纳为"官逼民反"的范畴。

---

① 曾庆香.中美媒介建构"2015年中美首脑会晤"框架的符号分析：一种跨文化传播个案的框架分析路径［J］.西北师大学报（社会科学版），2016（4）：16-23.
② 李普曼.公众舆论［M］.阎克文，江红，译.上海：上海人民出版社，2006：62.
③ 曾庆香.新闻话语中的原型沉淀［J］.新闻与传播研究，2004（2）：66-72.
④ 李普曼.公众舆论［M］.阎克文，江红，译.上海：上海人民出版社，2006：62.

由于在"官逼民反"的原型中，民一般是贫穷、困顿且被迫害的社会底层人员，具有悲壮与正义的英雄特质；而官（指官方人员，既包括政府部门没有职位的普通工作人员，也包括各级具有职位的官员）则是凶狠、贪婪、强悍的，具有邪恶和罪有应得的坏人特质。因此，部分记者在报道夏俊峰案、崔英杰案、杨佳案时，如上所述，"磨尖"他们的社会底层身份，即作为受害者的弱者形象，"削平"他们个人的刁钻习性和三番五次的违章违法行为，"添加"并渲染他们家人的痛苦与困境，从而使得他们的杀人行为具有一定程度的悲壮和正义色彩；而在报道官方人员时，如上所述，尽管这些"官"作为个人没有邪恶、贪婪或强悍之处，甚至与"民"一样处于社会底层，比"民"更加贫穷与困顿，部分记者却"磨尖"他们特殊的职务行为（收缴违章者的器物及收缴过程中的推搡等冲突），"削平"他们行为的合法性与所作出的贡献——城市市容与秩序的大为改观，通过移植的方式把这个群体中个别人物的恶劣形象"添加"到群体之上，再"添加"到被杀者身上。

当"官逼民反"的"民"为女性时，这一原型就变形为"烈女贞女"反抗"淫官色吏"的强暴行为，在邓玉娇案中，记者与受众对于这一原型在心中的唤醒作用有着非常明确的表达：

> 邓玉娇契合了中国传统的文学想象——民女反抗胥吏欺凌的经典题材。比如脍炙人口的诗篇《羽林郎》《陌上桑》都是讲官家冯子都仗势欺凌酒家女的，"昔有霍家奴，姓冯名子都。依倚将军势，调笑酒家胡"，罗敷女不畏强暴的正义形象深入人心。从美学、文学的角度看，邓反抗"官家"羞辱，拔刀相向，有着充分的合法性。
>
> ……　……
>
> 在另一方面，这种民女抗暴的正当性在中国有着深厚的历史基础，中国自唐律一直到《大清律例》都规定，官员奸污管治之下的女性会被加重处罚。①

---

① 沈彬."侠女"邓玉娇的文学合法性[N/OL].荆楚网，2009-05-21[2018-06-10]. http://focus.cnhubei.com/local/200905/t682109.shtml.

在邓玉娇案中，在民女反抗胥吏欺凌、烈女抗暴的原型的唤起作用下，许多记者都"磨尖"了以下细节：①黄德智要求邓玉娇提供异性洗浴服务（有的新闻把这一要求"添加"在邓贵大身上）；②邓贵大拿出一叠钱炫耀并朝邓玉娇头、肩部扇击；③邓贵大两次拦住邓玉娇并把她推坐在沙发上的动作。这些被"磨尖"的细节、动作都显示邓贵大是一个"恶吏"与"淫官"，符合原型的关键情节——"恶吏""淫官"欺凌、强暴女性，同时不涉及邓贵大1.6米45公斤的瘦小身材，部分记者还"削平"冲突时有两名服务人员在现场等事实，因为这些事实在某种程度上能够削弱"恶吏强暴女性"的原型特质。

正如荣格所指出的，原型具有遗传性，对人类思维的控制是强大的，就像基因对人类性格的超强影响。这导致人们一旦对某事件用某原型进行理解，便会对摆在面前的事实视而不见，而是根据该原型的各种特质对事实进行各种质疑，然后根据蛛丝马迹进行牵强附会的证实。比如邓玉娇案，借用巴东县公安局局长杨立勇的话，案情本身并不复杂，这是他从事警察职业以来最简单明了的刑事命案。但要认识到这点是很难的，虽然事实就摆在眼前。

历史上的"官逼民反"原型往往是因制度、体制的积弊而导致或大或小的起义，继而在一定程度上成为具有一定政治色彩的事件。因此，当现在的人们用这一原型解释当代"民杀官"的社会事件时，也将其归因于某一制度的不合理，从而出现否定某一制度的桥段，如夏俊峰案，新闻借助人大代表冯有为之口来否定城管制度："他们都是制度的牺牲品。"① 邓玉娇案也由一桩发生在偏僻小镇、简单明了的刑事命案转变为一起广受关注、真相扑朔迷离的公共事件、泛政治事件②。

总之，因为原型为新闻提供了讲述事件的框架，所以新闻是很久以前就被讲述的故事的最新的回响③。

---

① 沈阳风雨坛街：一边是"小贩专区"一边是小贩杀城管［EB/OL］.（2010-01-20）［2018-06-10］. https: //news.sina.com.cn/o/2010-01-20/094616962743s.shtml.

② 龙志. 开始新人生的烈女邓玉娇：我已不是邓玉娇［N/OL］. 南方都市报，2009-12-29 ［2018-06-10］. https: //www.sinoca.com/news/society/2009-12-30/55018.html.

③ 鲁勒. 每日新闻、永恒故事：新闻报道中的神话角色［M］. 尹宏毅，周俐梅，译. 北京：清华大学出版社，2013：20.

四、拒绝原型的魅力

原型作为一种集体意识，文化模因，是沉淀在人们心底的声音，因此"一旦原型的情境发生，我们会突然获得一种不寻常的轻松感，仿佛被一种强大的力量运载或超度。在这一瞬间，我们不再是个人，整个族类或整个人类的声音同时在我们心中回响"①。因此，对于追求短时高效和受众数量的部分新闻媒体来说，原型具有强大的魅力，一是记者不需要花费大量的人力、财力、时间，便能根据原型所提供的范本轻而易举地讲述一个大家都能接受并能引起大家共鸣的完美故事；二是记者能够轻易捕获大量只知事件梗概不知事件细节的民众的眼球与芳心，因为"谁说出了原始意象，谁就发出了1000种声音，摄人心神，动人魂魄，同时使自己所要表达的思想摆脱了偶然性，转入永恒领域。他把我们个人的命运纳入整个人类的命运，并在我们身上唤起那曾使人类摆脱危难，度过漫漫长夜的所有亲切力量"②。

基于此，著名新闻话语研究学者特恩·A.梵迪克（Teun A. Van Dijk）所总结的诸种增加新闻报道劝服效果的有效策略，其中三条便是借助原型力量：①在熟知的情境中插入新闻事实；②使用该领域广为人知的说法或概念；③尽量把新闻事实组织到大家熟知的结构中，如报道的叙事结构。③

成于斯，败于斯。随着时代的发展，环境的变迁，部分媒体一味地用原型作为解释事件的框架，有时难免导致南辕北辙的结果，即事件真相不但未被明晰，反而被扭曲，如不少网民把夏俊峰杀城管等同于贺龙两把柴刀杀税官、彭德怀提大刀抢粮仓，把杨佳冲进警局杀警察类同于荆轲刺秦。

因此，作为以提供事件真相为职业的记者，既要有深入调查小心求证的实干精神，又要有拒绝原型魅力的魄力与勇气，如龙志在深入调查邓玉娇案

---

① 荣格.心理学与文学［M］.冯川，苏克，译.北京：生活·读书·新知三联书店，1987：121.
② 曾庆香.新闻话语中的原型沉淀［J］.新闻与传播研究，2004（2）：66-72.
③ VAN DIJK T A. News as discourse［M］. Groningen：University of Groningen，1988：85.

之前，因为此事件的"官员""洗浴中心""特殊服务"等劲爆元素，使他像其他大多数记者与网民一样，对此事件很自然抱持"烈女刺杀淫官"的解释框架，"我要做的，似乎就是把这个经典题材（'民女反抗胥吏欺凌'）搬到报纸上。于我来说，这趟差事太轻松了，再没有比这更清晰明了的故事轮廓了"①。但龙志在采访邓贵大妻子和邓玉娇母亲时，从她们话语中的蛛丝马迹，意识到邓贵大和邓玉娇与解释事件的原型中的人物形象存在一定差距：邓贵大并未提出特殊服务的要求，意味着他并非淫官；邓母强调邓玉娇患有抑郁症，意味着邓玉娇并未受到性侵犯（因为如果受到了性侵犯，其母没必要强调抑郁症为其开脱），因此并非"烈女"。基于此，龙志对"邓玉娇案件"的报道《女服务员与招商办官员的致命邂逅》并未采用"烈女刺杀淫官"原型作为解释框架。巴东县人民法院2009年6月16日的判决将这一事件认定为："邓玉娇在遭受邓贵大、黄德智无理纠缠、拉扯推搡、言辞侮辱等不法侵害的情况下，实施的反击行为具有防卫性质，但超过了必要限度，属于防卫过当。"② 这说明龙志不将邓玉娇案界定为"烈女刺杀淫官"事件是正确的。因此，记者报道事件不能一味地遵从原型，要本着实事求是的精神，只有坚持新闻记者的职业操守与操作规范，才能对事件进行客观的报道。记者要有拒绝原型魅力的才能与勇气，只有这样，现代的新闻才不会具有一种陈腐的味道，也不会是已经尘封的原始故事的重演。③

---

① 龙志.邓玉娇案，一个记者的立场［M］//南方报业传媒集团新闻研究所.2009南方传媒研究（第19辑）：媒体与民意.广东：南方日报出版社，2009：115.
② 新华社.邓玉娇一审被判免除处罚 法院认定其防卫过当有自首情节，鉴定称其有心智障碍［N］.中山日报，2009-06-17（5266）.
③ 鲁勒.每日新闻、永恒故事：新闻报道中的神话角色［M］.尹宏毅，周俐梅，译.北京：清华大学出版社，2013：20.

永恒故事：社会记忆对新闻框架和舆论爆点的形塑[*]

——以"江歌案"为例

近年来，中国留学生在海外遇害的事件频频发生。从 2016 年至 2017 年 11 月，据《法制日报》记者不完全统计，公开报道中已有 30 多起中国留学生遇害事件发生。梳理报道发现，这些新闻一般把事件要素（5W+1H）报道清楚便偃旗息鼓。只有事件有要素未明了，新闻才会随着事件的发展而再现。但江歌案报道（包括公民新闻和专业新闻）是一个例外，即便是真相扑朔迷离的"章莹颖案"也未像它一样引发如此猛烈的舆论高潮。

2016 年 11 月 3 日凌晨，在日本留学的中国女生江歌被室友刘鑫的前男友陈世峰残忍杀死在自家房门外。我国媒体对这一案件的报道并未随着事件的水落石出而结束，而是经历了两个阶段。第一个阶段：2016 年 11 月上旬至 2016 年 12 月中旬，将之作为刑事案件报道；第二个阶段：2017 年 5 月至 12 月中下旬，将之作为恩将仇报的道德故事讲述。百度指数显示，第一阶段的报道高峰期是 2016 年 11 月 6—12 日，这一周公众的日平均搜索量为 2953 次；第二阶段的报道高峰期是 2017 年 11 月 12—18 日、12 月 10—16 日，这两周的公众日平均搜索量分别为 169,616 次、142,559 次，且 11 月 14 日（《局面》播出之后）、12 月 11 日（开庭日）、12 月 20 日（宣判日）的日平均搜

---

* 文章原载于《新闻与传播研究》2020 年第 1 期，与李秀莉，吴晓虹合作，收入本书时，略有删改。

索量分别高达 327,438 次、257,751 次、239,171 次。另外，截至 2018 年 8 月 7 日，《局面》采访报道的《江歌案》有 2.4 亿次播放量；#江歌案庭审#微博话题阅读量 7.2 亿，讨论量 19.5 万。这说明前一阶段报道反响平平，后一阶段报道则引发了一波又一波舆论高潮，牵动着亿万民众的神经。

这么多留学生遇害事件，为什么只有"江歌案"在作为刑事案件报道清楚之后再次引发了舆论高潮？同样得到报道的事件，为什么有些事件能引起舆论沸腾，而有些事件却舆情冷淡？不可否认，有些事件是因其广度，即关切具有普遍性的现实问题而受人关注，如孙志刚事件；有些事件却是因其深度，即触动人们的心灵而引发舆论高潮，如"江歌案""邓玉娇案"等。本文以"江歌案"为例，拟从社会记忆视角给予阐释。

一、文献综述与主要概念

西方学界虽对记忆论题的关注源远流长，但 20 世纪 80 年代以来对记忆的研究热情尤为高涨，一方面是因为第二次世界大战、纳粹大屠杀需要人们回忆、记录①；另一方面是因为东欧剧变导致的社会政治变迁，再加上后现代思潮影响，促使各民族国家转向过去寻找合法性②。

法国社会学家莫里斯·哈布瓦赫（Maurice Halbwachs）受到法国哲学家亨利·柏格森（Henri Bergson）的时间观念和绵延概念以及法国社会学家、人类学家埃米尔·涂尔干（Émile Durkheim）的"社会事实"论述的影响，把记忆研究由个体性转向社会共同性，并于 1925 年提出集体记忆概念，即群体成员所共享的记忆。③

---

① KAMMEN M .Frames of remembrance: the dynamics of collective memory [J] .History and theory, 1995, 34 (3): 245–261.
② OLICK J K, ROBBINS J.Social memory studies: from collective memory' to the historical sociology of mnemonic practices [J] .Annual review of sociology, 1998, 24 (1): 105–140.
③ "集体记忆"理论的西方言说 [EB/OL]．(2017-02-13) [2020-01-25]．http: //sscp.cssn.cn/xkpd/lsx_20155/201702/t20170213_3411837.html.

学术界对共同记忆①，即记忆社会层面的研究大致可被分为四个阶段。第一阶段：20世纪20至30年代，理论奠基期，代表人物为哈布瓦赫和奥托·海因里希·瓦尔堡（Otto Heinrich Warburg）。在这一阶段，他们分别提出了集体记忆（collective memory）和社会记忆的概念。第二阶段：1980—2000年，理论高涨期。在这一阶段，共同记忆被细化、深化研究，由此提出了诸多概念，如文化记忆、沟通记忆、历史记忆、记忆场、功能记忆、存储记忆等。代表人物有德国学者扬·阿斯曼（Jan Assmann）和阿莱达·阿斯曼（Aleida Assmann）夫妇和法国历史学家皮埃尔·诺拉（Pierre Nora）。第三阶段：2000—2010年，理论瓶颈期，除增加更多案例外，没有新的理论探讨与拓展。第四阶段：2011年至今，理论拓展期。在这一阶段，记忆的共同体突破了民族国家的界限，转向跨文化甚至全球，如埃斯特莉特·埃尔（Astrid Erll）的"旅行记忆"（traveling memory）、"跨文化记忆"（transcultural memory），戴维·M.施奈德（David M. Schneider）等人的"全球记忆"（cosmopolitan memory）。②

中国学术界对共同记忆的研究文献可查的虽始于1986年，但仅有一篇。它将文化记忆作为一种文化哲学给予思考。之后，共同记忆研究文献零星出现，直至2000年后，美国学者保罗·康纳顿（Paul Connerton）《社会如何记忆》和哈布瓦赫《论集体记忆》的翻译出版，中国对共同记忆的研究才逐渐增多，至今已有三千余篇文献。虽如此，但中国对共同记忆的研究在理论上鲜有创新或拓展，一般是运用西方共同记忆理论进行案例论证。

综观整个学术界对共同记忆的研究，可发现下列三条路径。厘清这三条路径可基本弄清集体记忆、社会记忆和文化记忆三个概念的差异。

第一，集体记忆路径，强调立足现在建构过去。

---

① 注：无论是集体记忆、社会记忆还是文化记忆，抑或是跨文化记忆和全球记忆研究，都是对某共同体所共享的记忆，即共同记忆的探讨，只是范围大小不同而已。此处不用集体记忆、社会记忆而用共同记忆命名，以防与下面的内容存在逻辑错误。
② 钱力成，张翮翱.社会记忆研究：西方脉络、中国图景与方法实践[J].社会学研究，2015（6）：215-246.

哈布瓦赫虽然指出存在集体记忆（collective memory）现象，却未给出明确界定。研读其论述可以发现，他的集体记忆包括两方面内涵：一是集体记忆是立足当下反思和建构过去；①二是记忆受到集体框架、社会框架的制约。②根据上述的集体记忆概念来源可知，社会框架、群体框架受制于绵延的历史，即群体、社会的历史、文化框架。

基于哈布瓦赫的影响及其研究的可操作性，集体记忆的研究路径基本是对过去某一重大事件的建构，因此大多数集体记忆文献都是在研究重大事件发生之后，（亲历过或未亲历过的）人们对这一事件的建构，如国外众多学者对有关第二次世界大战的集体记忆研究，基本都采取这一路径。③中国对抗日战争、南京大屠杀、唐山大地震等集体记忆的研究也是如此。鉴于集体记忆是立足当下对过去的建构，所以也有学者对比不同历史时期对某一事件的集体记忆的异同并对其进行原因分析。④

这一研究路径进一步催生了对媒体建构集体记忆的方式、权力机制等方面的深入探讨。从当下建构过去会导致三种有关过去的新闻故事出现：纪念报道、历史类比、历史语境⑤。

第二，文化记忆路径，强调事发当时建构事件与身份认同。

受到哈布瓦赫影响，阿斯曼夫妇指出，集体记忆不应是一个笼统的概念，而是可以被细分的。扬·阿斯曼在《集体记忆和文化认同》一文中将集体记忆分为交际记忆和文化记忆两种。⑥他认为文化是群体不可遗传的记忆，可被分为"被居住"的功能记忆和"未被居住"的存储记忆。⑦

---

① 哈布瓦赫.论集体记忆［M］.毕然，郭金华，译.上海：上海人民出版社，2002：59.
② 哈布瓦赫.论集体记忆［M］.毕然，郭金华，译.上海：上海人民出版社，2002：69-95.
③ 韦尔策编.社会记忆：历史、回忆、传承［M］.季斌，王立君，白锡堃，译.北京：北京大学出版社，2007.
④ 刘燕军.南京大屠杀的历史记忆（1937：1985）［J］.抗日战争研究，2009（4）：5-22.
⑤ 李红涛.昨天的历史 今天的新闻：媒体记忆、集体认同与文化权威［J］.当代传播,2013(5)：18-21，25.
⑥ ASSMANN J, CZAPLICKA J. Collective memory and cultural identity［J］. New German critique, 1995（65）：125-133.
⑦ 埃尔.文化记忆理论读本［M］.余传玲，译.北京：北京大学出版社，2012：22，26.

阿斯曼夫妇的文化记忆也有两个要点：一是把文化看作集体记忆，因为文化"是一个群体内所有成员共有的"。这样记忆便自然包含记录与再现的内涵。① 阿斯曼夫妇所倡导的文化记忆突破了集体记忆只是回忆（事件发生后人们对事件的建构）这一藩篱，增加了事件发生当时的人们对这一事件的叙述与书写。这种思路催生了媒介记忆的概念和研究视角。② 二是把包括文化记忆在内的集体记忆目的指明为身份认同："文化记忆涵盖的知识只是那些与身份和身份认同相关的部分""职业性的专业知识不属于文化记忆"。③ 文化记忆建构身份认同开辟了集体记忆研究的一个视角：集体记忆与群体（或族群）身份认同。

第三，社会记忆路径，强调过去在当下的再现与回响。

被瓦尔堡称为社会记忆的过去"激情程式"（具有引发记忆能量且表现激情的符号）会在不同时期得以释放与回响。这一研究路径未在集体记忆研究群体中引起回响。但这一观点与荣格的原型理论殊途同归。他将文化的"记忆痕迹"（Engramme，即具有引发记忆能量，能在不同时空环境释放出来的文化符号）称为"社会记忆"。

荣格认为原型是一种来自祖先的、先天的认知模式与行为倾向，能以类似于本能的形式存在于后来的人们的认知活动中："原型即是人的意识库中的族类规定，以一种潜能的纯形式性，潜藏于大脑的族类结构中，这种大脑中的族类结构，既是思维活动的方式，又是情感的发生模式，它是'情感—思维'混沌一体的原生物。"④

以上路径显示，在初始来源上，集体记忆、社会记忆和文化记忆是有区别的，集体记忆重点研究以现在的眼光、需求建构过去，即立足现在建构过

---

① ASSMANN J, CZAPLICKA J. Collective memory and cultural identity [J]. New German critique, 1995 (65): 125–133.
② 周颖. 对抗遗忘：媒介记忆研究的现状、困境与未来趋势 [J]. 浙江学刊, 2017 (5): 158–168.
③ 阿斯曼. "文化记忆"理论的形成和建构 [J]. 寿福, 译. 光明日报, 2016-03-26 (11).
④ 劳承万. 审美的文化选择 [M]. 上海：上海文艺出版社, 1991：245–246.

去；社会记忆强调过去的某些符号、形象或事件再现于当今，即立足过去审视现在；文化记忆则重视在事发时建构事件，即立足当时建构当时。但后来的研究文献已让这三个概念的内涵基本交叉重合。

不过，这三个概念强调的重点有细微差异。当强调记忆的集体性时，通常采用集体记忆这一术语。当强调记忆的社会性时，主要采纳社会记忆这一概念。当强调记忆的文化性与绵长性时，经常使用文化记忆这一名称。下文会根据这一细微差别分别采用这三个术语。

在媒介研究领域，除从神话元素、原型要素等视角研究某些过去的形象或情节在当下新闻个案呈现之外①，鲜有文献从集体记忆的角度分析过去为什么会在当下再现与回响。

总之，以往从媒介视角研究社会记忆（或者说从社会记忆视角研究媒介文本）的文献，基本都在论述如南京大屠杀、抗日战争等媒介文本如何建构社会记忆，把媒体报道建构、存储的媒介记忆看作对社会记忆的建构，即把下图中的建构与沉淀含混地合为一体，鲜有文献针对社会记忆如何形塑新闻报道并引发舆论高潮来进行论述。由于既有集体记忆文献主要论述媒体、公民建构、重塑社会记忆，因此，本文将主要论述社会记忆形塑媒介文本和舆论兴奋点，此乃本文创新之所在。如图1所示：

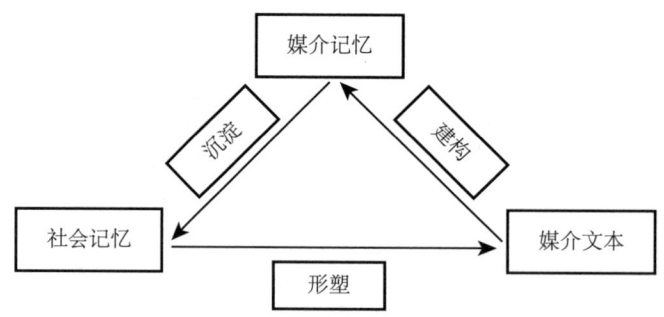

图1 社会记忆与媒体文本相互影响的三角关系

---

① 曾庆香.新闻叙事学[M].北京：中国广播电视出版社，2005：222–246.

二、作为社会记忆的"恩将仇报":江歌案的舆论爆点

美国学者迈克尔·舒德森(Michael Schudson)指出,在19世纪90年代,新闻出现了两种模式:"信息"模式和"故事"模式。① 爬梳江歌案报道可以发现,第一阶段报道采取典型的信息模式,第二阶段新闻则采取典型的故事模式,且是中国典型的恩将仇报这一集体记忆故事模式。

(一)信息模式的"江歌案":未触及社会记忆的刑事案件

2016年11月3日江歌遇害后,国内最早进行报道的是11月3日的澎湃新闻。之后,江歌母亲于11月4日凌晨发布微博。国内专业媒体报道详见表1:

表1 国内专业媒体关于江歌遇害的报道

序号	报道日期	标题	来源
1	2016年11月3日	视频｜一中国籍女子3日在东京被刺身亡,目前凶手尚未找到	澎湃新闻
2		中国女留学生在日本被杀 晚归时在家门口遇到歹徒	国际在线(CRI OnIine)
3	2016年11月5日	东京遭砍杀身亡24岁女孩为中国硕士留学生	环球网
4	2016年11月6日	中国女留学生在日本被害	北京青年报
5		视频｜中国女留学生在日本被杀,案发前刚同母亲通过电话(笔者注:视频报道)	澎湃新闻
6	2016年11月7日	中国女留学生在东京遇害震动华人社会,警方正寻找可疑男子	澎湃新闻
7		江歌 再也见不到"秋天"的留日学生	新京报
8		"在日留学生江歌被杀案"凶手会被判处死刑吗?(笔者注:视频报道)	新京报
9	2016年11月9日	室友首度透露女留学生遇害案细节	北京青年报

---

① 舒德森.发掘新闻:美国报业的社会史[M].陈昌凤,常江,译.北京:北京大学出版社,2009:79.

续表

序号	报道日期	标题	来源
10	2016年11月25日	留日女生遇害案告破,凶手也是留学生	北京青年报
11	2016年12月15日	女留学生日本遇害,嫌疑人被起诉	北京青年报

细读新闻标题和正文可知,这一阶段报道主要是交代事件的5W+1H,即女留学生的身份、被害事件过程、凶手身份等。

根据大多数留学生遇害事件的报道先例、新闻价值和报道规律,如中国女留学生李淑仪被害、中国留学生袁晓鹏被害等,江歌案如果仅被作为刑事案件报道,上述报道会在2017年12月11—15日开庭审理和20日宣判时被再次报道,其他时间很难再引起媒体和公众关注。

显然,信息模式的江歌案新闻,虽然引起了舆论关注,但只停留在注意的表层,并未进入人们认知深层和记忆深处,因为它缺乏勾连人们情感的因素,缺乏舆论兴奋点、群情激奋点。但北京青年报的"室友首度透露女留学生遇害案细节"报道指出,江歌母亲在11月5日发布微博,怀疑凶手为女儿室友刘鑫的前男友。这条微博引发了网友对刘鑫的质疑和指责:"当时刘鑫为什么不出门""江歌是为刘鑫'挡刀'死的"等。这一细节表明,网友已朦胧意识到其中的恩怨,并彰显了"江歌案"舆论兴奋点之所在。

事实上,江歌案在2017年多次成为舆论焦点,是建立在讲述中国历史上的永恒故事"忘恩负义、恩将仇报"的基础上,而不是建立在对刑事案件的关键信息的报道上。

(二)故事模式的江歌案:社会记忆之"恩将仇报"与舆论之兴奋点

在讲究"滴水之恩,涌泉相报"的中国,感恩报恩故事从古至今随处可见,2018年人民日报公众号在"道德沦丧是当前经济滑坡的根本原因"[①]一文

---

① 道德沦丧是当前经济滑坡的根本原因[EB/OL].(2018-05-01)[2020-01-25].https://mp.weixin.qq.com/s/gLLVASRHDYRI8OsUY4wmNw.

中甚至将"不懂感恩"看作经济滑坡的原因。感恩是中国传统文化的重要内容，它沉淀在中华民族的集体记忆中，成为中华民族的性格特征之一。忘恩负义、恩将仇报是令人深恶痛绝的行为，会激发人们义愤填膺的强烈情感。

江歌被害事件由普通杀人案件转变为恩将仇报的故事，源于江歌母亲2017年5月21日00：16分发布的微博长文："泣血的呐喊：刘鑫，江歌的冤魂喊你出来作证！"在此文中，江歌母亲陈述了江歌对刘鑫的种种恩情，也细数了刘鑫及其家人的种种负义、恩将仇报行为。此文第一次直接将刘鑫及其家人的行为界定为"恩将仇报"："如今对待救命恩人不但不感恩，对待我（反而）如同仇人一样。"① 尽管这一微博长文存在时间很短，但不到一天时间却有56,040次转发，26,990次评论，32,451次点赞。这足以说明将江歌案界定为恩将仇报的故事引发了人们的共鸣，唤起了人们情感上的兴奋。

"恩将仇报"的阐释框架让媒体看到了江歌案作为故事的本质和舆论的兴奋点之所在，于是媒体对江歌案的报道便由案件关键信息的披露转变为江歌和江歌母亲与刘鑫和刘鑫父母之间的恩怨纠葛，如2017年9月9日，澎湃新闻发布深度报道《留日女学生江歌遇害311天：一个母亲的"爱、恨、执"》。在这些媒体报道中，最具影响力的是《新京报》的《局面》的25段视频。第一段视频对案件的简单字幕介绍为：

2016年11月3日凌晨
青岛女留学生江歌和室友刘鑫结伴回家
在日本租住的公寓门前被刘鑫前男友杀害

在已知凶手真实姓名的情况下却不指名道姓，将其界定为刘鑫前男友。这一介绍意味着刘鑫在江歌被害中具有原罪，即洗脱不掉的罪行。

在主要内容上，细细梳理这25段视频可以发现，通过江歌母亲和刘鑫的陈述，通过江歌母亲和刘鑫、记者和刘鑫、记者和江歌母亲的对话，报

---

① 泣血的呐喊：刘鑫，江歌的冤魂喊你出来作证！[EB/OL].（2017-11-15）[2020-01-25].https：//www.163.com/dy/article/D3A4T4UF0528NH5F.html.

道呈现了一个典型的恩将仇报故事：江歌在刘鑫最困难之时（被陈世峰赶出家门时）收留了她（22：2'31）；在合租的日子里，江歌在生活起居上照顾刘鑫（22：3'43）；在刘鑫被前男友纠缠之时，江歌特意回家给她解决问题（19：1'46）；在刘鑫害怕被前男友跟踪之时，江歌在车站等待她一起回家（17：0'25）；最后在刘鑫前男友要杀害刘鑫之时，江歌把他阻挡在门外，最后导致自己被杀（18：2'33）。但是，刘鑫对待江歌的行为是：第一，将门反锁，断了江歌逃生之路；第二，没有参加江歌追悼会；第三，不面见江歌妈妈、给她安慰，且对其微信不回、电话拉黑；第四，以不配合警方办案、不出庭作证来威胁、恐吓江歌妈妈；第五，指责江歌妈妈在微博公布她和父母的信息；第六，刘鑫父母辱骂江歌妈妈，甚至辱骂"江歌命短"；第七，为开脱自己罪责、减轻自己负疚而撒谎。

在细节上，此段长视频将江歌案作为恩将仇报的故事而不是作为案件信息进行报道的典型证据是，其对"刘鑫在案发当时有没有锁门"这一细节的反复追问和"房子是江歌家而不是江歌刘鑫家（即房子是江歌租住，刘鑫是借住，而非江歌刘鑫共同租住）"这一细节的反复强调。这两个细节对案件审理和判断来说无关紧要（从江歌案判决书未提及之即可推知），却被节目如此重视的原因在于：刘鑫是否锁门决定了江歌是否代替刘鑫死亡和刘鑫是否断送了江歌的逃生之路，即决定了江歌对刘鑫是否具有大恩和刘鑫对江歌是否具有大仇。

与此同时，《局面》将这25段视频界定为"江歌母亲和刘鑫300天恩怨始末"也足以说明它讲述的是忘恩负义、恩将仇报的故事，而不是追踪案件信息。

正因为《局面》抓住了江歌案的舆论兴奋点，导致它的播放量高达2.4亿次。除此之外，一系列公民新闻把江歌案作为忘恩负义故事进行讲述，如公民新闻"刘鑫，江歌带血的馄饨，好不好吃？""刘鑫江歌案：法律可以制裁凶手，但谁来制裁人性？""江歌事件始末——人心可以无耻到哪种地步？""大话刘鑫之你问我心机有多深我害你有多狠""江歌，你替刘鑫去死的100天，她买了新包包染了新头发"。这些公民新闻的阅读量都达到了10万+，足以说明忘恩负义是江歌案的舆论兴奋点。

由于刘鑫拒绝记者采访，因此专业媒体选择采取评论的方式来展现和点燃其中恩将仇报的舆论兴奋点，如凤凰网评论《江歌悲剧后的刘鑫：避大恩如大仇》、光明网《江歌案：我们都自私，但仍然可以更善良》、人民日报评论《江歌案：法律事件与道德事件》。

因为媒体把江歌案作为恩将仇报的道德故事而非一桩刑事案件来报道，所以2017年12月中旬的案件庭审报道非常重视"刘鑫是否锁门"等细节，这也是部分报道和民众怒骂刘鑫，却不理会陈世峰的原因。

（三）江歌案与李俊杰案对比：恩将仇报等级与舆论爆点

如上所述，江歌案因为具有我国恩将仇报的社会记忆核心要素，所以舆论很快被动员、被聚集。

2017年3月27日，河北发生了一件与江歌案极其相似的杀人事件。一名叫李俊杰的男生被女友朱丽的前男友王优杰杀害。朱丽是该案唯一目击证人。案件发生后，被害者的父亲李小国希望朱丽出庭作证，或与他见一面："告诉我当时到底发生了什么？"但朱丽在承诺出庭作证之后完全失联，其父母对李俊杰家人恶语相向。[①]

无奈之下，2017年5月16日，李小国学习江歌妈妈的做法开通微博，披露儿子被害事实。截至2018年8月13日，李小国发微博272条，粉丝5.7万人。虽然如此，但李俊杰案仍未引起舆论热潮，同样未出庭作证且完全失联的朱丽也未像江歌案中的刘鑫那样受到大面积的媒体关注和舆论讨伐。虽然李小国和网友将李俊杰案等同于江歌案，并将朱丽的作为界定为忘恩负义，但仔细分析就会发现，此案和江歌案相比，恩将仇报的程度少了很多。

下面，我们根据李俊杰案和江歌案建构恩仇值，假设：借住为小恩，恩值为1；召来或锁门为中仇，仇值为2；替死为大恩与大仇的结合体，恩值为5，仇值为5。李俊杰案和江歌案的恩仇程度可被分为如下八种情况（A是陈世峰和王优杰，B是江歌和李俊杰，C是刘鑫和朱丽）：

[①] 深度解析河北版"江歌案"，遭女友前男友杀害，女友拒绝出庭作证［EB/OL］.（2017-12-19）［2020-01-25］. https://www.163.com/dy/article/D7ICAFP40525IESD.html.

1. A是C的前男友，B和C为朋友（包括闺蜜、男女朋友），房子为B、C两人共同租住，A来杀B，C先进屋未锁门，B来不及进屋而被杀；（无恩，无仇）(0, 0)

2. A是C的前男友，B和C为朋友（包括闺蜜、男女朋友），C借住在B家，A来杀B，C先进屋未锁门，B来不及进屋而被杀；（有小恩，无仇）(1, 0)

3. A是C的前男友，B和C为朋友（包括闺蜜、男女朋友），房子为B、C两人共同租住，A来杀B，C召来B或C先进屋锁门，B无防备或无处可逃而被杀；（无恩，有中仇）(0, 2)

4. A是C的前男友，B和C为朋友（包括闺蜜、男女朋友），C借住在B家，A来杀B，C召来B或C先进屋锁门，B无防备或无处可逃而被杀。（有小恩，有中仇）(1, 2)

5. A是C的前男友，B和C为朋友（包括闺蜜、男女朋友），房子为B、C两人共同租住，A来杀C，C先进屋未锁门，B阻止A且来不及进屋而被杀；（有大恩，有大仇）(5, 5)

6. A是C的前男友，B和C为朋友（包括闺蜜、男女朋友），C借住在B家，A来杀C，C先进屋未锁门，B阻止A且来不及进屋而被杀；（有小恩+大恩，有大仇）(1+5, 5)

7. A是C的前男友，B和C为朋友（包括闺蜜、男女朋友），房子为B、C两人共同租住，A来杀C，C召来B或C先进屋锁门，B阻止A且无防备或无处可逃而被杀；（有大恩，有中仇+大仇）(5, 2+5)

8. A是C的前男友，B和C为朋友（包括闺蜜、男女朋友），C借住在B家，A来杀C，C召来B或C先进屋锁门，B阻止A且无防备或无处可逃而被杀。（有小恩+大恩，有中仇+大仇）(1+5, 2+5)

根据我国恩仇的社会记忆，上述第5种情况（替死）便能引爆舆情，即根据上面的假设，恩仇值10乃舆情引爆点。

显然，李俊杰案属于第三种情况，李俊杰和朱丽之间没有太多恩怨纠葛，因为王优杰本就是来杀李俊杰的，他们的恩仇值只有仇值2，即朱丽召回李俊杰；而江歌案的恩仇值比第八种情况更大，即远大于10：

A是C的前男友，B和C为朋友（包括闺蜜、男女朋友），C借住在B家，A来杀C，C召来B和C先进屋锁门，B阻止A且无防备和无处可逃而被杀。（有小恩+大恩，有中仇+中仇+大仇）（1+5，2+2+5）

仅在案发当时，江歌和刘鑫之间的恩仇值就已高达15，远超舆论引爆点之值。案发之后，刘鑫的后期行为还将仇值大幅提升，如缺席江歌追悼会，威胁警告江歌妈妈，模糊凶手身份，狡辩，刘鑫母亲骂江歌"短命"等。刘鑫对江歌每一个"仇报"行为，都在为高涨的舆情再添一把火。这便是江歌案舆情在被引爆之后长期保持沸腾的原因。

由上可知，李俊杰案恩仇值较低，而江歌案恩仇值非常高，因此李俊杰案难用"忘恩负义、恩将仇报"来界定，是典型的"情杀"事件，江歌案则为典型的"恩将仇报"事件。这就是为什么看似相似的案件，借助恩将仇报，江歌案能引爆舆论，而李俊杰案舆论反应平平。

刘鑫为了改变舆论对自己的谴责，即为了对冲舆论，甚至反转舆论，只能降低江歌案中的恩情值和仇报值，于是她在2018年1月25日指出，江歌与她曾相恋，江歌曾对她进行表白："你知道你伤害的是三叔（指江歌）的什么人吗？三叔跟我表白你看见了吗？""我想……保护三叔的隐私不被公布……开庭审理之前关于我跟三叔的感情，我一个字都不可以提。一旦公布就会被陈利用，律师跟我说，如果说出去半个字，被陈的辩护律师知道，陈世峰可能只能判十年了你知道吗？……一年里，我无数次忍不住想要公布我跟三叔的真正关系，为了陈世峰重判，我忍住了。"

如果江歌与刘鑫是恋人，那么江歌案的性质就变成了与李俊杰案一样的情杀，其中的仇值大幅降低，因为陈世峰要杀的人更可能是江歌，而非刘鑫。

此外，刘鑫在《局面》的采访也体现了其一直在试图降低恩仇值：

记者："实际上江歌是替你去死的。"（18：2'00）

刘鑫："江歌替我打抱不平才惹怒了他。"（18：2'29）

无论是"同性恋"之说，还是"惹怒"之说，都是刘鑫为了证明陈世峰是为杀江歌而杀江歌，而不是杀自己不得而杀江歌，因此也就不存在"替死"，即不存在大恩大仇。

事实上，刘鑫作为中国人，具有与大家相同的社会记忆。因此，在案发当天，刘鑫内心深处意识到了江歌的大恩和自己的大仇，从而对江歌妈妈脱口而出"对不起"。刘鑫这一心理被《局面》记者敏锐捕捉（17：8'37-38）。

恩将仇报这一主要社会记忆之外，江歌案中还充满了其他次要社会记忆，如刘鑫妈妈骂"江歌短命"，显然是用中国另一具有迷信色彩的社会记忆来抵制恩将仇报的记忆，以排解那种"恩重如山，难以为报"的重负感，正如凤凰网评论刘鑫恩将仇报的缘由又是另一个"大恩如大仇"社会记忆的唤醒。① 江歌妈妈想借助舆论判处陈世峰死刑，征集了450多万人签名，并转交日本法庭。这一做法显然体现了沉淀在中华民族记忆深处的儒家人心向背的民本思想，正如日本三井寿教授指出的，从这一做法可看出，中国人至今仍然深受自汉代开始的儒法结合的影响。②

三、社会记忆：形塑新闻框架和舆论兴奋点

上述分析显示，江歌案的报道框架和舆情走向显然被"恩将仇报"这一社会记忆所形塑。社会记忆控制新闻框架和舆论兴奋点绝非个案，而是具有普遍性，如"夏俊峰案""杨佳案""邓玉娇案""辱母杀人案""张扣扣案"

---

① 刘远举.江歌悲剧后的刘鑫：避大恩如大仇［N/OL］.凤凰网风声评论，2017-11-13［2020-01-25］.https：//www.sohu.com/a/204164204_661455.

② 刘鑫在日校友：日本人看待江歌案和中国截然不同［EB/OL］.（2017-11-15）［2020-01-25］.https：//www.sohu.com/a/204616389_210196.

等新闻和舆论分别被"官逼民反""烈女反抗淫官""士可杀不可辱""血亲复仇"等我国典型的社会记忆所支配。①

如前所述,记忆是在群体框架、社会框架中形成的。群体框架、社会框架指具有一定时空边界的群体、社会共有的思想总体,即观念体系,以及为了支撑这一观念体系的各种规则体系(包括习俗、戒律、法律等等)和结构体系(包括家庭、阶级、宗教等组成部分及其地位、权力关系等)。②

因此,对于个人而言,成员的社会记忆形成过程乃具有时空边界的群体通过各种各样的"文化造型"活动,借助规则体系和结构体系来形成、巩固其观念体系的过程,此过程导致群体的认知模式、价值观念和行为惯性沉淀、内化在个人的心智结构之中,甚至深入骨髓,达到本能反应的深度,社会记忆从而得以持久固定。③ 因此,社会记忆产生于群体,又缔造了群体。

每个群体的社会记忆都具有一定的独特性,从而形成一个民族、一个国家的基本人格结构(又称众趋人格结构、民族性、国民性)。正是这一独具特色的基本人格结构使各种群体具有了相互区别的身份认同基础。因为认知模式、价值观念常伴随、混杂着情感,所以通过"文化造型"所建构起来的社会记忆往往培养了集体成员各种各样的情感兴奋点,如笑点、泪点、幽默点、痛点。因此,社会记忆的不同意味着情绪兴奋点的相异,这便是许多身处异国他乡的中国留学生经常抱怨,在国外最大的悲哀莫过于外国人笑得人仰马翻,而自己却不知所云的原因。例如,在一夫一妻制甚至一夫多妻制的国家,通过上述的规则体系、结构体系形成了如下认知与情感体系:与亲兄弟的妻子结婚是乱伦式偷情,是被禁止、令人愤怒、痛恨和唾弃的行为。但在兄弟共妻制的尼泊尔洪拉山区,人们被建构的认知和被培养的情感为:女人要与一母同胞的兄弟们结

---

① 曾庆香,沈瑸,潘晓飞.新闻中的永恒故事:原型对记者视角的框限[J].新闻界,2018(6):25-33,88.
② 哈布瓦赫.论集体记忆[M].毕然,郭金华,译.上海:上海人民出版社,2002:40,92,282-313.
③ 韦尔策.社会记忆历史、回忆、传承[M].北京:北京大学出版社,2007:代序第5页.

婚;"只爱一个人,是自私、贪婪的罪恶表现,是应该为之惭愧悔恨的情感"①。

及至成员的思想与人格定型,其所习得并内化的社会记忆在相应的时刻、场合会被轻易、自然地激活、提取以认知和应对世界,如"张扣扣案",由于其所杀三人与其母之死有一定关系,因此迅即唤醒了人们头脑中"血亲复仇"的记忆,导致许多新闻和网友用"血亲复仇"的框架来阐释这一血腥事件。此事件还唤醒了"血亲复仇"的正向情感,导致网络上出现一片赞颂、敬仰之声,甚至呼吁法官判张扣扣无罪。"血亲复仇"的社会记忆对人们认知及"张扣扣案"的形塑在张扣扣的委托辩护人邓学平律师的辩护词②中得到了深刻阐释。

具体来说,社会记忆对新闻报道和舆论兴奋点的形塑作用主要体现为以下几个方面:

首先,社会记忆不同导致人们关注的事件不同。不过,这种事件或在很大程度上违背社会记忆,或符合社会记忆之典范,如2011年前后分别在美国和中国掀起舆论大波的"虎妈""狼爸"。在美国,"虎妈"引爆舆论,因为"虎妈"的中国式培养孩子的模式与美国自由民主的教育方式这一社会记忆迥然相异。在中国,"狼爸"引爆舆论,原因是"狼爸"的方式符合中国"棍棒底下出孝子""严师出高徒"的社会记忆。2019年6月,美国华裔"虎妈"因其女被美国最高法院聘为大法官卡瓦诺的书记员而再次引爆美国舆论,起因是"虎妈"2018年在卡瓦诺被提名为大法官候选人后曾在《华尔街日报》上撰文称赞卡瓦诺为"年轻律师,尤其是女性律师的导师"。因此,舆论抨击"虎妈""谄媚"卡瓦诺是在为其女在最高法院谋得职位铺路。③无论这一论断正确与否,这种事件都很难在中国引发人们关注,包括新闻报道和引爆舆论,

---

① 兄弟共爱 探访一妻多夫家庭[EB/OL].(2006-09-18)[2020-01-25]. https://bj.sina.com.cn/t/2006-12-21/1130116330.shtml.

② 张扣扣被执行死刑,此前庭审律师辩护词精彩绝伦[EB/OL].(2019-07-17)[2020-01-25]. https://news.ifeng.com/c/7oNy5UGp3Tn.

③ 因为女儿找工作,那个在美国引发轩然大波的中国虎妈,再次引爆舆论![EB/OL].(2019-06-26)[2020-01-25]. https://world.huanqiu.com/article/9CaKrnKl9zE.

因为在具有"举贤不避亲"社会记忆的中国,"虎妈"不是通过大额金钱贿赂得到好处的,因此此事既非"人情与关系""举贤不避亲"社会记忆的典型,也非违背这一社会记忆的典范。

其次,即便关注事件相同,社会记忆不同也会导致关注面向不同,如笔者对《人民日报》《光明日报》《南方周末》《新京报》对中国排球在1981年1月1日到2017年1月1日期间的603篇报道和《纽约时报》《华盛顿邮报》《今日美国》《华尔街日报》对美国篮球在1992年1月1日至2017年1月1日期间的264篇报道的文本分析发现,同样面对体育竞赛胜利与失利,中国新闻框架分别是天道酬勤、居安思危与东山再起、卧薪尝胆。显然这些都是中国人耳熟能详的故事与谚语,完全展现了中国的社会记忆。美国报道框架则为救赎(胜利时,救赎他者;失利时,救赎自己),救赎框架显然反映了基督教耶稣救赎人类的这一社会记忆。

第三,社会记忆的不同会导致人们对相同事件的诠释框架迥然相异,如老人饿死家中,中国媒体报道框架是子女不孝导致老人饿死。例如,《京华时报》报道"2009年4月9日北京通州区一位八旬的柴老太活活饿死家中":"他们都是不孝子,怎么能把老人活活饿死!"① 美国媒体报道框架则是社会福利制度的弊端导致老人饿死。例如,《纽约时报》报道2007年10月"日本北九州市一名近七旬男子活活饿死家中":"这本'死亡日记'在日本国内掀起巨澜,也把日本福利制度的一些具体弊端推至聚光灯下。"②

第四,诠释框架蕴含了相应的情感倾向(故此,记忆又被称为"暖记忆"),社会记忆的不同往往意味着大众对类似事件具有不同的情感取向,如2018年D&G公司推出的《起筷吃饭》广告片"引起了中国15亿人愤怒"③,

---

① 王鹏昊,穆奕.八旬老太遭子遗弃饿死家中 胃部被磨得像纸一样薄[N/OL].京华时报,2010-05-12[2020-01-25].https://www.chinanews.com.cn/sh/news/2010/05-12/2276248.shtml.
② 邵馨莲."我想吃个饭团"[N].浙江日报,2007-10-14(4).
③ 意大利模仿秀节目疑借D&G事件嘲讽中国人[EB/OL].(2018-11-26)[2020-01-25].https://news.sina.com.cn/c/2018-11-25/doc-ihpevhck6427542.shtml.

原因在于众多网友把台词"如何用这种小棍子形状的餐具,来吃意大利伟大的传统玛格丽特披萨"看作冒犯、歧视中国文化;而苹果电脑广告《巨人与侏儒》,把中国 2.26 米的巨人姚明和美国 0.81 米的侏儒弗恩·特罗伊尔对比,突出他们之间 1.45 米的身高差距,却未让美国人认为此广告冒犯和歧视美国。如果《巨人与侏儒》广告把巨人换成美国人,把侏儒换成中国人,无疑会引起全球华人的哗然与抵制;如果这一广告由美国人拍摄,会被认为歧视中国;如果由中国人拍摄,则会被认为是崇洋媚外,导演也会被网友骂作"汉奸"。中国人自尊心如此之强源自两种集体记忆:一是"爱国"名言名人的传承,如"苟利国家,不求富贵""位卑未敢忘忧国""捐躯赴国难,视死忽如归";二是晚清中国的积贫积弱招致世界列强对中国的辱骂与侵略的记忆,这一记忆导致中国人对他国的鄙视相当敏感。同时,作为集体主义文化,人们认为每一个中国人都是中国的代表,如 2019 年 7 月 21 日引起中国舆论哗然的事件:霍顿拒绝登上领奖台参加颁奖仪式,并拒绝和孙杨合影。对此,孙杨的解读为:"你可以不尊重我,但你必须尊重中国",即你不尊重我,就是不尊重中国。因此,如果苹果公司选用一位中国侏儒来拍广告,会被认为是在鄙视中国。但美国不同,一是自中华人民共和国成立以来,美国在短短的时间内成为世界第一强国,因此美国人没有受到外国鄙视与欺凌的记忆;二是作为典型的个人主义文化,他们不认为一个美国人代表了美国,因此用美国侏儒和中国巨人对比,不会让他们有被冒犯和鄙视之感。

正是社会记忆所饱含的强烈情感具有条件反射般的召唤作用,导致人们会为别人的遭遇而泪目、愤怒,即产生强烈移情。

最后,社会记忆中的认知框架还往往预设、伴随相应的行为模式,如江歌案由于唤起了人们恩将仇报的记忆,从而激起了网民对刘鑫的深恶痛绝,以致众多网友在网上口诛笔伐,甚至对其进行"人肉搜索",劝其工作单位解雇她。无独有偶,2007 年曾发生美国版"江歌案"("梅雷迪思"案,以"天使脸杀手"闻名),美国的"刘鑫"(阿曼达·诺克斯)被判刑 26 年。阿曼达家庭聘请的公关公司因把阿曼达塑造成"无辜的美国女孩在国外(意大利)陷入中世纪司法体系魔掌"而在美国成功引爆舆论,反转了司法审判,最终导致阿曼达被无罪释放。显然，公关公司利用了美国人对意大利的事实记忆（"意大利在中世纪就已存在"）和中世纪的特征记忆（黑暗、不公正）。①

因此，社会记忆的不同会导致人们对相同或相似事件采取不同的行动，如上述《起筷吃饭》和《巨人和侏儒》，由于前者唤起了华人的被鄙视感，导致中国消费者对D&G品牌的全面抵制；而由于美国未有被歧视、鄙视的社会记忆，且因后者中增加了反串式的手持不同尺寸的苹果电脑的美式幽默，导致后者在美国赚足关注，产品销量表现不俗。

总之，群体建构社会记忆的目的是形塑人们认知世界和改造世界的方式，形塑人们的情感模式与行为规范。在具体事件上，社会记忆不仅能形塑人们对事件的诠释框架，而且能唤起相应情感程度，即唤起情绪兴奋。因此，新闻虽是建构社会记忆重要手段，但也会受到社会记忆的强大形塑。新闻报道与社会记忆互相建构："记忆制造意义，意义巩固记忆。"②

四、结语：社会记忆、永恒故事、舆论爆点与文化茧房

以往各种媒介文本建构的知恩图报和恩将仇报的媒介记忆沉淀为人们的社会记忆，这一社会记忆导致当江歌母亲公布凶手为刘鑫前男友时，网友便条件反射般地意识到其中的恩情："江歌是为刘鑫'挡刀'死的"。"恩将仇报"的社会记忆促使江歌母亲根据"恩将仇报"的框架重新界定此事件。她的这一解释框架激活了许多民众（包括专业记者）"忘恩负义"的社会记忆和情感兴奋点，从而参与生产更多"恩将仇报"的江歌案文本；而更多恩仇文本又唤醒了更多人的恩仇记忆和情感兴奋点。这种文本、记忆和兴奋点之间的互相建构、激活，形成了一波又一波的舆论高潮。这一过程具体如图2所示：

---

① 10年前震惊世界的美国"江歌案"，又给我们提了个醒[EB/OL].（2017-11-14）[2020-01-25].https://news.sina.com.cn/w/sy/2017-11-14/doc-ifynrsrf4832425.shtml.
② 阿斯曼.回忆空间：文化记忆的形式和变迁[M].潘璐，译.北京：北京大学出版社，2016：149.

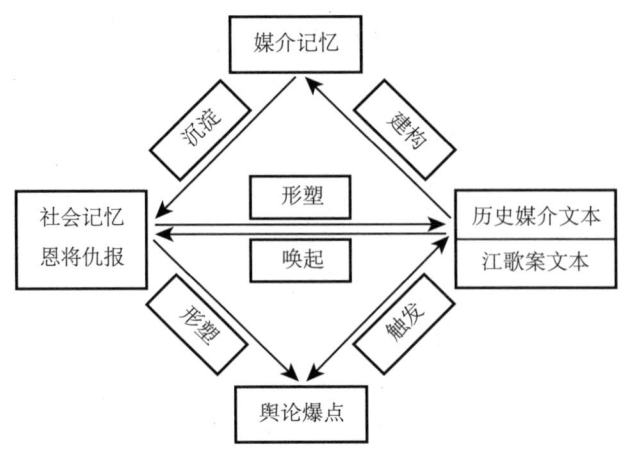

图 2　江歌案中社会记忆与媒介文本的双三角互动关系

"所有开头都包含回忆的因素。"① 当一个人出生时，社会通过文化早已为他准备好认知世界的图式，解释事件的框架，面临冲突的情感路径和解决问题的行为规范。这些认知图式、解释框架、情感路径和行为规范由于经过时间甚至漫长历史的检验、修改，被认为有利于社会发展，有利于民族生存，经过教化、规训与体化实践而沉淀在人们的心智结构中，变成这一集体的社会记忆。提取社会记忆是如此自然，犹如本能，因此社会记忆常被认为融入血液，深入骨髓，被称为"文化的身体写入"。社会记忆因在认知世界、改造世界发挥重要作用而被认为是"社会心理的基础设施"（sociopsychological infrastructure）②。

社会记忆回响着祖先的声音、情感，当人们用它提供的故事框架解释新近发生的事件时，现代新闻便转入永恒领域。③ 因为人们难以跳出文化为我们设定的"社会心理的基础设施"，所以新闻不过是已经尘封的过去甚至原始故

---

① 康纳顿. 社会如何记忆［M］. 纳日碧力戈，译. 上海：上海人民出版社，2000：1.
② 汪新建，艾娟. 心理学视域的集体记忆研究［J］. 南京师大学报（社会科学版），2009（3）：112-116.
③ 荣格. 心理学与文学［M］. 冯川，苏克，译. 北京：生活·读书·新知三联书店，1987：121.

事的变形与重演，不可避免地散发着陈腐的味道。①夏俊峰案、杨佳案讲述的是中国集体记忆中的官逼民反的故事；邓玉娇案讲述的是"烈女"反抗"贪官"的故事；张扣扣案讲述的是血亲复仇的故事，这种种证据显示：新闻不新，讲述的是陈旧的永恒故事。事实上，"太阳底下无新事"指代的并非不同年代、不同个人所发生的事件如出一辙，而是文化为人们所提供的社会记忆、准备的阐释框架不变罢了。为迎合既有的社会记忆和认知图式，人们甚至会采取"削平""磨尖""同化""添加"等技巧来对事件进行程度大小不一的变形。②

当媒体将江歌案作为刑事案件进行信息模式的报道时，因未唤起中国社会记忆而未触动民众神经而未引发舆论高潮，这正如人们去国外观光，当欣赏到异域风情，人们惊叹不已，但异国美景很难搅动他们的情感；当媒体将江歌案作为恩将仇报的道德故事进行报道时，因唤醒了民众知恩图报与忘恩负义的社会记忆，触碰了他们心底的情感而点燃了舆论。江歌案对舆论爆点的引燃，绝非因其爆发期间无其他能引发舆论高潮的事件，民众才有心有力对其进行关注。据笔者查证，江歌案舆论高潮第一阶段（2017年11月12—18日）和第二阶段（2017年12月10—16日）分别发生了不少能引发舆论高潮的事件，如北京大兴西红门重大火灾事件（11月18日）；上海的"携程亲子园事件"（11月1—16日）；武大靖短道速滑世界杯金牌破冰事件（11月11日、18日）；"高空挑战第一人"吴永宁坠亡事件（12月8日）；电动车充电引发自建房火灾事件（12月13日）等，不胜枚举，有的关注量甚至达到千万级别，如吴永宁坠亡事件，百度资讯关注数据的高点在12月10日，其数据量约1.9千万（18,881,895）。

---

① 鲁勒.每日新闻、永恒故事：新闻报道中的神话角色［M］.尹宏毅，周俐梅，译.北京：清华大学出版社，2013：20.
② 曾庆香，沈璜，潘晓飞.新闻中的永恒故事：原型对记者视角的框限［J］.新闻界，2018（6）：25-33，88.

```
┌─────────────────────────────────────────┐
│ 历史绵延：形塑群体/共同体的社会框架        │
│  ┌───────────────────────────────────┐  │
│  │ 社会框架：形塑人们的社会记忆        │  │
│  │  ┌─────────────────────────────┐  │  │
│  │  │ 社会记忆：形塑人们的认        │  │  │
│  │  │ 知模式与情绪兴奋点            │  │  │
│  │  │  ┌───────────────────────┐  │  │  │
│  │  │  │ 恩将仇报：形塑江       │  │  │  │
│  │  │  │ 歌案的新闻框架         │  │  │  │
│  │  │  │ 与舆论爆点             │  │  │  │
│  │  │  └───────────────────────┘  │  │  │
│  │  └─────────────────────────────┘  │  │
│  └───────────────────────────────────┘  │
└─────────────────────────────────────────┘
```

图3　社会记忆、永恒故事、舆论爆点与文化茧房的形塑

在如此众多事件分散公众注意力的情况下，江歌案仍能吸引如此众多的关注，以及两个阶段的报道在舆论中的不同反响，充分证明：社会记忆回响着整个民族的声音、情感，因此用它提供的故事框架报道新闻，更容易拨动民族心弦。社会记忆沉淀在人们的心中如此之深，对人们的认知与情感影响如此之大，以致很容易转变成情绪爆发点。唤醒某一社会记忆内容，便意味着对舆情的唤醒，它具有与原型一样的"摄人心神，动人魂魄"之功效。①

社会记忆既有民心向背的广度，又有历史纵深的厚度，其所形塑的永恒故事，是其"以空间换时间"之效；而社会记忆点燃舆论爆点，则是其"以时间换空间"之果。这给予我们的启示是，要调动舆论、引导舆论，勾连社会记忆、历史记忆是一条便捷有效的途径。

社会记忆形塑新闻故事与舆论兴奋点，虽符合人们认知世界的省力原则，即思维的经济性原则，有助于社会动员，形成舆论合力，强化民族认同、文化认同甚至国家等共同体认同，但为人们建造了限制视野的"文化茧房"，即文化及其提供的集体记忆所形塑的认知世界的框架与情绪兴奋点，在某种程度上束缚了人们对真相的探求，不利于事件真相的揭露与接受，会导致"信念真实控制史实"的不良后果，如"荆轲刺秦"文化记忆的激活，导致部分

---

① 曾庆香. 新闻话语中的原型沉淀［J］. 新闻与传播研究，2004（2）：66-72，97.

网民将残忍杀害 6 名警察又重伤 5 人的杨佳看作"荆轲""义士";而美国根深蒂固的"修昔底德陷阱"这一文化记忆导致他们将中国的发展当作"威胁",将中国有利于世界发展的行为(如"一带一路")当作意欲取而代之的"霸权"追求,并且无法理解中国的"和平共处"理念。

至此,根据前述的文献和本文的论述,社会记忆、永恒故事、舆论爆点与文化茧房的形塑机制如图 3 所示(图框用虚线而非实线意味着它们可变异、可跨越,也表示还有其他因素可渗入其中参与形塑,因其不属于本文范畴,在此不论述),这也正是本文论点的层次与逻辑。

因此,对于具有正向的动员舆论、整合群体的社会记忆,如"居安思危",要通过规则体系、结构体系、教育体系给予强化,使其成为"被居住"的功能记忆;而对于不符合时代发展、腐朽的社会记忆,如"血亲复仇",要进行弱化,让其只成为"未被居住"的存储记忆。同时,人们需要时常跳脱己方的"文化茧房",把握时代需求与脉搏,了解他者的社会记忆,以反躬自省,记者则更需要对被激活并"写入身体"的社会记忆保持清醒认知,以求尽可能接近事件真相。

文化差异、文化基因与谜米表达[*]
——以中美体育失利与胜利报道为例

本文旨在探讨中美各自的体育赛事失利和胜利新闻的建构框架，并追溯它们主导各自报道框架的文化基因。

本文选取了中国《人民日报》《光明日报》《南方周末》《新京报》对中国女排在 1981 年 1 月 1 日到 2017 年 1 月 1 日期间的有效报道（剔除简短消息，下同），共计 603 篇；对中国乒乓球在 1959 年 1 月 1 日至 2017 年 1 月 1 日期间的有效报道（剔除简短消息），共计 109 篇。美国《纽约时报》《华盛顿邮报》《今日美国》《华尔街日报》对美国男篮在 1992 年 1 月 1 日至 2017 年 1 月 1 日期间的有效报道，共计 264 篇。选择年份都是始于该项运动项目成绩最辉煌年份的 1 月 1 日。选择中国女排和美国男篮进行对比的原因在于：中国女排与美国男篮都有从"神坛"走向低谷再到辉煌的曲折历程。对比中国乒乓球和美国男篮的原因在于：二者在世界上都具有绝对的优势地位。

一、中美聚焦：国家荣誉的情感取向 VS 球队水平的理性取向

任何一个事件，人们都不可能事无巨细地照看和叙述，而只能根据目的有意识或无意识地选择一些，舍弃另一些；强化一些，淡化另一些。这种选

---

[*] 文章原载于《现代传播（中国传媒大学学报）》2020 年第 5 期，与吴晓虹合作，收入本书时，略有删改。

择与突显,就是叙事聚焦。叙事聚焦,即叙事中所呈现的诸成分与视觉之间的关系,或者说是视觉与被"看见"被感知的东西之间的关系。①

研读上述新闻文本可以发现,无论是赛事失利还是胜利的报道,中美新闻的叙事聚焦都完全不同。无论赛事失利与胜利,中国新闻都高度聚焦国家荣誉,"东山再起""重振雄风""振兴中华"等词语频频出现。只是比赛失利时,"东山再起"成为运动员和大多数中国体育报道之魂;而比赛胜利时,"振兴中华"成为运动员和中国体育新闻的精神内核。

美国新闻则重点聚焦球队水平,因此"redeem(拯救、救赎)球队"几乎贯穿美国新闻文本始终。只不过,当美国球队胜利时,球员们拯救的是他国球队,甚至是拉高了全球篮球水平,即美国篮球为世界篮球运动的"救世主";当美国球队失利了,球员们拯救的是球队自己,如"redeem itself"(拯救自己)、"redeem ourselves"(拯救我们)、"his plan for Olympic redemption"(奥运救赎计划)、"redeem team"(救赎之队)等。

国家荣誉指向情感,从而形成了中国体育新闻情感路线的话语体系;而球队水平指向技术,因此形成了美国体育报道理性路线的话语体系,这造成了中美失利与胜利报道迥然相异的话语体系。

(一)中美体育失利的新闻话语体系:东山再起 VS 救赎自身

话语体系包括话语组合和话语聚合。弗迪南·德·索绪尔(Ferdinand de Saussure)指出,语言各要素的关系和差别,都是在"组合关系"和"聚合关系"内展开的,语言的运用是通过运用这两种关系实现的。② 相同类型的事物聚集在一起叫"聚合",这些事物彼此之间的关系叫"聚合关系",所结成的集合叫"聚合体";不同类型的事物有条件地作有序化的排列叫"组合",相应地也就有"组合关系"和"组合体"。聚合体内的个体属于同一类型,可相

---

① 巴尔.叙述学:叙事理论导论:第二版[M].谭君强,译.北京:中国社会科学出版社,2003:168.
② 索绪尔.普通语言学教程[M].岑麒祥,叶蜚声,高名凯,译.北京:商务印书馆,1982:170-176.

互置换，组合体内个体相互制约，可进行扩展。^① 由于叙事聚焦不同，中美体育比赛失利新闻形成了如下完全不同的话语组合与聚合（见图1）：

聚合轴	中国体育失利新闻话语体系：东山再起、卧薪尝胆、吃苦耐劳		
	中国女排开始总结自己奥运失利的教训，走上东山再起之路。		这种失利时不放弃、直到最后一刻仍奋力拼搏的精神，才是体育精神的绝佳注解。
	中国女排，从头再来。你们一定能够东山再起。老女排五连冠后不是也一度陷入低潮吗？但后来经过奋斗，又重新崛起，这就是女排精神。	基地腾飞馆东西两面墙上的横幅写着"卧薪尝胆"等誓言。	就算状态处于低谷，就算实力不占上风，也要咬牙坚持。
	中国女排陷入低谷，郎平不惜冒着违约的风险，从美国回来出任国家队主教练，肩负起"重振雄风，走向奥运"的任务。	我们不能怀疑自身的存在，忍辱负重，卧薪尝胆，才是应有的心态。	关键还在于训练，应从难从严要求。
	看到中国女排输给古巴队，感到对方的每个球都像扣在在场华侨同胞的心上。从此，支持中国女排重振雄风，是我的一个心愿。	今春的非典疫情，给了中国女排卧薪尝胆的120天集训时间。	她一阵心酸，眼里闪着泪花，但还是咬着牙，完成被罚练的指标。
	东山再起（目标）	**卧薪尝胆（心态）**	**吃苦耐劳（途径）**
	救赎自身（目标）	**批判否定（心态）**	**调整改变（途径）** 组合轴
	在2004年奥运会实现救赎。 美国男篮期望在奥运会获得真正的救赎。 美国男篮国家主席讨论了他的奥运救赎计划。 2004年雅典奥运会后，这支新的全明星球队被称为"救赎之队"。	球员骄傲自大、不愿意放弃休息、不愿意代表国家、以个人为中心、缺乏经验、缺少锻炼时间、不适应国际比赛。 教练没有选好球员、推卸责任。 1998年NBA球员因为劳资冲突放弃对美国队的承诺，没有去参加篮球世锦赛。 2004年奥运会明星球员因为担心安全问题没有去参赛。	我们必须做出调整。 事情的发展方式不得不改变。 所有的事情都需要被重新评估。 改变球员的组成；改变球员"NBA比赛比奥运会重要"的心态；增加训练时间，提高化学反应和熟悉程度；从注重自我到注重团队，适应国际比赛；改变教练的选择。
	美国体育失利新闻话语体系：救赎球队、批判否定、调整改变		

图1 中美体育失利新闻话语的组合与聚合

上面新闻话语组合与聚合显示，中国体育失利新闻的"东山再起"路线中的情感取向表现在情感召唤、鼓励与依附：号召队员要有"卧薪尝胆"的心态，本应具有技术特色的路径选择也诉诸吃苦耐劳的情感鼓励。比赛失利的"东山再起"叙事框架具有强烈的国家荣誉感的原因有二：一是源于"卧薪尝胆""东山再起"的典故。"卧薪尝胆"源于越国国王勾践励精图治以图复国的事迹，"东山再起"则源于晋国谢安"再度出任要职，使国家转危为安"的故事；二是新闻中有很多话语叙述队员为国家荣誉牺牲自己利益和队

---

① 徐盛桓.聚合和组合［J］.外语教学，1983（3）：12–18.

员在精神上依附国家的情节。

美国的"救赎球队自身水平"的理性路线则包括反思批判与调整改变：批评过去战略战术上的各种做法，并提出要做相应调整，即改正过去训练与比赛技术上的错误，如球员选拔程序、球员态度、教练问题。

同时，中国向来注重"以史为鉴"，是一个典型的过去导向型文化，但中国体育失利新闻受到"东山再起"的情感取向主导，这促成中国比赛失利新闻的两个特征：一是很少涉及总结过去技术上的经验教训，二是注重过去经历对于现在和将来情感上的鼓劲，如新闻用"五连冠的老女排也曾遭遇失败，经过磨炼终于成功"的故事来进行情感召唤。中国体育比赛失利新闻的这两种叙事技巧显然都是为了培养走向未来的情感依附。因为追究过去的技术失误或技术缺陷，会在情感上打击大家的积极性，不利于将来的胜利。只有情感召唤和鼓励，才能成就将来的胜利。

同样，美国文化本是典型的将来导向型文化，但由于受到"拯救球队自身水平"的技术取向的影响，其新闻报道采取了反思过去比赛中的技术得失的话语体系。因为只有吸取过去技术上的经验教训，才能有针对性地在战略战术上进行调整，才能获得将来的胜利（见图2）。

图2 中美体育失利新闻话语体系对比

事实上，无论是中国的"东山再起"，还是美国的"救赎球队"，都既需要情感疏导与鼓励，又需要技术反思与调整。在实际训练中，中国女排无疑会根据失利的教训进行技术上的修正，但由于中国新闻聚焦情感取向，也许会导致女排较少观照技术面向；美国男篮肯定也会对球员们的情感进行抚慰与动员，但由于美国新闻聚集于技术取向，可能导致其不注重情感层面的引导。

（二）中美体育胜利的新闻话语体系：振兴中华 VS 拯救他者

和失利报道一样，中国聚焦国家荣誉的情感路线和美国聚焦球队水平的理性路线，同样贯穿于中美体育比赛胜利的新闻话语体系中。（见图3）

↑聚合轴	中国体育胜利新闻话语体系：天道酬勤、居安与思危、振兴中华		
	无论是斯韦思林杯，还是考比伦杯，全都来之不易。中国女排的训练比国外队员要刻苦，因为中国女排比她们流更多的汗，所以才能夺冠。你最喜欢的一句话是什么？惠若琪：天道酬勤。	不能高枕无忧，盲目乐观。美、日两队不会总处于低潮。乒乓球：不能高枕无忧 居安思危 从零开始 中国乒乓球队总结动真格 夺取冠军不易，保持冠军更难。女排九连胜 郎平找不足 走下领奖台，一切从零开始。	我们深切地体会到"一球牵动10亿心"的分量。不是别的，是为了祖国荣誉，是为了振兴中华！学习女排 勇攀高峰 振兴中华 中国乒乓球队的胜利，振奋了民族精神，激发了全国人民团结起来、振兴中华的爱国主义热情。这是一种不可低估的精神力量。
	天道酬勤（归因）	**居安与思危（心态）**	**振兴中华（目的/结果）**
	高超技术（归因）	**自傲与藐视/批判否定（心态）**	**拯救他者（目的/结果）** 组合轴
	美国篮球队没有对手，唯一能打败它的就是另一个NBA篮球队。美国男篮是世界主导，是最好的唯一的，梦二队宣告自己是篮球世界的新领主。要摧毁对手，让世界记住是美国发明了篮球，没有一个国家能够像美国一样有那么多的篮球天才。即使是一支混合的队伍也能打败其他所有队，如果只有五个球员参赛，也不会输。	调动消灭篮球弱国的积极性是一项艰难的工作，因为你知道你比他们优秀。以牺牲无可救药的弱势对手为代价，重新找回失去的自豪感。克罗地亚很好，但他们没有运动能力，比赛节奏太快，他们都筋疲力尽了。在这些球队中，没有任何一个球员能够以我们的速度打完整个比赛。大部分的欧洲运动员太机械，法国队表现的就像从来没有打过篮球一样。	他们成为这项运动和他们国家的使者，世界会看到之前从来没有看到的。国际官员希望通过NBA的参与把篮球世锦赛提高到和足球世界杯一样的地位。世界上其他国家呼唤"梦之队"参加，认为美国派NBA球员参赛是最伟大的事情，如果没有最好的球员参赛他们将无法衡量自己。阿根廷和西班牙兴起的部分原因是来自于梦之队创造的兴趣，正因如此，篮球成为世界上第二受欢迎的运动。
↓	美国体育胜利新闻话语体系：高超技术、自傲与藐视、拯救他者		

图3 中美体育胜利新闻话语的组合和聚合

上述中美体育胜利的新闻话语的组合与聚合显示，当中国的情感路线被运用于比赛胜利时，报道不仅认为胜利是为了祖国荣誉，为了振兴中华，而且对成功归因时也是从主观努力而不是从客观技术上进行的，认为胜利源于"天道酬勤"，这样便形成了中国连续的情感归因，即这种归因会进一步导致人们胜利后的"居安思危"心态，因为胜利并非依赖卓越技术，而是勤奋努力，因此要想继续保持辉煌成绩，就不能懈怠，从而进一步从情感上进行召唤和鼓劲（见图4）。

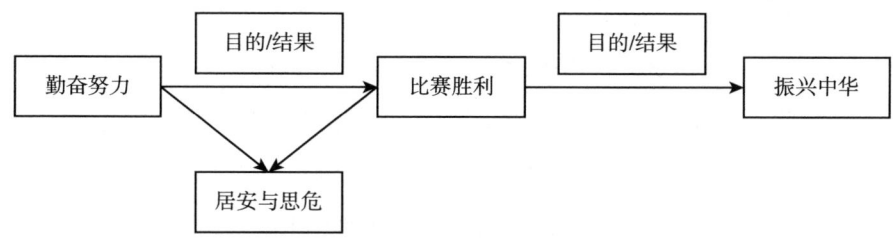

图 4 中国体育胜利新闻的情感路线

当美国"拯救球队"的理性路线被运用于比赛胜利的报道时，报道在归因时同样注重技术层面的因素，即胜利源于自身的高超技术，这导致美国一方面对自己高超技术的绝对自信，甚至自傲，另一方面对对手技术进行批评与藐视，进而将自己看作他国球队，甚至全世界球队的救星，这形塑了美国的理性分析体系（见图5）。

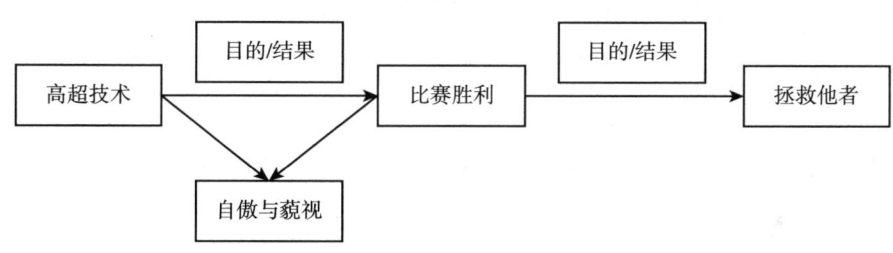

图 5 美国体育胜利新闻的理性路线

在日常训练与比赛进程中，中美都既有情感鼓励，又有理性分析。但在新闻报道中，为什么中国聚焦情感鼓动，美国却聚焦理性争论？

二、中美文化基因：偏倚情感的人文思维 VS 偏倚理性的科学思维

20世纪50年代，美国人类学家 A.L. 克罗伯（A. L. Kroeber）和克莱德·克拉克洪（Clyde Kluckhohn）在对不同文化模式进行考察和对比时，大胆设想，文化系统是否和生物系统存在控制性状的生物基因一样存在着文化基因？由

此引发了学者对文化基因的研究。虽然研究视角多样，但学者们基本认可文化基因指那些对民族文化和历史产生深远影响的心理底层结构和思维方式。①

追根溯源，中国的文化基因大多源于春秋战国时期的诸子百家，"诸子百家是中华文化的源头活水"；而作为西方文化典型的美国文化最直接、最重要的源泉则是古希腊文明，"（古）希腊终归是欧洲的母亲"②。诸子百家和古希腊文明距今都大约2800年，且其鼎盛时期距今大约2500年，二者在古代交相辉映，被称为"人类文化史上的一大奇观"。③德国哲学家卡尔·西奥多·雅斯贝斯（Karl Theodor Jaspers）在《历史的起源与目标》中将具有文化突破意义的诸子百家、古希腊文明的时代称为"轴心时代"。

（一）诸子百家：人文思维与情感偏倚

中华文明经过夏商两个朝代的积淀在西周得以第一次勃兴，形成礼乐文明体系。礼乐文明从人和人事出发，以道德伦理为核心，注重人的主体性，这是典型的人文思维模式。礼乐文明的真正繁荣是在王权衰微、诸侯争霸的东周。

一方面，诸子百家真正重视自然科学研究的只有墨家这一学派，对此梁启超在其著作《墨子校释》的自序中评价说："在吾国古籍中欲求与今世所谓科学精神相悬契者，《墨经》而已矣，《墨经》而已矣。"④但事实上，墨家学说也只有少部分是对科学的探讨。虽然墨家在春秋战国时期影响很大，以至《韩非子·显学》指出"世之显学，儒墨也"。但汉代"罢黜百家，独尊儒术"，墨学断绝，《墨经》散佚。蔡元培指出："先秦唯墨子颇治科学，而汉以后则绝迹。"⑤因此，诸子百家中墨家的科学思维几乎并未成为我国的文化基因并得以延续。

---

① 刘长林.宇宙基因·社会基因·文化基因［J］.哲学动态，1988（11）：4.
② 怀特海.科学与近代世界［M］.何钦，译.北京：商务印书馆，1959：8.
③ 鲍健强，吕琛荣，黄娜娜.从文化基因的角度解读东西方的科学传统和思维方式［J］.未来与发展，2010，31（1）：59-63.
④ 梁启超.墨子校释［M］.北京：商务印书馆，1924：4.
⑤ 蔡元培.中国伦理学史·先秦创始时代［M］//高平叔.蔡元培全集：第2卷.北京：中华书局，1984：107.

虽然中国自墨家之后出现众多科技发明，如天文学家张衡的地动仪、浑天仪，数学家刘徽的《九章算术》和祖冲之的圆周率，以及蔡伦的造纸术，毕昇的活字印刷术等发明，但中国科学成就基本是在实践经验的基础上形成的，未像古希腊文明创建了严密逻辑论证系统与科学理论体系，这导致中国古代的科学注重描述、经验、意会、直觉、模糊等，未形成抽象、理性的科学思维模式。"正如亚里士多德所说，东方人发展的科学知识和技术成就主要为的是实用的目的和宗教的需要，只有希腊人首先试图给出理性的理解，试图超越具体个别的现象进入一般的认识。"[①]

另一方面，由于诸子百家的兴起源于为诸侯立国兴邦、一统天下而出谋献策。这些策略的重点是如何稳定民心、打败敌人，如儒家的"仁政"，道家的"无为而治"，法家的"废私立公"等。即便是"颇治科学"的墨家，也提出了"兼爱""非攻""尚贤""尚同"等人文思想。这足以说明诸子百家的思想、学说延续了西周强烈的人文思维模式。自汉代直至五四运动时期，"独尊儒术"益发巩固了注重道德伦理的学术传统和人文思维模式。中国文化注重人际关系，注重人的主体性，具有典型的人文思维特征，其典型体现在"人定胜天"等语言表达中。

同时，春秋战国，诸子周游列国、纵横捭阖、合纵连横、游说诸侯，这导致诸子个人利害与国家利害相互影响、捆绑，从而形成家国利益一致的集体主义的心理结构与思维模式。

中国，尤其中原文化形成于内陆，国家长期以农业为经济基础，因此人的勤奋努力，对于经济收入具有较大的影响，如开垦一亩地和开垦十亩地的收成截然不同，因此中国有"天道酬勤"的谜米（meme），即话语表达。这又强化了中国人文思维所导致的人的主体性。

（二）古希腊文明：科学思维与理性偏倚

与华夏文明的诸子百家相比，古希腊文明最突出的特征是它的科学理性。

---

① 吴国盛.科学的历程［M］.长沙：湖南科学技术出版社，1997：102.

这种科学理性首先源于泰勒斯的"水是万物之源"的思想引领，中间经过德谟克利特的"原子论"，毕达哥拉斯的"万物皆数"，欧几里得的几何学，阿基米德的力学，再到亚里士多德的形式逻辑和百科全书式的科学体系。古希腊文明的科学理性具体表现为逻辑推理能力和抽象思维能力，即"西方科学传统和思维方式中最重要的两个支柱——逻辑和理性"[①]。

古希腊文明的逻辑与理性，导致他们不盲信权威，如亚里士多德是第一个公开批评自己老师柏拉图观点的人：他反对柏拉图的"理念论"，发展了"实体论"；反对柏拉图的"相论"及其"分离说"，提出了"累积说"。理性的科学思维导致西方文化重视运用逻辑和实验对知识进行检验和论证，从而出现了一批推翻当时占统治地位的神学思想的自然科学家，如哥白尼、伽利略、开普勒、布鲁诺等。

古希腊文明的理性科学思维不仅体现在科技、数学、医学等科学领域上，还体现在绘画、雕塑、戏剧等艺术领域上。古希腊绘画、雕像在人体比例和肌肉质感方面都接近真实的人体，具有强烈的科学性，如《掷铁饼者》的姿势动作、重心稳定等都符合科学依据。古希腊悲剧非常理性地展现命运的冷酷无情，这种冷酷无情展示了事物发展的必然性和严肃性，是自然秩序在人生的体现，即自然秩序、物理定律是人生命运的律令。古希腊悲剧"这种无情的必然性充满了科学的思想"[②]。

胡适曾针对诸子百家的人文思维和古希腊文明的科学思维指出："当孟子在对人性的内在美德进行理论探讨时，欧几里德正在完善几何学，正在奠定欧洲自然科学的基础。"[③] 思维的不同，导致人的素养的相异，"希腊培养的是智者，东方培养的是贤人。智者偏重的是理性，他具有严密的理性思维，注意追求客观真理；而贤人偏重的是感性，他致力于自身的修养，也就是伦理道德

[①] 鲍健强，吕琛荣，黄娜娜.从文化基因的角度解读东西方的科学传统和思维方式[J].未来与发展，2010, 31 (1): 59–63.
[②] 怀特海.科学与近代世界[M].何钦，译.北京：商务印书馆，1959: 12.
[③] 胡适.中国的文艺复兴[M].欧阳哲生，刘红中编.北京：外语教学与研究出版社，2001: 195.

的修养。"① 智者和贤人的区别，典型地体现在《对话录》和《论语》所分别展现的苏格拉底和孔子的形象之上。

总之，中国文化的人文思维模式导致中国文化基因具有十几种特征，其中包括"较早的主体意识和浓厚的情感因素""长于直觉思维和内心体验，弱于逻辑推理"。② 这种浓厚的情感因素和一致的家国利益，反映在体育报道中，便具有强烈的国家荣誉的情感指向。

古希腊文明的科学思维作为文化基因的延续，使得西方文明擅长用理性思维观察、分析和解决问题。这种逻辑、理性的思维及其衍生的批判与验证意识，在对体育比赛的报道中，就表现为新闻呈现强烈的球队水平的技术取向。

当然，人文思维作为中国的文化基因，不仅体现在注重情感和主体性上，还体现在注重统观性和整体性上。③ 其统观性和整体性使其注重从整体而不是局部来把握认知世界，导致其集体主义的心理底层结构；而科学思维作为美国的文化基因，不仅体现在注重理性、逻辑和追求客观真理上，还体现在注重分析性和局部性上。其分析性和局部性使其注重把事物分为各个部分，甚至各个原子来进行认知，导致其个人主义的心理底层结构。

三、文化基因的表达：谜米与谜米复合体

对于文化进化，许多学者都指出它类似于生物进化，卡尔·马克思在对社会进行分析时便将二者进行过类比。美国心理学家唐纳德·坎贝尔（Donald Campbell）也曾指出，有机进化和文化进化彼此类似，因为它们都是演化系统。他认为，文化进化的这种类比，并不是从有机进化本身推演而来的，而是从进化的一般模式推演而来的，其中，有机进化只不过是这种一般

---

① 苏丹.古希腊文明特质及其与中国文明的比较分析[J].边疆经济与文化，2008（10）：111-113.
② 刘长林.中国民族文化基因及其阴性偏向[J].哲学动态，1989（1）：28-32.
③ 钱兆华.中国传统科学的特点及其文化基因初探[J].江苏大学学报（社会科学版），2005（1）：25-30.

模式的一个特例而已。①

生物遗传依靠生物基因（gene），而文化遗传则依靠文化基因。由于受到英国学者理查德·道金斯（Richard Dawkins）的影响，许多学者将文化基因称为谜米。谜米，是道金斯在《自私的基因》中率先提出，专门为指称文化基因而新造的词语。英国学者苏珊·布莱克摩尔将其界定为：储存于大脑（或其他对象）之中、并通过模仿而被传递的、执行各种行为的指令。而《牛津英语词典》则将其界定为：某一文化的基本单位，这种单位是通过除遗传以外的其他方法，特别是通过模仿而得到传递的。②但是，笔者根据研究谜米的文献发现，学者都是把看得见、听得见、摸得着的文化单位看作谜米，如"曲调、概念、妙句、时装、制锅或建造拱廊的方式等都是觅母（谜米）"③。"可以是一个观念、一个教诲、一个行为、一条消息……那就是谜米（the meme）。"④显然，这些是类似于生物遗传的基因表达，而不是在描述文化基因本身。如前所述，文化基因指那些对民族文化和历史产生深远影响的心理底层结构和思维方式，保存着文化的指令信息（从生物本质来说，笔者认为，文化基因的生物基础是神经元连接序列，即不同的神经元连接序列形成不同的心理底层结构和思维方式，正如生物基因的生物基础是核苷酸顺序，即碱基序列。对此，笔者有另文专门论述）。与作为文化基因的心理底层结构和思维方式相比，这些文化单位更应是文化基因表达后的性状，是文化的指令信息的执行结果，因此，我们应视谜米为文化遗传系统的表现型，而不是基因型。

文化基因与谜米的关系相当于生物遗传的基因型（genotype）和表现型（phenotype）的关系。"基因型"和"表现型"（又名表型）概念由丹麦学者W.L.约翰森（W. L. Johnson）于1911年提出。前者通常指生物所拥有的全部遗传物质（基因）所组成的整体，后者则指生物所拥有的全部特征所构成的整体。在遗传学中，基因型也常指控制某一种性状的遗传因子，表现型则指

---

① 布莱克摩尔.谜米机器［M］.高申春，译.吉林：吉林人民出版社，2001：30.
② 布莱克摩尔.谜米机器［M］.高申春，译.吉林：吉林人民出版社，2001：74.
③ 道金斯.自私的基因［M］.卢允中，等译.北京：中信出版社，2012：218.
④ 布莱克摩尔.谜米机器［M］.高申春，译.吉林：吉林人民出版社，2001：7.

某一基因经过表达后所表现的性状。总之，基因型虽然是控制表现型的指令信息，但却不一定是表现型的预先蓝图，因为表现型的发展具有一定的独立性，它是基因型和环境条件共同作用的结果，环境因素是基因型得以发育其表现型的必要条件。①

只不过，在生物世界中，只有基因型能遗传，表现型不能遗传，获得性状存在着魏斯曼屏障。但文化世界不存在魏斯曼屏障，即不仅作为基因型的文化基因能够被传递，作为表现型的谜米也能够被传递，也就是说文化基因和谜米都能够被传递。这说明，生物基因一般只遵守达尔文式的传递，即通过对指令信息的传递来传递性状；而文化基因虽然会遵守达尔文式的传递，但更主要遵守拉马克式的传递，即通过传递性状来传递指令信息，也就是通过传递谜米来传递文化基因。文化基因的传递虽然会导致其控制的谜米的传递，但更主要的是谜米的传递会导致控制其的文化基因的传递，如中医系统和西医系统分别是中国文化和西方文化的一个庞大而复杂的谜米复合体，分别是中国系统性和西方分析性的思维的产物或表现性状。人们可以通过学习中医、西医，来学习中国和西方的思维模式；也可以通过学习中国的系统性和西方的分析性思维方式，来分析中医或西医。

由于文化基因是心理结构和思维模式，因此针对具体事件时，这种心理结构和思维模式必须经过转录、编码成具体的符号表达，其中主要是语句表达。如前所述，中国文化的集体主义心理底层结构，在转录和编码成体育赛事报道时形成了国家荣誉取向；而人文思维则转录和编码成体育报道中人的情感化与主体性。西方文化的科学思维模式和个人主义的心理底层结构，在转录和编码成体育赛事报道时形成了注重球队水平的理性取向。

既然文化基因及其性状都能被传递，这说明二者都和基因一样是复制因子。既然是复制因子，就必然遵守进化的规则系统的变异、选择和保持（或遗传）的三大原则。由于文化基因主要依赖其性状的谜米复制来传播，所以在中美体育赛事报道中，当文化基因被转录成具体的语句表达时，各个文化

---

① 布莱克摩尔.谜米机器[M].高申春，译.吉林：吉林人民出版社，2001：102–103.

的具体谜米便会争夺大脑资源竞相复制自己。因为谜米作为一种和生物基因一样的复制因子，它和基因一样是自私的，它的全部活动就是复制自己，"有关文化进化的谜米学理论，其全部要点就在于将谜米视为一种独立存在的复制因子。这就意味着，是谜米的选择在驱动着观念的进化，而观念的进化必须有利于谜米的自我复制"①。这便是笔者在阅读上述中美体育赛事失利和胜利报道时强烈地感受到，一方面中美的报道差异明显；另一方面中国和美国报道自身大同小异的原因。具体来说，当具有中国文化基因的记者报道比赛失利时，源于中国南朝的《世说新语》和唐朝的《晋书·谢安传》的"东山再起"这一谜米便跳入他们脑海并流于他们笔端。当具有美国文化基因的记者报道比赛失利时，源于公元前1500年前的《圣经》的"救赎"这一谜米就主导了其写作的新闻。这一谜米导致美国把自己的球队直接命名为"救赎之队"。这是一种谜米的保持。在有些报道中，常用"打翻身仗""重振雄风"来代替"东山再起"，可视为"东山再起"这一谜米的简单变形；又如"千淘万漉虽辛苦，吹尽狂沙始到金""结果六关皆斩将，冠军再度凯旋归""不经一番寒彻骨，怎得梅花扑鼻香""天将降大任于是人也，必先苦其心志，劳其筋骨……"是"天道酬勤"谜米的变形。总之，中国报道选择"东山再起""振兴中华"谜米和美国报道选择"救赎"谜米，是各自的"文化之汤"②的选择结果。根据生物基因的等位基因概念可推知，中国失利和胜利报道的话语表达分别和美国失利和胜利报道的话语表达形成等位谜米。等位谜米作为文化基因的表达，就形成了上述的中美新闻故事聚合。

众所周知，在生物遗传中，"一个自由漂浮的DNA片段是很难有效地使自身得到复制的"。因此，基因常采用群组的方式而存在，形成连锁群。基因的连锁群再相互组合、构成染色体，而染色体又在细胞内相互缠结在一起。③文化基因也是如此，在中国报道中，"东山再起"的谜米常和"卧薪尝胆""吃苦耐劳"等谜米组合在一起，同时出现在报道中；"振兴中华"又常和

---

① 布莱克摩尔.谜米机器［M］.高申春，译.吉林：吉林人民出版社，2001：42.
② 道金斯.自私的基因［M］.卢允中，译.北京：中信出版社，2012：217.
③ 张建民.现代遗传学［M］.北京：化学工业出版社，2005：114.

"天道酬勤""居安思危"组合成同时出现的连锁谜米,即谜米群。

所谓谜米群,就是相互结合在一起而能够同时被复制的一组谜米。道金斯称这类谜米群为"共同适应的谜米的复合体"(coadapted meme complexes),即谜米复合体(memeplexes,由于谜米复合体像基因群一样以排列顺序的形式出现,因此笔者认为,可将谜米复合体称为谜米串)。[①] 谜米复合体中不同的谜米是非等位谜米。因此,非等位谜米作为文化基因的表达,就形成了上述的中美新闻话语组合。

总之,"东山再起""卧薪尝胆""吃苦耐劳"作为失利的非等位谜米的串联,"天道酬勤""居安思危""振兴中华"作为胜利的非等位谜米的串联,两者共同形成了中国体育新闻对国家荣誉的情感取向。

同样,"救赎自己""批判否定""调整改变"和"高超技术""自傲藐视""拯救他者"分别作为失利和胜利的非等位谜米的串联,导致了美国体育新闻对球队水平的理性取向。

---

① 布莱克摩尔.谜米机器[M].高申春,译.吉林:吉林人民出版社,2001:34.

第三部分
话语篇

谁在新闻中说话*
——论新闻的话语主体

皮埃尔·布尔迪厄（Pierre Bourdieu）曾经指出，话虽是自己说的，但谁也不能肯定自己就是这话的主体。虽然在一般情况下，受众感觉新闻中的思想、情感就是从原始素材中、从记者心中自然产生的，就像沼气源于湿烂腐败的植物一样，自然地升腾。

然而，事实真的是这样吗？记者真的是新闻的说话主体吗？对于这个问题，我们可以从新闻来源、刻板印象等多个角度进行考察。限于篇幅，本文仅从新闻来源和刻板印象两个角度进行论证。为便于论述，有必要首先明确一下话语这个概念。

一、话语与新闻话语

对于话语这个概念，最初的学者都是从语言学的范畴对它进行界定的，认为话语是说话者或作者在某个语境中用来表达思想或实现意图的词、短语、句子和语段、语篇。

后来，由于社会语言学家、哲学家以及西方马克思主义者对话语的关注、探索与研究，话语这一概念才摆脱了语言学这一狭小的范围，并被界定为符号

---

* 文章原载于《新闻与传播研究》2005年第3期，与黄春平、肖赞军合作，收入本书时，略有删改。

化于语言中的意识形态,从而投入社会语境的怀抱。路易·皮埃尔·阿尔都塞(Louis Pierre Althusser)的学生米歇尔·拜肖(Michael Pecheux)指出,话语是意识形态的特殊形式,话语意义的深处"与纯粹的语言学财产毫无关系"。①

至此,可以从表层和深层两个层面对话语进行分析和界定:从表层的产生机制与形式来看,话语是说话者或作者在某个语境中运用语言系统表达思想情感或实现意图的口语或文本;但从深层的社会语境来看,话语不仅是已说出的东西,还是没有说出的东西,即权力关系和意识形态的被迫出场。

既然如此,话语就存在一个代表谁的思想、意图或者说意识形态的问题,也就是说话主体的问题。正如社会学家欧文·戈夫曼(Erving Goffman)所指出的,话语的形成在很多情况下涉及三种角色:①"委托人""创始人",即拥有某一主题、立场或态度并委托他人撰写的人;②"编码者",即主题、立场或态度的编码者、写作者;③代言人。显然,这里话语代表和实现的是"委托人""创始人"的思想和意图,因此,他才是真正的说话主体。

显然,无论从表层还是从深层看,新闻作品都是话语的一种,可被称为新闻话语。

二、新闻来源与新闻的说话主体

在美国学者进行的一个实验调查中,当记者被问到他们会如何报道一个假设的新闻事件时,结果是影响记者的职业判断更多的是新闻来源的暗示,而不是自己的意识形态。这说明美国新闻媒体、记者更多时候是在新闻来源膝下绕来绕去的"宠物狗",而没有担负起社会"看门狗"的角色。

(一)作为新闻话语主体的新闻来源

如果考察那些肩负传达信息使命的人是怎样接受信息的,又是如何生成话语的,我们将发现,他们只不过是接受了其他传达者传达的信息,并利用

---

① 李彬.符号透视:传播内容的本体诠释[M].上海:复旦大学出版社,2003:309.

各种引语形式把其他传达者的话语转换成了自己的话语。例如，弗吉尼亚州一家核电厂发生了放射性气体泄漏事故之后，公司马上召开了一次新闻发布会，声称电厂只是向空气中排放了少量的放射性气体。果然，紧随其后的新闻用公司发言人的话报道："这不像'泄漏'那么严重，而更像是向空气中打了个'嗝'。"又如2003年1月7日，《南方都市报》发表了一则新闻《影响恶劣 深圳警方要严惩"跳楼秀"》，随后《南方都市报》又于1月11日发表评论《不该惩戒"跳楼秀"吗？》并且在此文中抛出"赤贫贵族"的概念。由报道可知，这其实是"施工方中铁二局深圳公司"通过《南方都市报》对进城务工人员借自杀维权的行为进行了"另类"建构，即把进城务工人员为讨要工资或劳资纠纷而引发的跳楼事件定性为"跳楼秀"，把无权无势又无话语权而只能靠自杀维权的进城务工人员定义为"赤贫贵族"。

新闻来源，尤其是官方的新闻来源，作为新闻报道中真正的说话主体绝不仅仅体现在个别的案例上。有人对宣称新闻最自由的美国的两家最好的报纸——《纽约时报》和《华盛顿邮报》的新闻内容进行了研究。作为在过去的25年里一直位居美国新闻出版业榜首的报纸，人们一般认为它们采写的新闻受官方影响的可能性最小。因为它们拥有庞大的新闻采编力量，这使它们无须依赖官方的新闻稿或通讯社的稿件；而且这两家报纸以富有批判性、自由主义以及敢于揭露政府阴谋闻名。但是，这项研究发现：这两家报纸也是记录政府官员言行的主要报纸。政府官员（包括国内或国外官员）是近3/4重要新闻的来源，只有1/6的新闻源自政府之外。只有少于1%的新闻基于记者们自己的分析，70%-90%的新闻内容都被新闻制造者们完全或基本地控制着。① 这就是说，新闻的内容主要是新闻来源提供的准备好的信息。新闻来源的这种准备既包括规划未来的新闻议程的长期战略，也包括决定"今天想让新闻媒体报道什么以及怎样报道"的每周或每天的定期会议。

---

① 班尼特.新闻：政治的幻象[M].杨晓红，王家全，译.北京：当代中国出版社，2005：153.

由上可知，作为说话主体的新闻来源，能对事实进行定义、设定解释框架的主动权和话语权。设定框架，其实就是选择、突显并重组部分事实以再现、建构某一社会事件，并进而形塑公众认知这一事件的"知识"。正如美国著名的政治传播学教授W. 兰斯·班尼特（W. Lance Bennett）所指出的："一种事实成为主流以后，主流的事实看起来就像是客观的了。就是由于没有另一个可信的观点与之竞争，所以自己怎么说都可以被称为是客观的了。"① 因此，新闻不一定代表"真相"，它提供的"真相"只不过是新闻来源所决定的真相。

不仅如此，新闻来源还通过有效的新闻管理把自己的议题转变成媒介议题，并最终塑造公共议程。新闻来源与新闻媒体之间的这种默契的工作关系，实质上导致了一种象征性暴力，即通过施行者与承受者的合谋和默契而施加的一种暴力，并且双方通常意识不到自己是在施行或在承受。

无论是话语权的掌握，还是象征暴力的形成，都有利于新闻来源攫取更多、更大的权力。针对这一点，《洛杉矶时报》的记者罗伯特·席尔（Robert Hill）一针见血："《纽约时报》挑头，共和党人主演，为了扩大销售量、赢得选票，它们（通过炒作李文和案）给新闻界带来了耻辱"。当然，象征暴力的形成最终损害的是公众知情权以及媒体作为环境监测者和社会守望者的形象。

（二）新闻来源为何成为新闻的话语主体

纵观世界各国新闻事业发展史可以发现，固定的新闻来源并不是随着新闻实践的出现而自然形成的，而是新闻媒体与采访对象在冲突和协作的基础上实行共谋的结果。

首先，新闻实践的特点和媒体的运作体制确保新闻来源成为新闻真正的说话主体。随着新闻实践的职业化发展和市场化运作，新闻越来越追求真实、客观、公正的品质，并极力避免倾向性。众所周知，客观性原则以"报道事实而不报道意见"为宗旨，要求记者不要在新闻中"掺进自己的意见"，不要

---

① 班尼特.新闻：政治的幻象[M].杨晓红，王家全，译.北京：当代中国出版社，2005：246.

作"个人评论",尽量引用新闻人物的话语。当然,不可否认,客观性的宗旨和要求的本意是为了确保新闻在主体的参与下如实展现世界与事实的原貌,或者说如实展现原本的世界与事实。

然而,一则由于宣传与公共关系的存在导致了新闻来源制造了众多的事实;二则由于如上所述的对事实的及时掌握需要求助处于"居高临下"的地位、掌握充足信息的各官方部门、各主流团体;三则由于新闻本身所具有的重要性、显著性等特点,所以支配新闻的客观性为新闻报道从新闻来源角度报道新闻搭建了平台,成了新闻趋炎附势于社会权力的掩护体系,新闻来源因此顺理成章地成为真正的说话主体。

另外,无论是为了追求经济效益,还是为了追求社会效益,记者与媒体都以独家报道和内幕消息为己任、为荣誉。这种运作体制也阻碍了记者在新闻中成为话语主体。记者要获得独家报道和内幕消息是离不开新闻来源和采访对象的帮助的,因此,在许多情况下,记者都会将那些会损害重要采访对象和新闻来源的新闻加以保留,不予发布,以免破坏甚至失去与这些重要消息来源之间的互惠关系。

其次,世界范围之大与人力物力的不足之间的矛盾导致协作。作为时刻关注、及时报道国际时事的媒体来说,那些可以预见的、公开的仪式性事件和能够凑巧遇上的事件之外,记者一般无法在第一时间亲临事件发生的现场。针对这一点,美国报业发展史最早的研究者威尔·欧文(Will Irwin)早在1911年就指出,记者很少亲眼见到自己笔下的喜剧、悲剧、戏剧情节,或街头小品发生的经过,火车相撞、疯汉开枪、小偷潜逃之时,他都不在场。这种缺席必然导致两种结果:

一是记者只能采访"见证者",新闻报道只能转述他们的话语。比如《新京报》2004年10月26日所刊载的《18名不明身份者试图闯入韩国驻华使馆领事部》。因此,在这种情况下,新闻完全成了"权威新闻源所告诉记者的"(News is what an authoritative source tells a journalist)。[①]

---

① MANOVICH L. The language of news media [M]. New Jersey: Blackwell, 1991: 191.

二是新闻媒体只能求助那些处于"居高临下"的地位、掌握充足信息的各官方部门、各主流团体，让他们代理观察，并依循固定的采访路线，否则大多数具有国际影响力及重要性的事件极可能延迟数日，甚至数周才为记者和公众所知。因此，新闻通稿和内部简报便成了新闻报道的蓝本，记者只需根据各自服务的媒体的特点与需要稍作修改。

然后，记者刺探之风的兴起与采访对象隐私的保护之间的冲突导致双方共谋。在"便士报"即大众化报纸诞生之前，新闻信息的不足在很长一段时间内是制约报业发展的主要原因，许多报纸每天面临着是否有足够的新闻稿件来填充版面的问题。例如，1805 年 5 月 28 日《（新）奥尔良大公报》（[New] Orleans Gazette）就曾以下面这段自嘲来说明新闻收集之难，并以此填充版面："昨日信箱空空如也——我们完全不知该以什么东西来填充版面，才能使它看来还像份报纸。如果我们收不到任何邮件；邮船也不送来任何国外报讯，我们就只好不发新闻——或者干脆自己制造一些新闻。为此，我们请求各位容许我们请一阵子假，以便在本市寻觅一个适当地点，建立一座能够充分满足我们需求的新闻制造工厂。"①

以地方都市各阶层的实际生活为内容取向的大众化报纸产生之后，记者、编辑根据内容的需要改革了当时的职业规范，即由被动地等待新闻信息转为主动地寻求信息，这使人们领悟到新闻界的第一天职，就是不计代价地去获取新闻，如《纽约世界报》为了揭露一家精神病院的景况，派遣记者佯装精神失常进入精神病院。

为了弥补新闻资源的不足和鼓励新闻人员主动发掘新闻并写作"见证式"的新闻报道、帮助新闻界建立主动发掘新闻的传统，当时的报业巨子普利策捐献巨资评选普利策奖。这种主动发掘新闻和"见证式"的新闻报道方法自然导致当时大兴窥探之风，如 1886 年，格罗弗·克利夫兰（Grover Cleveland）总统新婚之夜，大批记者就夜宿总统房门外，想要打探这对新婚夫妇的隐私。

---

① 罗胥克.制作新闻[M].姜雪影,译.台北:远流出版事业股份有限公司,1994:42.

显然，这种刺探作风既不利于记者对时效性的把握，也不利于新闻来源保护隐私，控制报道内容。因此，双方的不便会导致二者的妥协和共谋，即正式的采访权、记者招待会等。借着赋予新闻界这些专业特权，新闻来源既摆脱了记者从钥匙孔中进行偷窥的行为，也使采访成为自己主动提供及掌控"公共能见度"的一种工具。同时，被喻为"敞开大口，嗷嗷待哺"的媒体"野兽"既获得了源源不断的"食物"，又避免了花费大量的人力、物力、财力来搜索新闻素材，降低了成本，提高了利润。

最后，记者与新闻来源的长期相处，难免会让记者不自觉地成为新闻来源的代言人。"近朱则赤，近墨则黑。"跑固定路线的记者常将大部分的工作时间，花在某些固定的采访对象身上，于是，他们无可避免地开始对这些对象产生认同。采访对象的价值观、利益、问题，甚至行为举止，也因长久的共事，而逐渐为记者所熟悉、所接纳。2000年9月26日，《纽约时报》在一篇编者按中针对李文和的报道有失公允的隐晦道歉直接地阐述了这一观点："我们未能与消息源保持新闻从业员应有的距离，而是有时采用官方报告、政府及议会调查人员常用的警戒性口吻。"[1] 这也是负责揭发"水门事件"的两名《华盛顿邮报》记者，在涉入"水门事件"报道之前从未参与白宫的新闻简报的原因。有鉴于此，一位知名的华府特派员曾经指出，如果华府各政府机构都能将其新闻官员加以裁撤，那么美国首府新闻报道的品质将有所改善。

总之，有了这些固定的采访路线，记者逐渐抛弃侦探和见证人的身份以及调查性报道的任务，而扮演起采访者的角色、从事访谈式报道，新闻来源也由被窥视、被监测而转变为主动出击，临时的转变为固定的，并最终发展为现在的新闻发言制度。新闻来源的通稿和材料、记者招待会以及私下的交谈自然也成了新闻媒体的一项功能性需求，即它们已成了三种基本的新闻收集方式。记者对新闻来源的依靠到后来甚至发展到即使记者本人见证了新闻

---

[1] 邱林川. 多重现实：美国三大报对李文和的定型与争辩[J]. 新闻与传播研究，2002（1）：63-74，95.

事件的始末，也依然依赖权威采访对象来提供权威性意见，以确保他们所报道的新闻无误。

三、刻板印象与新闻的话语主体

"9·11"事件之后，福克斯广播公司在播报新闻时投公众所好，称本·拉登是"垃圾袋""野兽"，如此一来，福克斯的收视率比上一年上升了40%。① 显然，对本·拉登刻板印象的运用是提高福克斯收视率的主要原因。

2003年10月中旬，我国"神舟"五号发射成功。《纽约时报》对这一重大新闻事件做了全程跟踪报道，在第一阶段（9月26日到10月14日）的报道中，中国被塑造成一个不透明的、难以揣度的共产主义国家；在第二阶段（10月15日到16日）的报道中，中国被建构成扩充军备、挑起竞赛、将造成未来亚太上空"紧张气氛"以及对美国安全构成潜在威胁的对象；第三阶段（10月17日到25日）的新闻集中分析"神舟"五号发射成功后对亚洲和世界格局的影响，语句充满了疑虑、恐惧，危言耸听。②

（一）刻板印象及其自动激活

刻板印象这一术语是由政论家沃尔特·李普曼（Walter Lippmann）在其著作《舆论学》中率先提出来的，他发现"预先概念"（preconception）即成见、头脑中的图像，对决定个体对人与事的知觉的影响很大。

从认知理论的角度出发，刻板印象可被定义为一种涉及知觉者的关于某个人类群体或某类事件的知识、观念与预期的认知结构，或者说把某个社会群体或某类事件与一系列品质及行为特征进行连接的抽象知识结构，如以前人们普遍认为男性是有抱负的、有独立精神的、富有竞争性的，而女性则是依赖性强的、温柔的、软弱的。因此，刻板印象具有指导整个群体乃至群体

---

① 班尼特. 新闻：政治的幻象［M］. 杨晓红，王家全，译. 北京：当代中国出版社，2005：31.
② 柳金旗. 试析《纽约时报》对"神舟"五号报道的议题建构［J］. 新闻与传播研究，2004（2）：56-58，96.

成员的信息加工预期的功能。

心理学家通过多次实验发现，刻板印象以一种自动激活扩散的机制运作，即有关某个社会群体或某类事件的一系列品质及行为特征相互连接，而且这些联系会在知觉者无意识或无控制的状态下被彼此自动激活。

这种自动激活导致刻板印象具有四个特征：①无目的性；②无意识性；③不可控制性；④有效性。因此，刻板印象作为最常见的社会类别知识的集合，尽管它可能与社会事实不符，容易滋生不公正和误解，但它能让知觉者有效地加工信息、做出判断，也能帮助知觉者解释复杂的社会环境，因而具有认知上的优势。而且，由于自动过程反映的是人们的真实态度，该态度通常是很坚定的，难以受到外在压力和策略性过程的影响，难以随着时间和环境变化而有所变化，所以即便人们对刻板印象进行意识性抑制，它的效应依然存在，并且比较明显。

因此，虽然明知刻板印象具有很多缺陷，虽然我们极力避免刻板印象，但是我们所处的环境使得每个人，包括那些对偏见和歧视非常愤慨之人，都会不自觉地被卷入刻板印象的陷阱。

作为认知系统的重要组成部分，刻板印象除了能极大地提高知觉、推理和决策的速度与效率外，还往往沉淀着人类认知的共性以及民族的集体意识和无意识，如我们对中美两种文化下的性别刻板印象进行比较，可以发现它们的相似之处在于都认为男性坚强理智，女性感性脆弱，这说明性别刻板印象存在一定的跨文化的一致性，具有人类认知的共性。同时，刻板印象的形成遵循着自尊理论的原则，即团体的成员为了保护自尊会认为本团体比其他团体拥有更好的特征，并且因其掌握本团体的信息多于其他团体的信息，提取速度也更快，如部分白人认为自己比黑人优秀，而部分黑人认为自己比白人优秀。①

---

① 钱铭怡，罗珊红，张光健，等.关于性别刻板印象的初步调查［J］.应用心理学，1999（1）：14-19.

（二）新闻为何存在刻板印象

刻板印象的认知优势及其自动激活的运作过程决定了新闻必然充斥着大量的刻板印象。

首先，刻板印象处理信息的速度与效率适应了新闻话语对时效性的追求。众所周知，各媒体之间的竞争最终都靠时间来取胜，如美国有线电视新闻网（CNN）和半岛电视台之所以能够迅速成长，就因为它们分别在海湾战争期间和美国"9·11"事件中独领"时间之风骚"。

时效性的追求给新闻话语施加了一种非常特殊的影响，那就是紧迫性的压力。早在两千多年前，柏拉图就指出，人处在紧急状况中是无法思维的。为什么记者能在谁也不能思维的条件下进行思维？布尔迪厄指出，"问题的答案是他们是以'固有的思想'来进行思维的……提供文化快餐，提供事先经过消化的文化食粮，提供预先形成的思想。"① 这里"固有的思想"是指人们已经普遍接受的平庸的、约定的和共同的思想，也就是刻板印象。《纽约时报》2000年9月26日的更正启事深刻地说明了这一点："即使最好的新闻调查工作也是在时间期限的压力下进行的，（我们）只能够根据当时可以得到的信息作出最好的判断（这一最好的判断就是运用刻板印象把李文和定性为间谍——笔者注）。"②

其次，由于刻板印象沉淀着人类认知的共性和民族集体意识与无意识，因此刻板印象会让新闻具有普遍意义。因为集体意识和集体无意识有着人类精神和人类命运的碎片，有着我们祖先或前辈在历史中重复了无数次的欢乐和悲哀的残余。正是凭借着这些残存的欢乐和悲哀，新闻话语唤起了受众的共鸣，满足了受众的心理需求。③④

新闻的普遍意义的重要性，可以借用美联社著名记者泰德·安东尼（Tad

---

① 布尔迪厄. 关于电视 [M]. 许均，译. 辽宁：辽宁教育出版社，2000：29.
② 邱林川. 多重现实：美国三大报对李文和的定型与争辩 [J]. 新闻与传播研究，2002（1）：63-74，95.
③ 荣格. 荣格文集 [M]. 北京：改革出版社，1997：5-83.
④ 曾庆香. 新闻话语中的原型沉淀 [J]. 新闻与传播研究，2004（2）：66-72，97.

Authony）的论述进行说明："有两个因素可以使一篇报道与众不同；如果你所写的事情是完全独特的，你就可能抓住读者的目光；如果你所写的是一件很普通的事情，却与每个人的利益密切相关，你照样可以吸引读者。不过，真正的技巧是将这两种情况合二为一——写一个令人耳目一新的地方、一种罕见的情景，但同时要保证主题思想具有普遍意义。"例如，2003年8月4日，黑龙江省齐齐哈尔市发生了一起侵华日军遗弃在华的化学毒剂泄漏事件，前后共造成40多人受伤，一人死亡。事发后，在中方的交涉下，日方派出了官员、医疗队、毒剂专家来到中国进行协助、处理。10月19日，中日达成一致，日方赔偿三亿日元（合人民币2200多万元）。在对此事件的报道中，中国媒体凸显了受害者触目惊心的痛状、日本"516"生化武器部队的斑斑劣迹以及日方对事实的否认与逃避等，这种报道框架再次强化了带给中国人民无限痛苦又否认历史罪过、逃脱历史责任的"日本意象"；而日本媒体对事件所造成的现实伤害以及深刻历史缘由避而不谈，却不断地重复中方要求赔偿的声音，再次强调了中国人抓着历史不放以及中国民间有强烈的反日情绪的刻板印象。①

与此同时，竞争的压力导致新闻工作者追求新闻的覆盖度，这必然导致各媒体之间互相参照，并最终导致对某家媒体的刻板印象与固有框架的大量复制，如要做午间的电视新闻，就要先温习一下前一天晚上八点的新闻和晨报的标题；要确定晚报的标题，就要阅读晨报。这些导致既定的叙事框架得以重复，新闻话语趋向同质。虽然记者们阅读别人的报纸、收看别人的电视主观上是为了追求报道的差异性，但实际上这种差异性在受众看来是微不足道的，"记者在主观上极为看重差异性，但这些细微的差别却掩盖着巨大的相似性……这种镜子游戏照来照去，最终营造了一种可怕的封闭现象，一种精神上的幽禁"②。这种"精神上的幽禁"便是刻板形象与既定叙事框架所造成的同质故事对大众思想（包括新闻工作者本身）的钳制。因此，新闻话语中

---

① 杨妍. 刻板印象的再次强化：中日报纸关于"8·4齐齐哈尔毒剂事件"报道的分析［J］. 新闻与传播研究，2004（2）：59-65，97.
② 布尔迪厄. 关于电视［M］. 许均，译. 辽宁：辽宁教育出版社，2000：24.

常常有这样的现象,记者在对一些事件"走马观花"之后,找一篇内容上同类的新闻作为框架,再把事实的碎片填充进去。

(三)谁在操纵新闻的刻板印象

如前所述,刻板印象是一种无意识的、难以控制的认知归类过程,在此过程中,遵循自尊原则,即人们总想维护积极的自我认知,导致他们在主观上愿意坚持对自己所属群体的赞许性评估。这就是说,从理论上讲,每一个群体对外群体的刻板印象与自己所属群体的刻板印象相比而言都是负面的、消极的。这就引发了如何说才算是正确、合法、或有道理的问题。但实际上,由于社会各群体的势力有强弱之别,地位有高下之分,所掌握的资源有多少之差,因此弱势群体对外界(包括对强势群体)的刻板印象自然就成了"说不过别人的'说法',就会逐渐被压服淘汰。相反,掌握了统治权的阶级,亦能建立起符合自己利益和需要的话语规范"①。正如佘碧平先生所总结的:"在任何社会中,话语都具有权力机制,话语规则决定了什么样的说话和实践方式是合理的和正当的,而与之唱反调的话语实践则不是被拒绝,就是被边缘化。"②

显然,这种话语规范就是福柯所说的权力通过话语而"强加于事物的暴力"——言语禁忌、理性原则和真理意志,决定了只有那些拥有势力、拥有发言权的群体的刻板印象才得以流行,并最终成为盘踞在人们头脑中"图像"与"知识",如在传统社会里,不仅是男性认同女性不如男性,绝大多数女性也持这一观点。

因此,新闻话语反映的只能是具有话语权的集团、阶层所持有的刻板印象,维护的自然是主流意识和主流观点,"媒体不停地说他们(名人)的事,不论那是多么鸡毛蒜皮的小事;媒体不停地让他们说话,无论那些话是多么空洞、愚蠢和没有价值。常识告诉我们,当我们郑重其事地让某人发言,当

---

① 李彬.符号透视:传播内容的本体诠释[M].上海:复旦大学出版社,2003:310.
② 福柯.性经验史[M].佘碧平,译.上海:上海人民出版社,2000:译者序.

某人郑重其事地准备对我们发言的时候，他一定是有重要的话要告诉我们。遗憾的是，这样的时候非常非常少……这是这个时代的传媒的一大特色，它在骨子里是一种势力，是一种献媚，是媒体与名人的共舞，在其深处隐藏着某种很难换算的交易"①。由此可见，从新闻来源与刻板印象的角度分析新闻中的说话主体便殊途同归了。

乔治·克里蒙梭（Georges Clemenceau）说过，战争太重要了，因此不能全交给将军去打。同样地，新闻太重要了，即使传播媒体及新闻人员立意再佳，也不能把新闻完全交给他们来自由处理。他的话可谓一针见血，引导我们管窥新闻生成、新闻建构现实幻象的深层原因与语境。

通过对新闻来源与刻板印象的分析可以发现，既得利益的当权者和世界的霸权国家凭借话语这套隐匿在人们意识之下的潜在逻辑与潜在机制，在新闻媒体这个舞台上不断地"说话"，不断地形成各种"知识"，建构各种事件幻象与现实幻象，更通过自己甚嚣尘上的刻板印象与话语规范的渗透使得无论谁在说话，都说相似的话，即都说当权的新闻来源的话。新闻的真正说话主体这一状况，可以套用福柯的"你以为自己在说话，其实是话在说你"②进行概括：记者以为自己在说话，其实是当权的新闻来源的话语在说记者。

---

① 结婚是新闻吗？ 名人新闻泛滥损害了新闻品质［EB/OL］.（2003-08-01）［2005-01-05］. https://tech.sina.com.cn/other/2003-08-01/1036216007.shtml.
② 赵一凡.福柯的知识考古学［J］.读书，1990（9）：92-102.

论兽首拍卖事件中西方意识操纵技巧与效应*

自2008年7月法国佳士得拍卖行和圣洛朗的合伙人皮埃尔·贝尔热（Pierre Bergé）宣布将拍卖圆明园鼠首和兔首铜像，至2009年3月2日，兽首神秘买家自爆身份并强调"这个款不能付"，整个过程可谓拍案惊奇。透视这一事件，我们可以清晰地看到当事人与西方传媒为竞拍成功而对普通民众进行意识操纵的脉络。本文拟对中西方传媒兽首报道话语中的意识操纵技巧及其效应进行分析。

一、纵容反道德：从"道德"到"法律"

俄罗斯学者谢·卡拉－穆尔扎（С.Кара-Мурэа）指出，西方资本主义社会的形成建立在"纵容反道德"的基础之上。① 兽首拍卖事件，让我们现场目睹了一场"纵容反道德"的真人秀节目。

自佳士得宣布将拍卖兽首之后，我国外交部和国家文物局多次发表声明，兽首是在鸦片战争期间被英法联军劫掠走并流失海外多年的中国圆明园流失文物，坚决反对拍卖，并指出这种行为有悖于相关国际条约的基本精神。

尽管中国政府一再强调，法国人获得兽首的手段与途径违反道德这一背景，但查阅西方媒体对兽首归属的报道可知，虽然不少媒体对此背景给予了

---

* 文章原载于《新闻大学》2010年第2期，与白伟合作，收入本书时，略有删改。
① 穆尔扎.论意识操纵［M］.徐昌翰，译.北京：社会科学文献出版社，2004：284-292.

简要说明，但报道重点显然集中在现状，即"兽首是圣洛朗及其合伙人皮埃尔·贝尔热的私藏品"，有的甚至直接指出，圣洛朗及其合伙人皮埃尔·贝尔热是兽首的合法所有者。法新社还引用贝尔热 2 月 20 日对媒体所说的话，这些文物是他通过"合法途径"收集的，受法律保护。

不仅如此，不少媒体还以所谓国际公约为依据，指出中国对兽首不再拥有所有权。例如，法国《解放报》2009 年 2 月 20 日在《中国不再拥有兽首》的文章中称，中国签署了 1995 年《国际统一司法协会关于被盗或者非法出口文物的公约》，因而承诺不再追究流失在其领土之外超过 50 年的文物了。

显然，西方传媒与贝尔热合谋，使得兽首的争论完成了从"道德"到"法律"的转换，即通过对目前状态和《国际流失文物返还公约》的强调，把不道德的拥有转换为合法的拥有。这说明他们借助现状和公约"纵容反道德"。

为什么说《国际流失文物返还公约》是"纵容反道德"？公约在规定"被盗文物的拥有者应当归还该被盗物"的同时，规定："任何关于返还被盗文物的请求，应自请求者知道该文物的所在地及该文物拥有者的身份之时起，在三年期限内提出；并在任何情况下自被盗时起五十年以内提出。"

众所周知，西方列强以殖民方式和战争方式大规模抢劫、偷盗其他贫弱国家的文物的行径结束于第二次世界大战，即 1945 年。从 1945 年到 1995 年，正好五十年。所以，这个公约表面上为文物流失的国家索回文物提供了法律支持，实际上却为西方国家筑起了一道保护墙。因此，西方人主导制定的"游戏规则"起到了纵容反道德的作用。这体现了"政治的非道德性！用议会通过的法律来监督，以此代替普遍的道德标准，是西方模式的民主理念。这种民主从政治中消除了罪孽的概念，实际上也消除了良心，仅仅用法律的概念来替代之"[①]。

---

① 穆尔扎.论意识操纵［M］.徐昌翰，译.北京：社会科学文献出版社，2004：285.

除了借助法律外，西方社会还通过道德本身来纵容反道德，取消罪孽感，如2002年英国大英博物馆、法国巴黎卢浮宫博物馆等18家欧美博物馆联合发表关于环球博物馆的重要性和价值的声明，公开反对返还流失文物。理由是"文物原属国没有足够的经济实力和技术能力保护文物，文物属于全人类文化和精神遗产，应为全人类享有"①。显然，这一声明站在了全人类道德的高度。

"通过取消罪孽概念，现代社会把一个个罪恶的魔窟'打开'了，罪恶变成了道德上可以接受的商业活动"②，因此兽首得以顺利拍卖，且被视为是正确的，如贝尔热在拍卖结束之后对媒体表示，兽首顺利拍出证明自己没有做错。

兽首的拍卖又为其他抢劫和偷窃的文物的拍卖消除了罪孽感，这样，"罪恶的魔窟"就一个又一个地、迫不及待地打开了，以致有了2009年4月29日的法国博桑－勒费福尔拍卖行的拍卖。这次拍卖的是清朝乾隆年间的白玉印"九洲清晏之宝"，而且其名录上特别指出了，这方玉印"源自瓦苏瓦涅③将军的收藏"，来自圆明园。

由此可知，如果说兽首的拍卖还在借助"合法拥有"掩人耳目，那么"九洲清晏之宝"的拍卖则干脆揭开"遮羞布"，反以"暴露"为卖点。这说明，西方人的罪孽感消除得越来越彻底。这种罪孽感消除的极致便是赤裸裸地表达强悍的强盗逻辑，如贝尔热对媒体指出，"这些中国的兽首是150年前从中国抢夺来的，就和人们从雅典巴特农神庙抢夺浮雕并将之放进大英博物馆里一样，就和好多抢夺来的文物已被放在世界上其他地方的博物馆里一样"。

---

① 流失海外的圆明园兽首为何迟迟不能回归？[EB/OL].（2009-02-24）[2010-06-15]. https：//www.chinanews.com.cn/cul/news/2009/02-24/1575473.shtml.
② 穆尔扎.论意识操纵[M].徐昌翰，译.北京：社会科学文献出版社，2004：286.
③ 1860年英法联军火烧圆明园时，时任上校军衔的瓦苏瓦涅正是法军驻扎在天津大沽军营的指挥官。正是这支部队攻入了北京。叫卖圆明园玉玺是赤裸裸的商业炒作[EB/OL].（2009-04-29）[2010-06-15].https：//www.chinanews.com.cn/cul/news/2009/04-28/1666840.shtml.

二、事件奇观化：从"强盗"到"讹诈"到"无赖"再到"报复"

法国著名思想家居伊·德波（Guy Debord）指出，"这个社会在最根本的方面是以奇观（spectacle，有的翻译为景观）为基础"①，并称之为"奇观社会"（the society of spectacle）。

追踪兽首拍卖，我们可以发现，整个事件类似一出戏剧，其中高潮迭起，惊奇不断，择其主要有：

首先，中国近百人的律师团的跨国诉讼。

其次，贝尔热以人权等问题对中国进行"政治欺诈""政治勒索"。

再次，法国媒体把刘洋界定为"想成为英雄的篡位者"。

然后，兽首以每件1400万欧元的价格被神秘电话买家购得。

接着，中国出台相关文件，被西方媒体称为"报复性措施"。

最后，兽首神秘买家身份曝光，并声明"这个款不能付"。随之被相关人士称为"中国政府的指使"和中国"迅速且阴险的报复"。

显然，以上种种高潮与惊奇，把一件简单的事件变成了一个弥散的奇观②，吸引了全球不少受众的眼球。

这个事件之所以能被戏剧化、奇观化，首先是贝尔热和西方媒体的有意为之，即从其储备的、无限的"刺激素"中挑选一二，促使事件出现意料之外的转折；其次是西方的有意歪曲与故意推波助澜，使事件波澜迭起。当然，其中如果缺少了"中国方面的被迫应对"的配合，这出戏剧会是一出不错的"独角戏"，但显然难以如此精彩。细究发现，中国方面的被迫应对，是西方"导演们"根据中国民众的强烈民族情绪和中国政府的一再抗议而着意设计的陷阱。对于这些结果，意识操纵者早有预料。例如，贝尔热对法国新闻电台

---

① 德波.奇观社会 [M] // 吴琼.视觉文化的奇观.北京：中国人民大学出版社，2005：62.
② 居伊·德波认为，现实存在三种奇观形式：集中的奇观、弥散的奇观和综合的奇观。

说,他对最近的波折"并不甚感意外"。他说:"很长时间以来,中国人为追回这些文物愿意不惜一切代价。他们没有追索成功,因此我猜想他们向一位潜在买家施压,让其不要购买兽首。"①

因此,无论是西方有意转换话题与推波助澜,还是中国方面的被迫配合,都是相关人士和媒体的合谋,使得拍卖事件完成了从"强盗"到"讹诈"再到"无赖"最后到"报复"的转换,达到了唤起、转移和操纵人们的注意力的目的,让中法民众从"历史的反思"中摆脱出来,进入"精彩纷呈的现在",并沉浸在"匪夷所思""目瞪口呆"②的观感之中。这样一来,就达到了意识操纵者的目的,即奇观意识形态的本质:拒斥对话,消解主体的反抗和批判否定性,在奇观的入迷之中,人只能单向度地默从。③

兽首拍卖事件的奇观化,让我们真切地领会了"奇观社会"这一意识操纵的具体做法:奇观社会就是塑造"永恒的现在",而"要达到这一点,就需要无休止的消息报道交替出现。这种交替周而复始,从一个平庸到另一个平庸,但写得充满激情,仿佛说的是一件最重要的事情""一出'戏'会'抹掉'另一出戏……'历史没有意义'"。④

当然,意识操纵者处心积虑地给民众导演一出出精彩的事件戏剧,是有种种利益上的考量。在兽首拍卖的事件中,对佳士得和贝尔热来说,一是赚得了媒体大量的、免费的广告宣传,如法新社于3月25日指出:服装设计大师圣罗兰令人难得一见的生前艺术收藏品拍卖会,由于和中国方面就两具精美绝伦的铜铸兽首发生争议,其最后一天活动得到免费宣传,目前已获利3亿700万欧元。二是即便拍卖不成功,他们除了依旧拥有兽首外,按照国际

---

① 贝尔热.不付款是徒劳 想低价买兽首我可不干[EB/OL].(2009-03-04)[2010-06-15]. https://news.sohu.com/20090304/n262600555.shtml.
② 金静.6成外国媒体和网友理解支持蔡铭超拒付款行为[N/OL].北京晚报,2009-03-04[2010-06-15].https://www.cctv.com/special/pmss/20090305/102311.shtml.
③ 德波.景观社会[M].王昭凤,译.南京大学出版社,2006:代译序.
④ 穆尔扎.论意识操纵[M].徐昌翰,译.北京:社会科学文献出版社,2004:235.此书把"奇观社会"写作"戏剧社会",但由于书中指出了该词出自法国居伊·德波的著作,因此,为统一起见,本书仍使用"奇观社会"这一术语。——笔者注

惯例，还能获得100万欧元左右的保证金。三是经过这次拍卖炒作，兽首价格已经被哄抬到凡人难以企及的地步。

还须指出的是，网上有人根据台湾寒舍艺术中心总经理王定乾在台湾《联合报》的文章："不论文物遭何人买得，归向何处，据笔者了解，此一事件恐怕尚未落幕，另将高潮迭起！"而猜测圆明园兽首从1500美元被炒到1400万欧元的背后，不排除有海内外相关利益团体共同参与"做局"的可能，其目的就是炒高本来价值并不高的圆明园兽首，而蔡铭超或许不过是其中的一个"棋子"。① 若果真如此，更说明了"奇观社会"作为一种意识操纵技巧被国内外利益集团广泛使用。

三、科学编制思维程序：从"怒贝"到"讽蔡"

有位著名的科学哲学家指出，"大多数当代意识形态，不论其起源如何，都声称自己以科学为基础，甚至本身就构成科学的基础。所以，它们渴望用'科学'来保障自己的合法地位"②。下面不妨来看看，在兽首拍卖事件中，专业知识有没有成为意识操纵的工具。

自蔡铭超宣称"这个款不能付"起，中、法、德等不少国家的民众之中掀起轩然大波，各大网络论坛短时间内网民评论数过千万，且立场鲜明地分为"挺蔡""讽蔡"两派。③

浏览帖子可以发现，在国内，"讽蔡派"中包括不少的专家、律师等高级知识分子和业内人士，归纳其主要观点有：

1.丧失信誉：既包括蔡铭超个人诚信，也包括整体华人的诚信。今后中国人海外竞拍，将遭严格的信用体系审核。

---

① 蔡铭超竞拍兽首出发点为爱国说法遭质疑［EB/OL］.（2009-03-14）［2010-06-15］. https://news.sina.cn/sa/2009-03-14/detail-ikftssap3121271.d.html.
② 穆尔扎.论意识操纵［M］.徐昌翰，译.北京：社会科学文献出版社，2004：311.
③ 蔡铭超不付款是否影响全体华人的诚信？［EB/OL］.（2009-03-03）［2010-06-15］. https://culture.ifeng.com/guoxue/200903/0303_4087_1040869_1.shtml.

2. 破坏规则：破坏了行内规则，违反了法律，没有起码的文明社会的契约意识。

3. 得不偿失：保证金拿不回来了，东西也没到手，"赔了夫人又折兵"。据法国法律，蔡铭超有可能面临 6 个月监禁和 2.25 万欧元的罚款。

相比之下，"挺蔡派"中的专家学者寥寥无几，大多是普通网民。新浪网开设的网上调查显示，支持蔡铭超拒付拍卖款的有 70.5%，不支持的有 22.2%。① 法国《费加罗报》网站调查显示，在参与投票的 81,050 人中，86% 的网民认为应该把兽首还给中国；另外 14% 的网友不赞同归还。② 支持者的主要观点有：

1. 以其人之道还治其人之身："强盗不顾国际法！公然销赃。对这种无赖有什么道理可讲。以其人之道还治其人之身！""对付外国的'强盗'行为就要回敬以非常手。""人不犯我，我不犯人。人若犯我，我必犯人。"

2. 合理利用规则的智慧/民间的智慧：蔡铭超的举动显示了中国民间的力量与智慧。"蔡铭超打了一场漂亮的阻击战"。

由上可知，"讽蔡派"的观点主要是从专业知识背景和专业实践经验来进行论证的；而"挺蔡派"由于缺乏相关专业知识和实践经验，因此基本上是从朴素的道德观念和本能的道德意识来进行论证的。

仔细琢磨可以发现，"讽蔡派"观点首先建立在"兽首拍卖具有合法性"的基础之上。相反，"挺蔡派"观点则以"兽首拍卖不具合法性，是强盗逻辑"为前提。并且，由于"讽蔡"派的发言，民众的注意力很快发生了从"怒贝"到"斥蔡"与"褒蔡"的转移。这个效果无疑是这一事件的意识操纵者所渴望的。

这一状况印证了俄罗斯学者谢·卡拉－穆尔扎的观点："意识形态专家们利用一切可以利用的资料——科学情报、传说、宗教信仰，甚至最荒诞无稽

---

① 国家文物局称蔡铭超拍下兽首是个人行为［EB/OL］.（2009-03-03）［2010-06-15］. https://www.cctv.com/special/pmss/20090303/101275_1.shtml.

② 质疑"中国网民人海战术"法媒调查：八成网民支持兽首还中国［EB/OL］.（2009-03-10）［2010-06-15］. https://news.sina.com.cn/c/2009-03-10/144615286825s.shtml.

的偏见，以此来认真地塑造人的模型"，也说明了"意识形态中如果引进了客观公正的科学形象，就能够瓦解某种道德价值观念对人的影响，把它作为某种在严肃的事业中不合时宜的东西从人的头脑中清除出去，使人在面对意识灌输的种种学说主张时丧失自卫能力"①。这就是说，在兽首拍卖事件中，贝尔热借助了专业知识来操纵人们的意识。

在这里，笔者想说的不是我国的部分专家学者被迫成为西方意识操纵者的"卒子"。他们的爱国情感是无可置疑的，但学科专业知识的形塑致使他们的价值判断偏离了朴素的道德意识，而转向了学科的专业标准。正如 K. 雅斯贝斯（K. Jaspers）所指出的那样："如果说详尽的知识起初还能赋予人们以自由的话，那么现在自由已经变成对人的统治。"这就是说，学科的背景知识实际上起到了给人类的思维与行为编制程序的作用。正是由于这一程序作用，导致专家学者们不自觉地参与了意识操纵，成了一支保护强者世界的力量。

相映成趣的是，虽然在"挺蔡派"中难以看到国内的学者专家和业内人士的身影，但能听到国外专家学者和业内人士的声音。例如，美国芝加哥大学文化政策中心教授劳伦斯·罗斯菲尔德（Lowrence Rothfield）指出："有商人和博物馆拒让掠夺偷窃文物回归原本所属国家，今次流拍有当头棒喝作用。'我不评论这名收藏家的行为是否合法，但这是绝顶聪明之举，将引起他人仿效，大大破坏（掠夺偷窃文物的）拍卖市场。'"②德国文物保护法方面的律师卡岑博格女士也指出，虽然根据国际法的规定，中国方面没有要求佳士得归还两件文物的法律基础，但是如果佳士得在中国起诉中国竞拍者要求其支付竞拍款，肯定不会得到太多的同情与支持；因而称蔡铭超的竞拍行动是一招"妙棋"。③

以上西方学者专家和业内人士观点显示，他们看待蔡铭超的行为没有固

---

① 穆尔扎. 论意识操纵［M］. 徐昌翰，译. 北京：社会科学文献出版社，2004：312-313.
② 圆明园兽首拍卖争议的外媒视线［EB/OL］.（2009-03-06）［2010-06-15］. http：//3g.zhuokearts.com/html/20090306/96103.html.
③ 外国律师称蔡铭超竞拍行动是一招"妙棋"［EB/OL］.（2009-03-03）［2010-06-15］. https：//www.cctv.com/special/pmss/20090303/107206.shtml.

守在目前的国际规则框架之内。他们之所以能跳出这些规则，并赞赏蔡铭超的做法，是因为他们一方面看到了"政府抗议、律师追讨、民间声援"等合法途径解决无果；另一方面也明白根据现行的国际法规定，中国方面没有要求佳士得归还两件文物的法律基础；同时清楚追究蔡铭超的法律责任的可操作性不强。

对比中国专家学者和业内人士的观点可以发现，他们之所以几乎一致地站在了"讽蔡"一派，是因为他们没能跳出现有的国际法律。

书写至此难免存疑，同样是专家学者和业内人士，何以有些外国学者就能跳出规则之外，一些国内学者却依旧在规则之内打转？笔者认为，他们作为美英德这些意识输出与操纵的国家的专业人士，深谙"占有了从前属于上帝的启示或者说是上帝的智慧的那片领地"的科学的作用是使政治决策、规则神圣化与自然化；也熟悉把科学作为意识操纵工具进行操纵的技巧。因此，他们能去除这些规则、决策上面的神圣的、自然的色彩；而对于不了解其内幕又受到科学思维形塑的人员，自然只能看到这些决策、规则之上的、被科学所赋予的神圣性和自然性，因而坚决地固守着科学知识。

综上所述，无论是我国部分专家学者和业内人士评判蔡铭超的观点建立在"兽首拍卖具有合法性"的前提之上，还是他们的思维程序固守在由西方人主导制定的游戏规则之内，都是西方此次意识操纵的效应的表现。

由上可知，在兽首拍卖事件中，当事人和西方传媒通过"纵容反道德""事件奇观化"和利用拍卖规则这一专业知识所"编制的思维程序"这三种技巧，努力破坏我国民众和法国普通民众的价值判断标准和心理自卫能力；消解民众作为主体的反抗和批判能力，使其单向度地默从；而我国部分专家学者在评判蔡铭超行为之时固守在国际拍卖规则之上，说明了此次的意识操纵效果较为显著。

数据新闻：社会精英话语权的消解*

数据新闻，又被称为数据驱动新闻。欧洲新闻学中心（European Journalism Centre）和开放知识基金会（Open Knowledge Foundation）倡导编写的《数据新闻手册》指出，数据新闻就是用数据处理的新闻，是把传统的新闻敏感性和有说服力的叙事能力，与海量的数字信息相结合的新闻。[①] 德国之声电视台记者米尔科·劳伦兹（Mirko Lorenz）则通过工作流程来界定数据新闻：通过反复抓取、筛选和重组来深度挖掘数据，聚焦专门信息以过滤数据，可视化地呈现数据并合成新闻故事。[②]

在大数据时代，数据新闻已成为新闻的发展趋势，得到了国内外业界、学界的不少关注。综观国内外的文献，目前人们基本是从新闻生产流程与实践、新闻呈现形态、新闻行业发展、数据新闻案例等角度进行论述，鲜有文献从话语权的角度对其进行论述。本文以为，数据新闻的深刻影响应是对社会各种精英们的话语权的消解。

一、当新闻实践遭遇专业化：固定采访线路成为主要新闻来源

新闻是对新近发生的事实的报道，但媒体的力量有限，在预先策划和偶

---

* 文章原载于《探索与争鸣》2015年第3期，与侯雪琪合作，收入本书时，略有删改。
① BOUNEGRU L, GRAY J.The data journalism handbook [M].Maastricht：European Journalism Centre, 2012.
② 方洁，颜冬.全球视野下的"数据新闻"：理念与实践 [J].国际新闻界, 2013, 35（6）：73-83.

尔碰巧遇上的事件以外，媒体人员很难现场目睹事件的发生。与此同时，随着新闻实践的专业化发展和市场化运作，新闻越来越追求时效性和客观性，并极力避免滞后性与倾向性。但是，在短暂的时间内获得尽可能多而详尽的新闻素材，并进行不偏不倚的报道是不现实的。因此，媒体必须借助外力帮助与互相合作才能顾全整个报道范围。

一方面，媒体发现某些部门或人员因为工作性质而掌握着许多新闻事件的素材，且其中部分人物因为其特殊的身份地位本身就能引起大家的兴趣，从而成为新闻素材。于是，各种盯梢、窥探大为盛行。另一方面，掌握着新闻素材的相关部门与人物，为避免记者为填充媒体版面、寻找新闻素材而进行的盯梢与窥探，为便于自己对事件的界定与管控，需要与媒体合作。

因此，作为主要新闻来源的固定采访线路、通讯社便应运而生。西方媒体的固定采访线路通常是三大类地方（见表1）：①

表1　西方媒体的固定采访路线

Ⅰ.需要日常关注的"信息源"	Ⅱ.发表声明和主持记者招待会的机构	Ⅲ.发表声明、寻求知名度的个人
①国会/议会 ②委员会 ③警察（和军队） ④其他紧急服务处 ⑤法庭 ⑥皇室 ⑦预先安排的事件 ⑧机场 ⑨其他新闻媒体	①政府部门 ②地方当局部门 ③公共服务机构（交通运输部门、电力部门等） ④公司 ⑤工会 ⑥非商业机构 ⑦政府团体 ⑧陆军、海军、空军	①名人 ②公众成员

在互联网诞生之前，尤其是自媒体诞生之前，上述的固定采访线路对于记者与新闻媒体来说几乎具有决定性的作用。借助上述的固定采访线路，新闻采访与写作变成了一种标准化的作业方式，即记者每天的工作流程为：先去自己负责的固定采访线路转一圈，根据需要采访相关人物，然后进行写作，完成之后上交给相关编辑编发。

---

① FOWLER R. Language in the news: discourse and ideology in the press[M].London: Routledge，1991: 21.

显然，固定采访线路的形成是新闻媒体与新闻来源的双赢。对新闻媒体来说，一是为"敞开大口，嗷嗷待哺"的媒体"野兽"提供了源源不断的"食物"，二是避免了花费大量人力、物力、财力搜索新闻素材，三是让记者的身份由见证者转变成为采访者，使得新闻更为客观，且避免了被控告、指责其新闻不实的风险，因为他可以引用新闻人物的话语。总之，固定采访线路为新闻媒体增加了素材，降低了成本，提高了利润，避免了风险。对新闻来源来说，它为相关部门与人物掌控社会提供了免费且效力强大的渠道、资源，使得他们由被动应付转为主动出击。

新闻媒体的固定采访线路绝不局限于个别或部分国家，而是风靡全球的一种做法，如针对中国而言，首先是国家级、省级、地市级等各级政府的各个机关；其次是各国企、事业单位；再次是各种名人、明星，最后是各种非营利的组织、机构，不同级别的媒体会有不同的主要采访对象即新闻来源。

二、当新闻实践遭遇固定线路：社会精英控制新闻话语权

在一个金字塔结构的社会中，只有处于塔尖部分的组织、人物才真正掌握权力、掌握关键信息。无疑，传统的固定采访线路几乎控制着一个国家的所有资源，报道内容基本属于金字塔塔尖部分。同时，在记者采访这些组织时，并非组织的所有人员都能成为新闻来源。只有塔尖的人物，即组织的高层人员或关键人物才能掌握全局的信息，才能掌握发生在本组织甚至全国的相关信息，他们才是真正的新闻来源。采访这些社会精英毋庸置疑成为记者遵循新闻客观性的最佳选择。因此，当新闻来源遭遇客观性原则，其结果便是："新闻就是权威新闻来源所告诉记者的。"[①] 当人们不仅要知道这个世界发生了什么，还需要知道事情为什么会发生时，诠释性新闻便涌现出来。当诠释性新闻追求客观性原则时，另一类社会精英即各类专家学者便进入了媒体与公众的视野。媒体仍然保持着原来的"采访者"的身份，大量引述这一类

---

① BELL A .The language of news media［M］. Oxford: Basil Blackwell. 1991: 191.

别的社会精英的话语。借此机制，专家学者便加入了政府官员、各机构发言人的行列，成了各种事件、议题的权威诠释者。

新闻客观性遭逢政治、经济、学界等社会精英，使得大众传播媒体的记者完完全全变成了一个记录者：他们只是记录别人所定义的议题、别人所提出的问题、别人所提供的答案、别人所采取的行动、别人所遇到的冲突。① 例如，《纽约时报》和《华盛顿邮报》被公认为美国最好的两家报纸，一直以富有批判性、自由主义以及敢于揭露政府阴谋闻名。它们在很长时间内位居美国新闻出版业榜首，且被当作世界各地媒体的典范。因此，人们认为它们采写的新闻受官方影响的可能性最小。因为它们拥有庞大的新闻采编力量，这使它们无须依赖官方的新闻稿或通讯社的稿件。但是，美国学者利昂·西格纳（Leon Segner）对这两家报纸的新闻内容的研究发现颠覆了人们原有的印象，因为这两家报纸同样是记录政府官员话语的媒体。政府官员（包括国内或国外）是重要新闻的来源，比例近 3/4，只有 1/6 的新闻源自政府之外，更只有少于 1% 的新闻基于记者们自己的分析。70%-90% 的新闻内容都被新闻制造者们完全或基本地控制着。这表明，传统新闻的内容依然主要是政府官方提供的准备好的信息。②

社会精英控制新闻话语权不仅体现在建构事件框架上，而且体现在操纵新闻上。操纵新闻包括操纵新闻发布的时间、为媒体设置议程、遮蔽某些事件以防曝光等。例如，我国 2014 年的针对贪官的报道具有"周一拍苍蝇，周五打老虎"的规律；又如白宫负责媒体传播的人员每天召开会议来决定"我们今天想让新闻媒体报道什么以及怎样报道"等类似问题。③ 新闻操纵最集中体现在个一国家的军事行动期间，相关政府部门不但会实时召开各种新闻发布会、记者招待会，还会为记者们准备充分的资料和新闻通稿，同时会安排

---

① 罗胥克. 制作新闻 [M]. 姜雪影，译. 台北：远流出版事业股份有限公司，1994：99.
② 班尼特. 新闻：政治的幻象 [M]. 杨晓红，王家全，译. 北京：当代中国出版社，2005：153.
③ 班尼特. 新闻：政治的幻象 [M]. 杨晓红，王家全，译. 北京：当代中国出版社，2005：183.

军事人员陪同记者前往前线采访。

　　社会精英作为新闻来源无疑是社会精英对话语权的控制，作为新闻人物也是他们霸占话语权的表现。一般来说，媒体工作人员认为，社会精英具有较高的身份和地位，因此他们本身就具有新闻价值，如美国《圣路易邮讯报》总编辑曾指着一条头版新闻指出，尽管他知道那是一篇谎言，但他必须刊登它，因为它是重要官员的说辞，那位官员的名字和头衔让那段话具有新闻性。① 因此，当新闻界遭遇具有高价值的新闻来源便必然产生新闻。即便"没有新闻"本身也是一条大新闻。② 正因如此，媒体上到处充斥着各种关于社会精英的新闻，其中不少是没有价值的新闻，报道的是一些鸡毛蒜皮的小事，绝大多数的八卦新闻便属此类。

　　正是上述社会精英的身份地位决定了新闻价值、新闻逻辑，使得在不少事件中本是新闻人物的普通民众，其身影和声音是否在新闻中得到报道在很大程度上取决于记者能否找到有影响力的政府官员或利益集团来传达公众的声音③，这导致有时媒体即便呈现了普通民众的声音，也是从社会精英的视角进行的。这一点显见于诸多灾难新闻和群体性事件报道，其重点报道的是事后救灾、领导"表演"，而不是灾民、灾难本身；是对领导处置、应对事件态度的"颂扬"，而不是民众的真正诉求。

　　新闻实践一旦依赖固定线路，媒体便沦为社会精英们的"传声筒"，对于精英群体不想告诉公众的内容，媒体或者故意隐瞒，或者为谋求长期合作、为获得独家新闻而主动屏蔽，或者因长期合作导致移情和价值观念的认同感而丧失公正的评判意识。这便是美国"水门事件"暴露的原因：负责揭发"水门事件"的两名《华盛顿邮报》记者，在涉入水门案报道之前从未参与白宫的新闻简报流程。对其他新闻事件的报道理念也如出一辙：无论是前期的瞒报、少报，还是后期的据实报道，都建立在官方的意愿之上，而不建立在自己调查的基础之上。

---

① 罗胥克.制作新闻[M].姜雪影，译.台北：远流出版事业股份有限公司，1994：83.
② 罗胥克.制作新闻[M].姜雪影，译.台北：远流出版事业股份有限公司，1994：131.
③ 班尼特.新闻：政治的幻象[M].杨晓红，王家全，译.北京：当代中国出版社，2005：4.

社会精英对新闻话语权的控制无疑造成了这个时代传媒的一大特色:"它在骨子里是一种势力,是一种献媚,是媒体与名人的共舞,在其深处隐藏着某种很难换算的交易。"①

三、当新闻实践遭遇大数据时代:数据新闻去除固定采访线路

在信息化与数字化时代,数据正在成为一种新兴资产。一方面,传播科技的发展,在满足和完善人们某方面的行为需求之外,还或主动或被动地搜集了大量数据。这一数据的庞大可由上网人数和社交媒体的使用人数说明,据国际电信联盟估算,截至2014年,全球互联网用户数量接近30亿,其中社交媒体用户数量接近19亿。②另一方面,各个国家政府和企事业单位掌握了大量数据,尤其是政府掌握了大量核心数据,在提升民主决策和政府透明度等民主运动蓬勃发展的今天,这些数据面临着开放、公布的巨大压力和强烈需求。在这一语境下,在美国2011年的倡议下,全球正逐渐形成"数据开放联盟",40多个国家和地区纷纷加入该联盟。该联盟的《开放数据晴雨表:2013年开放数据全球报告》旨在对各国和地区开放数据的实施情况进行排名,从而达到逼迫各国政府、企事业单位开放各种数据的目的。

与此同时,随着计算机技术的发展,数据处理技术发生了翻天覆地的变化,对大规模数据的综合处理能力已经大大提高,计算机已经可以轻而易举地对上述各种复杂数据进行处理。大量的、充裕的数据和快速的数据处理技术的结合,导致了大数据时代的到来;而当新闻实践遭遇大数据时代,数据新闻便应运而生。

数据新闻工作流程通常被分为三步:抓取数据、分析数据、数据故事化与可视化。这些数据基本都是已经公开的数据(或者是政府公开的,或者是

---

① 结婚是新闻吗? 名人新闻泛滥损害了新闻品质[EB/OL].(2003-08-01)[2010-06-15].https://tech.sina.com.cn/other/2003-08-01/1036216007.shtml.
② We are social:2014年全球社会化媒体、数字和移动业务数据洞察[EB/OL].(2014-02-13)[2010-06-15].http://www.199it.com/archives/194540.html.

通过软件在网络上抓取的，或者是某些机构出于某种正义、民主诉求而泄露的）。《卫报》、英国广播公司（BBC）、《纽约时报》《华尔街日报》制作的《数据新闻手册》所公布的数据新闻利用的数据，基本都从这三种途径获得①，而不是从以往的固定线路挖掘而来的，因此数据新闻的生产基本削弱了新闻固定线路以及社会精英的配合。这说明在数据新闻的生产中，固定线路、社会精英已基本丧失其作为新闻来源的地位。例如，政府财政预算无疑会对普通居民生活的方方面面产生影响，这显然是一项专业和繁复的公共政策，在大数据时代之前，如果要对此进行报道，媒体通常只能采访社会精英，包括相关的政府部门的关键人物和相关的专家学者，在报道中转述他们所分析指出的财政预算对普通居民的影响。但在财政预算的详细数据公布之后，BBC制作了数据报道《预算计算器：2012年财政预算将如何影响你？》，这篇报道通过一些灵敏的指标建立起个人和公共政策之间的联系，用户只需要在界面上输入一些日常个人支出和收入信息，网站就能自动计算出按照新预算方案，该纳税人应缴纳多少税额。②又如，在传统的新闻实践中，要想获得伊拉克战争中人员伤亡情况，只能依赖国家相关部门的高层领导提供的数据，媒体只能转述他们的表述。在大数据时代却明显不同，如《卫报》的数据新闻《伊拉克战争日志》使用维基解密数据和谷歌免费地图软件制作了一幅点图，即将伊拉克战争中所有的人员伤亡情况均标注于地图之上，一个红点代表一次死伤事件，地图上密布的红点触目惊心，多达39万多个。这则报道使英国社会震动，很大程度上推动了英国做出从伊拉克撤军的决定。无疑，这些数据被官方和军方刻意隐瞒，如没有维基解密，传统媒体也很难获取它们。

在大数据时代，数据新闻的生产不仅削弱了固定采访线路作为主要新闻来源的作用，甚至挖掘了社会精英不知或故意隐瞒的新闻线索。例如，2009年甲型H1N1流感在全球范围内大规模流行。但全球的公共卫生机构获知流

---

① BOUNEGRU L, GRAY J. The data journalism handbook [M]. Maastricht: European Journalism Centre, 2012.
② 王斌. 大数据与新闻理念创新：以全球首届"数据新闻奖"为例 [J]. 编辑之友，2013（6）：16-19.

感病例需要两周左右的时间，对于飞速传播的疾病，这种信息滞后两周的后果是致命的。谷歌公司利用其每天收到的、来自全球的 30 亿条搜索指令，在 2008 年就通过分析人们的搜索记录来判断这些人是否患上了流感以及流感是从哪里传播出来的。2009 年，甲型 H1N1 流感暴发之后，谷歌的这一建立在大数据基础上的分析为全球的公共卫生机构提供了更有效、更及时的指标。

当然，大数据时代的数据新闻能削弱固定线路作为主要新闻来源的作用，除了因民主运动而导致的数据开放之外，更在于社会化媒体的普及、物联网的实施与运用，即世界的数据化；物联网技术则意味着，任何时间地点都可以在互联网上查询到任何物体的状态数据，和现在的快递包裹数据一样，这些数据的易得性无疑为记者获取相关新闻线索提供了诸多便利，使他们不再受制于原来的固定采访线路。

四、当新闻专业化遭遇数据新闻：消解社会精英话语

数据新闻对精英话语的解构、否定的功能在其出现之初便得以呈现。1821 年，《卫报》创刊号上出现了第一篇被称为数据新闻始祖的报道，该报道用数据调查的方式有力地反驳了官方发布的接受免费教育儿童数量的说法。①数据新闻不仅削弱了固定采访线路和社会精英在新闻实践中的重要作用，而且能够毫不费劲地解构、颠覆他们的话语，如 2011 年伦敦骚乱爆发后，英国政界发表声明：一是将骚乱归罪于 Facebook、Twitter 等社交媒体，认为它们传播谣言，煽动骚乱，并因此要求关闭社交媒体。二是指出"骚乱与贫困无关"。《卫报》与学界合作组建"解读骚乱"数据新闻团队，分析了 260 万条关于骚乱的 Twitter 信息，对它们进行了内容编码：重复、驳斥、质疑、评论，以确定推特和其他社交媒体是否煽动了骚乱。他们发现，推特不仅没有加剧谣言传播，反而在纠正谣言和动员民众恢复秩序方面发挥了积极作用。②

---

① KAW K, PANHWAR S. Facts are sacred [M]. Fremont: Jaun Publishers, 1986.
② BOUNEGRU L, GRAY J. The data journalism handbook [M]. Maastricht: European Journalism Centre, 2012.

如上所述，新闻在实践发展过程中由"对新近发生的事实的报道"变为"权威新闻来源所告诉记者的"，是媒体趋利避害的结果，即媒体在使新闻更客观、更全面、更具时效的同时，避免自己陷入被控告的风险。但事实上，社会精英往往由于主客观因素而让新闻偏离客观的轨道。这些主观因素使他们出于种种权益目的，通过或淡化或强化或隐瞒或凸显等各种手段操纵新闻。这其中也有客观因素，即人类认知具有必然局限性的缺陷。但是，大数据时代的数据新闻因其有庞大的数据，甚至有时是"样本＝全体"的数据做支撑，所以无疑更为精确、更为客观。正是因为与社会精英个人的观点、说法相比，庞大的数据拥有大部分或者说几乎是全体的数据才更具精确、客观性，进一步使得社会精英们在数据面前不再辩解、发声，数据新闻因而成为媒体的宠儿和新闻业未来的发展趋势。

当新闻实践遭遇大数据时代，不仅可以在一定程度上避免社会精英为了种种目的而有意隐瞒相关信息，从而帮助公众更好地了解事件真相和现实面貌，还可以避免公众"被代表"，从而倾听到每一个公民所发出的声音。众所周知，在获取和分析全体数据困难的时代，为了获得大众的声音，记者通常采取两种做法，一是抽样（主要是国外的做法），二是代表（主要是国内的做法）。在抽样中，随机抽样一向被认为是最为科学、最为精确的方法，但它的精确、成功建立在绝对随机性和诸多局限之上。绝对随机性在实施过程中非常困难，一旦采样过程中存在任何偏见，分析结果就会相去甚远。[①] 代表的选取则具有非常强烈的主观性，这导致结果往往是不用人们猜测便可预测的。例如，我国各种各样的调价听证会已被人们戏称为"涨价公示会"。在社会化媒体普及的今天，搜集全面而完整的数据乃至全体数据已经越来越成为可能。

不可否认，在互联网、社交媒体上，人们所发出的声音遵循着幂律分布，众值的分布依次形成了一条急剧倾斜向下和一条长长的尾巴的曲线。幂律分布虽然意味着社交媒体上存在舆论领袖，即这些人的粉丝数量非常之多，有些甚至相当于以往大众媒体的受众数量。但绝大多数的人发言不多，粉丝更

---

① 舍恩伯格，库克耶．大数据时代［M］．周涛，译．杭州：浙江人民出版社，2012：34．

少。他们的声音是如此之微弱，以致在大数据时代到来之前往往被忽略，成为"沉默的大多数"。在大数据时代，由于数据的抓取、分析技术的成熟导致"样本＝全体"的理念形成，因此他们的声音很容易被倾听、被分析。正因如此，社交媒体不存在典型用户，"源于考虑平均值的那些思维习惯变得毫无用处而且是有害的"，因此需要考察集体的行为而不是个体的用户。[①]在大数据时代，若想了解民意，完全可以不用召开会议，而是可以让受众在一个网络平台投票，或者抓取社交媒体上的信息并对其进行分析。数据新闻不再依赖社会精英的诠释，转向依赖庞大数据所显示、分析的结果，说明新闻客观全面地"描绘社会的总体真实"的愿景已经不远。总之，从表面上看来，数据新闻引起新闻业的震荡表现为新闻实务的变化，但事实上，深层的变化应该是对固定消息来源作为主要新闻来源的削弱与替代，对社会精英话语权的解构与消解，并使新闻更具客观、全面、公正的专业主义精神。

---

① 舍基.人人时代：无组织的组织力量[M].胡泳，沈满琳，译.北京：中国人民大学出版社，2012：103.

话语事件：话语表征及其社会巫术的争夺*

近几年中，我国的话语事件层出不穷，催生了各种各样诙谐、戏谑、形象的流行语符。同时，在媒体铺天盖地的报道中，可以发现以下几类事件往往会得到媒体连篇累牍的报道：一是汶川地震、舟曲泥石流、非典与甲流、伊拉克战争等有关灾难的突发事件；二是奥运会、国庆阅兵等的有关展演的媒介事件；三是政治事件；四是孙志刚、周正龙虎照、躲猫猫、70码、黑砖窑、厦门PX事件等的话语事件。其中前三类事件的传播，学者论述已较为丰厚。对于第四类，也有部分学者进行过论述，但都将其作为话语事件进行论述，目前付之阙如。因此，本文的价值之一是将第四类事件命名为话语事件，价值之二是对话语事件这一现象及其特征进行分析。

一、别名与内涵

这些话语事件的主要发生场域是网络，因此有人称之为"网络群体性事件"，也有人称之为"网络事件（或新媒体事件）"，还有人称之为"（网络）舆论监督""网络舆论"。笔者认为，这些命名从某些角度来说，无疑具有一定的合理性，但未能揭示这些事件的话语及其效果等特性。

对于符号及其意义的产生，弗迪南·德·索绪尔（Ferdinand de Saussure）指出："我们不能根据其（系统）内容从正面确定它们，只能根据它们与系

---

* 文章原载于《新闻与传播研究》2011年第1期，收入本书时，略有删改。

统中其他成员的关系从反面确定它们。其最确切的特征是：它们不是别的东西。"也就是说，符号是以彼此之间的关系来产生意义的；一个符号具有意义并不意味着它与世界中的某样事物有对应关系，而意味着它不具有其他符号所称的意义。针对这一观点，乔纳森·波特（Jonathan Potter）的解释最好："符号学基本上关注的是，透过了解什么没有被呈现，来理解什么意义被表述出来。"① 因此，对于话语事件的含义，我们还需要指出这些事件不被称作"网络群体性事件""网络事件""（网络）舆论监督""网络舆论"的原因。

"网络群体性事件"中的"群体性事件"由"群体闹事"演变而来。大众对"群体性事件"存在着由来已久的负面看法，因此，使用"网上群体性事件"一词有可能造成对公众借助网络表达舆情的污名化。② 同时，由于"网络群体性事件"主要关注的层面或者是因社会资源的调配失当而导致群体利益蒙受损失，或者是关注社会运动的层面并展开诸如群体情感动员与心理状态等的论述，与作为话语事件的关注层面迥然相异。另外，"网络群体性事件"这一名称显然还强调"群体"的概念，即这一事件只是某一群体的关注点，并不符合这些事件后来发展为"公共事件"的事实。

"网络事件"这一称呼显然是以发生场域来命名的，难以显现这些事件的本质特征。同时，对网络事件的研究与对"网络群体性事件"的研究类似，目前学者一般是将其作为公民社会语境中的一种"新型的集体行动事件，既具有传统抗议事件的特点，也有跟互联网和新媒体密切相关的新特点。因此，网络事件，亦可被称为网络集体行动事件"③，即将其作为社会运动进行论述。

"舆论监督"这一概念的预设存在着一种在某种语境中具有正当性的判断

---

① POTTER J.Representing reality：discourse，rhetoric and social construction［M］.London:Sage，1996:70.
② 邱建新.为"网络公众舆论"正名：关于"网上群体性事件"概念适当性的思考［J］.江苏社会科学，2009（6）：91-95.
③ 杨国斌.悲情与戏谑：网络事件中的情感动员［J］.传播与社会学刊，2009（9）：39-66.

标准,而监督则指监督者查看被监督者是否按照这一标准行事,并检举不符合这一标准的被监督者。三鹿奶粉事件便体现着典型的舆论监督。在这件事件中,首先存在着一个国家/国际标准:根据联合国食品法典委员会的规定,每千克婴儿粉状食品中三聚氰胺含量不得超过 1 毫克。其次是公众与媒体查看并检举(或要求相关部门察看、检举)不符合这一标准的奶粉,如被检举的石家庄三鹿集团股份有限公司生产的三鹿牌婴幼儿配方奶粉,三聚氰胺最高含量达每千克 2563 毫克。

在"舆论监督"的概念预设中,并不包含对于"判断标准随着社会的动态发展是否仍然具有正当性"的考察与论证;而在现实的社会发展过程中,许多在某种语境中具有正当性的判断标准随着社会或观念的变迁不再具有正当性。我们知道,这种改变不仅来自自上而下的推动,而且来自公众的话语建构。因此,按照"舆论监督"这一概念的这一内涵,在孙志刚事件中,"舆论监督"一词只能涵括孙志刚被打致死,却不能涵括他的被打致死所导致的收容制度的废除,因此,"舆论监督"并不能完全涵括孙志刚之类事件的意义。

同时,"舆论监督"这一概念中的"监督"暗含了一个场景,那就是公众是旁观者、监督者,而不是事件的参与者与建构者。但事实上,在我国被归为"舆论监督"的实践中,公众早已突破旁观者的身份而成为建构者,如孙志刚事件。因此"舆论监督"这一概念未能充分体现公众的这一主体性。这是"话语事件"这一命名与"舆论监督"这一命名最重要的区别。例如,躲猫猫事件、邓玉娇事件在我国被统称为"舆论监督",这些事件虽然未能引起某项标准的改变,但事件的结局中,有公众推论的痕迹与功劳。

另外,由于传统媒体难以真正实现公共领域的功能,所以舆论监督在我国很大程度上是指新闻媒体代表公众所进行的监督,如中央电视台的《焦点访谈》被业界称为我国进行舆论监督的标杆,这也可以从朱镕基 1998 年 10 月 7 日视察中央电视台的《焦点访谈》时赠给编辑、记者们的四句话"舆论监督,群众喉舌,政府镜鉴,改革尖兵"中看出。不可否认,新闻媒体所进行的不少舆论监督都源自观众的来信、来电,但许多被"舆论监督"的事件本身并未引发公众的充分讨论，甚至大多数公众对有些事件闻所未闻。虽然，新闻媒体舆论监督节目引发了政府相关部门的政策、决策，但这种效力并非来自公众话语，而是源自新闻媒体。因此，笔者的"话语事件"这一概念不包含舆论监督的这一层含义。

同时，网络舆论所指涉的范围比"话语事件"要宽泛，它们还包括纯粹的娱乐搞笑，如贾君鹏事件，笔者将这些事件排除在"话语事件"之外。总之，舆论监督、网络舆论与话语事件的内涵与外延虽然有重合的部分，但也有相异的一面。

最后，也是较为关键的一点，把这些事件称为话语事件是为了从话语的角度对其进行深层次的论述。

话语事件（discursive events）这一概念在英国学者诺曼·费尔克拉夫（Norman Fairclough）的《话语与社会变迁》（Discourse and Social Change）中多次出现，但他没有确切地定义它，也未对此进行论述，只是指出："这种有关话语和话语分析的思想具有三个向度，即任何话语'事件'（任何话语的实例）都被同时看作一个文本，一个话语实践的实例，以及一个社会实践的实例。"① 也就是说，任何话语实例都是话语事件。譬如医生与病人的一次对话是一个话语事件，新闻媒体的任意一个报道都是话语事件，任何广告也都是话语事件。显然，费尔克拉夫的话语事件的界定过于泛化。如果按照他的这种逻辑推演，媒介事件也应该指媒体所呈现的任何事件，那么自然也包括得到媒体报道的话语事件。但如果这样，"媒介事件"这一命名会成为大而无当的一个概念，从而丧失了魅力。因此，丹尼尔·戴扬（Daniel Dayan）和伊莱休·卡茨（Elihu Katz）让这一概念成功地仅仅指涉具有干扰性、垄断性、直播性、远地点性等要素且让观众恭恭敬敬和心驰神往的、由电视所播出的仪式性表演或者电视直播事件，② 即以 C 字为头韵：挑战、征服、加冕（contest, conquest, coronation）的媒介事件。虽然戴扬在 2008 年的《超

---

① 费尔克拉夫.话语与社会变迁[M].殷晓蓉,译.北京：华夏出版社,2003：4.
② 戴扬,卡茨.媒介事件[M].麻争旗,译.北京：北京广播学院出版社,2000：11-14.

越媒介事件：幻灭、脱轨、冲突》(*Beyond media events: Disenchantment, derailment, disruption*) 一文中对媒介事件的定义进行了补充修正，并将其界定为媒介表达性事件，即以 D 字为头韵的媒介事件。① 但正是以 C 字为头韵的指涉，即窄义指涉使"媒介事件"成为得到几乎全球学界的认可的概念和流行甚广的符号，这一媒介事件的定义尤其风靡华人传播学圈②（由于以 D 字为头韵的媒介事件的指涉，即相对宽泛的指涉被提出的时间较短，还未得到学者、大众的普遍认知，因此此文对比媒介事件与话语事件主要以原来的意指为主）。受此启发，笔者有意去除"话语事件"这一过于宽泛的"任何话语实例"的所指，而让其意指孙志刚事件、躲猫猫事件、邓玉娇事件、许霆事件、黄静裸死事件、"替谁说话"事件、"我爸是李刚"事件、踩踏猫事件、"ANTI-CNN"（反 CNN）事件、奥运火炬传递事件等特定的、较大的话语实例。

显然，3-C's 类型的媒介事件与笔者此处的话语事件毫无交集，而 3-D's 类型则可能与其存在交集；且无论是 3-C's 类型的媒介事件还是 3-D's 类型的媒介事件，都与话语事件论述的角度、关注的层面不同。可以说，对于处于交集中的事件，即既可被归为媒介事件又可被归为话语事件的事件，媒介事件更强调一种广度论述，包括政治经济制度、媒介技术、社会结构，而话语事件则更强调深度阐述，即主要从话语角度进行分析（详见后述）。

这些话语实例之所以被界定为话语事件，首先是因为其具有事件的内涵。无论在英文还是中文里，事件本身并不具有如此宽泛的内涵，如英文的"event"，指的是"something that happens, especially something important, interesting or unusual"③；而在中文中，所谓"事件"，一般是指历史上或社会上发生的不平常的大事情。显然，上述话语事件不是一些平常的事件，它们对社会、对历史产生了不小的影响，如孙志刚事件导致收容制度的废除，黄

---

① 戴扬，邱林川，陈韬文."媒介事件"概念的演变 [J]. 传播与社会学刊，2009（9）：1-17.
② 戴扬，邱林川，陈韬文."媒介事件"概念的演变 [J]. 传播与社会学刊，2009（9）：1-17.
③ 朗文当代英语辞典 [M]. 北京：外语教学与研究出版社，1995：468.

静事件导致司法鉴定制度的改革，PX事件导致项目的迁建。有的事件虽然从整个社会来说不是一件不平常的事情，如姜岩跳楼、范跑跑事件，但由于它引发了公众一系列探讨，因而在社会上造成了较大的影响。回归"事件"本身的内涵，这就排除了普通的话语实例，诸如常见的医生与病人的对话。

其次是因为这些事件（并非仅指引发后续事件的原始事件，如黄静事件的原始事件是黄静裸死在自己的宿舍）的发展主要是因为公众话语参与的推动，且导致事件更多的是以话语而非行动的形式表现出来。例如，孙志刚惨死、黄静裸死、周正龙公布虎照之后引发了媒体的大量报道，相关精英人物的话语支援与论证，普通网友的话语情感、动员与"造势"，促使了事件以和平的形式且较为公平合理的解决，这排除了瓮安事件、万州事件等诸多的现实群体性事件的发生；也排除了奥运会开幕式所引发的民众热议，因为这种民众话语对事件的发展没有影响。例如，大量观众对影片《无极》大失所望的话语表达，不能说是话语事件，但在胡戈对《无极》恶搞之后公众利用话语解读胡戈与其导演陈凯歌之间的矛盾却可以被认为是话语事件，因为公众的话语参与改变了事件的发展方向：陈凯歌放弃起诉。

再次，这些话语事件都具有抵制的共同特点，且这种抵制主要发生在也自媒体为特色的新媒体语境里。

根据抵制对象和抵制内容的不同，目前话语事件主要可被分为以下三种类型：

一是诸如范跑跑、踏猫、姜岩跳楼、艳照门等事件，公众利用话语对当事人进行道德谴责与道德围剿，因此可被称为道德抵制型话语事件。显然，这种话语事件是公众利用话语对事件中的强势或者说出格人物（或群体）进行抵制，如"我爸是李刚事件"中的当事人中有肇事者李启铭和被撞者陈晓凤、张晶晶。显然，相比之下，李启铭是强者、出格者；

二是诸如孙志刚、躲猫猫、邓玉娇、许霆、黑砖窑等事件，这些话语事件有一个共同的特点，也有一个如下的共同过程，如图1所示。

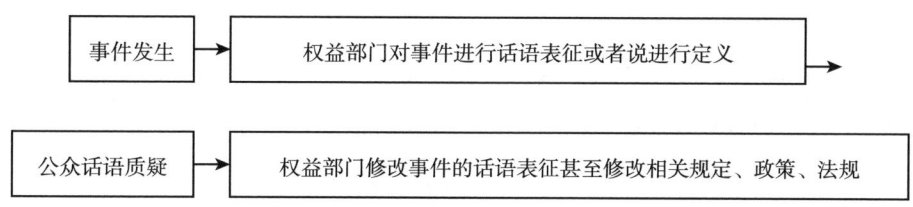

图 1 话语事件的共同过程

公众的话语对具有包括话语等权力的相关管理部门或单位的（某次）话语存在着一定程度的颠覆、抵制与解构。因此，这些可被称为权益抵制型话语事件。与道德抵制型话语事件不同的是，这种话语事件是公众对事件中的权益部门的抵制。这种抵制与解构绝大多数是针对基层权益部门的行为或话语表征，而且是为了唤起高层权益部门的介入，以求事件被公正、公平地解决。但随着抵制的深入，有些话语事件会随之对国家的某项政策、法规等进行抵制与解构。

三是"ANTI-CNN"事件等民族主义事件。这种话语事件通常是某一民族对其他民族、某一国家对其他国家的话语表征的抵制。公众的话语声援中充满了民族情感，且与官方的话语存在高度一致，因此可被称为国族抵制型话语事件。与上两类不同的是，这种话语事件通常是对事件中的强权国家的抵制。

在这三类话语事件中，由于权益抵制型话语事件在数量上相对更多，且公众的话语参与富有成效，即导致事件的发展发生了或大或小的程度改变，因而相比之下更具有典型性，本文由于篇幅有限，在第四部分重点论述权益抵制型话语事件，其他两类笔者另文撰述。

二、话语表征及其社会巫术的争夺

话语事件之所以能够产生，是因为话语表征具有巫术或者魔咒般的效果。不过，话语表征的这种效果在表征没有抵制、没有冲突之时往往容易被人们忽视。

在科学如此发达的今天，人类早已不相信巫术与魔咒。但事实上，人类的话语却具有巫术或魔咒般的效果。例如，当人们遭遇别人的谩骂时，有的会怒发冲冠、火冒三丈，甚至会气绝身亡；有的会拳头相向，甚至凶器相残，导致斗殴事件发生；最常见的则是被骂者心情的不快与郁闷。针对话语的这种效果，英国哲学家J.L.奥斯汀（J. L. Austin）在《如何以言行事》（*How to Do Things with Words*）中指出，人们用言语进行表征时，也在以言行事，即言语具有行事（doing an action）的效果，也就是说话人通过说一句话或者若干句话来执行诸如陈述、请求、命令、提问、道歉、承诺、祝贺等行为，这些行为可被分为三种：言内行为，言外行为和言后行为。这便是语用学中著名的言语行为理论（speech act theory）。

在言内行为中，美国哲学家J.R.塞尔（J. R. Searle）认为有以下五类：断言（assertives）、指令（directives）、承诺（commissives）、表情（expressives）和宣布（declarations）。

显然，言语的行为效果在某一方面与古代巫术具有异曲同工之妙，即都是通过话语完成某项行为或某件事情，因此法国著名学者皮埃尔·布尔迪厄（Pierre Bourdieu）直接将言语的这种行为效果（话语的施事力量）称为社会巫术。① 古代巫术深信，"倘若真的有人仅凭一句话或一个手势，就能够调兵遣将、转斗移星、呼风唤雨，对原始人来说这也是不足为奇的"②。在现代社会，一个具有一定实力的国家首领的确能通过一句话或一个手势调兵遣将、呼风唤雨，只不过他诉求的不是灵异的超自然力量，而是发达的科学技术和个人（如作为国家首领的）权力，这便是合适的人在合适的时间与地点的言语行为效果。因此，与古代巫术的实施者需具有某种超自然力量不同的是，具有社会巫术效果的言语主体（施事者）依赖的不是某种天赋的能力，而是群体的授权与群体的力量，"词语的权力只不过是发言人获得了授权的权力而

---

① 布尔迪厄.言语意味着什么：语言交换的经济［M］.褚思真，刘晖，译.北京：商务印书馆，2005：99，109.

② 涂尔干.宗教生活的基本形式［M］.渠东，汲喆，译.上海：上海人民出版社，2006：23.

已"①。具体来说，言语行为的效果是"被授权的发言人"的力量通过话语表征作用于其他能动者，再通过其他能动者的行动作用于事物本身，"这是因为，在他的言说中集中包括了群体累积的象征性资本，即选举他并且由他作为其权威化的代表的群体所累积的象征性资本"②。这就是说，和巫术的实现需要特定的条件一样，话语表征要实现巫术式的社会行动效果也需要一系列的社会条件，需要一系列人物的配合。因此，并不是任何人针对任何事都具有以言行事的效果，只有取得了制度上的话语主体的资格，其话语才具有能动的巫术行为的效果。

我们知道，面对同一个现实，不同的群体往往会有不同的解释框架，从而发生激烈的意义争夺之战。这种话语权的争夺显然是为了追求话语的魔咒，即话语所对应的不同的行为效果。"……作为社会世界的一部分的能动者具有关于这一世界（或多或少充分）的知识……人可以通过作用于他们所具有的关于这一世界的知识而作用于社会世界。这一行动的目标是创造并且强加社会世界的表征（精神的、语言的、视觉的或者戏剧的），这样或许就能够通过作用于能动者对世界的表征而作用于这一世界了。"③例如，一些国家对特定土地的争夺，目前主要表现在话语表征的争夺。只有己方的话语表征得到了认可，或者说合法化了，对其土地的控制、对其资源的开发与占有才是顺理成章的事情，或者说其后的土地控制、资源开发与占有只是己方话语表征的行为效果而已。"政治颠覆以认知颠覆，即以一种世界观的转换作为先决条件。"④正是由于话语表征具有这种魔咒般的效果，所以当代社会运动越来越注重以话语形式来进行。

---

① 布尔迪厄. 言语意味着什么：语言交换的经济［M］. 褚思真，刘晖，译. 北京：商务印书馆，2005：86.
② 布尔迪厄. 言语意味着什么：语言交换的经济［M］. 褚思真，刘晖，译. 北京：商务印书馆，2005：86，87.
③ 布尔迪厄. 言语意味着什么：语言交换的经济［M］. 褚思真，刘晖，译. 北京：商务印书馆，2005：122.
④ 布尔迪厄. 言语意味着什么：语言交换的经济［M］. 褚思真，刘晖，译. 北京：商务印书馆，2005：123.

话语事件的产生是为了追求这种社会巫术般的言语行为效果。例如，孙志刚事件在公众的话语参与之下，其死因由"猝死，死因是脑血管意外，心脏病突发"的表征更改为"综合分析，孙志刚符合大面积软组织损伤致创伤性休克死亡"。在这一死因表征与其他话语的共同作用下，事件之后的行为效果完全不同：孙志刚之责转变为广州收容救治站之责；收容制度的存在由具有合理性转变为不具合理性，因此收容制度被废除。

三、脚本的认知震撼或道德震撼及其三种基本模式

并非所有的事件都能够引发公众的话语关注与参与，从而转变为话语事件。一般来说，引发话语事件的初始事件一般具有"认知震撼"或"道德震撼"的特点。"道德震撼"（moral shocks）一词是美国学者詹姆斯·M.贾斯柏（James M. Jasper）提出来的，指的是在社会运动刚开始时，一个未曾料想的事件发生或一个未曾料想的信息被公布，引起了人们的道德愤怒与心灵震惊。① 这说明"道德震撼"首先来源于人们的"认知震撼"，也就是其话语表征的现实超出了人们的常识，或者说有悖常理。

因此，如果说3-C's类型的媒介事件引人注意是因为现场直播的竞赛、加冕和征服等仪式给人们带来的"视觉震惊"，那么话语事件之所以吸引眼球则是因为起始时的"认知震撼"或"道德震撼"及随后的公众话语参与与建构。例如，黑砖窑事件中，网民的回帖内容可被分三类，"一是情感的表达，二是抗议，三是行动。所表达的情感中最突出的有三种，即对事件的震惊、愤怒，以及对孩子和家长的同情。如一名网友回帖说：'彻底震惊了！'另一网友说：'震惊！愤怒！这都是什么时代了？！'"②

回顾近几年的话语事件，可以发现具有认知震撼或者道德震撼的脚本主要有以下几种：

---

① 应星."气场"与群体性事件的发生机制：两个个案的比较[J].社会学研究，2009，24（6）：105-121，244-245.
② 杨国斌.悲情与戏谑：网络事件中的情感动员[J].传播与社会学刊，2009（9）：39-66..

一是"传奇"脚本,即"奇异"个人事件脚本:事件本身在道德、情理或者法理上具有某种震撼人心或者违反常规之处。例如,邓玉娇事件让人震惊之处在于:第一,一位平民弱女子刺死了一位官员邓贵大、刺伤了另一位官员黄德智;第二,邓贵大、黄德智两人强行将不愿提供特殊服务的邓玉娇按倒在沙发上;第三,邓贵大称自己有钱,来消费就应得到服务,同时拿出一叠钱炫耀并朝邓玉娇头、肩部扇击。又如,孙志刚在本应救治伤员的广州市收容人员救治站被活活打死;"范跑跑"在"地动山摇"的一瞬间,作为老师完全不顾学生的安危而只顾自己逃生,这种做法显然有违中华民族的集体记忆;美国多起"艳照门事件"更是严重违背了人们的道德观,强烈地冲击了公众的理性。

二是"荒诞"脚本,即"话语表征荒诞"的个人事件脚本,事件本身不太能刺激人们的神经,但是当事人或相关部门对事件随后的表征与处理有些荒诞、不合常理,如"躲猫猫事件",对于一位刑拘人员李乔明的突然死亡,当地警方给出的死因便有些荒诞:李乔明和同监室的狱友在天井里玩"躲猫猫"游戏时,遭到狱友踢打并不小心撞到墙壁,导致"重度颅脑损伤"而身亡。对于其中的荒诞与不合常理,一篇名为《"躲猫猫"注定成为流行词》的文章表达得非常清楚:"试想,一个即将成为新郎的人,竟然有雅兴在被拘押期间在那样一个狭窄的场所玩'躲猫猫'?即便玩游戏,又会因不慎撞墙而重伤致死?这个理由也未免太'雷'人太牵强了些。""这个理由让我想起一个笑话:法官在审理一起偷牛案时,问起偷牛者为何被抓,偷牛者辩称,自己看到地上有根绳子,就捡了起来,谁知道后面还有两头牛……""晋宁有关部门会不会只是公开了'绳子'而忽视了绳子后面的'牛'?"又如"七十码"事件,本来只是发生在杭州的一起常见的因飙车造成的交通事故,但杭州警方在案发后的事故通报时描述,案发时肇事车辆速度为"每小时70千米左右"的表征让人们内心感到震撼,并迅速通过话语卷入事件。

上述两类话语事件的脚本都是个人事件,只是由于公众的话语参与而转变为公共事件。第三类话语事件的脚本本身便具有公共性,其出现就意味着能吸引人们的眼球。因此,笔者将其称为:"公共"脚本,即"事关群体或国族利害"的公共事件脚本——事件本身具有一定的重要性，甚至出乎大家的意料，这种重要性表现在事件与某一较大的群体甚至与国族的大多数人或全体都有利害关系。例如，厦门PX事件、周正龙（华南）虎照事件、"替谁说话"事件、"ANTI-CNN"事件、奥运火炬传递事件、钓鱼岛事件。在PX事件中，PX项目的兴建事关厦门的利害。在虎照事件中，华南虎是中国特有的一个虎种，又名中国虎，但近几年多方调查表明，原来的大部分华南虎栖息地已经多年未闻虎啸、未见虎踪，华南虎极有可能已经灭绝。对于周正龙虎照的重要性与公共性，陕西省华南虎调查队队长卢西荣解释得非常清楚："30多年来，全国没有关于野生华南虎生存的记录，说中国存有20—30只华南虎的说法也只是分析数字，国际上并不认可。这一次周正龙的照片向世人证实，野生华南虎在中国的巴山腹地仍然存在。最可喜的是，周正龙拍摄到的野生华南虎从体形、毛色和神态来看，应该是一只'青年'老虎，大概相当于人的十四五岁。因此，这一带应该存在着一个野生华南虎的繁殖小种群。""ANTI-CNN"事件、奥运火炬传递事件、钓鱼岛事件则与我国形象、主权有关，因而与整个中华民族具有利害关系。

四、真相的逼迫出场与公众的话语抵制

如上所述，话语表征的不同意味着随后的行为效果的迥异。"言说并不仅仅是需要被理解和破译的符号（除了在特别的情形中）：他们既是财富的符号，意欲被评价和赞美；也是权威的符号，意欲被相信和遵从。"[①] 如在"70迈事件"中，"70迈"（一小时70千米的时速）的魔咒表现在：根据我国的交通法规，在交通事故中，在限速50千米每小时的地方超速行驶，70千米每小时是一个责任的分界线。因为如果到了75千米每小时就是超速50%，就牵涉到犯罪了。

---

① 布尔迪厄.言语意味着什么：语言交换的经济[M].褚思真，刘晖，译.北京：商务印书馆，2005：50.

对比 3-C's 类型的媒介事件与话语事件可以发现，前者是现代社会的一大景观，是对既存的权力关系和霸权的再造，是对现有的话语秩序的维护，是既有的社会现实的展演，是对现有的社会知识的巩固，公众只需要恭恭敬敬和心驰神往地观看；后者则相反，它是对既存的权力关系和霸权的不同程度、不同范围的侵蚀，是对现有的话语秩序的修改，是对社会现实的重新建构，能促进新的社会知识的形成，并且需要公众积极参与抵制性的建构与表征。

如前所述，一个人的言语要具有巫术般的行为效果，他就需要群体的授权并成为话语主体。这种授权一般是制度行为。任何一个社会，依靠着社会结构与社会制度，某些人即便不是事件的主角，也能够在某件事上拥有话语主体的地位，其话语具有不可置疑的可靠性与真实性，甚至比事件的主角的话语更具有可靠性与真实性。这种地位与可靠性的形成，依靠的是社会的职业操守规训，而其表现形式是个人对职位的占据，或者说"生理实体"变成了"构成性实体"。从某种程度上说，这种情况其实是"地位就是法官；'朕即国家'"。因此，"施事性巫术的秘密由此就在职位的秘密中被揭开了，即在表征的炼金术中，通过它，代表们创造了创造他们的群体：被赋予了代表群体讲话和行动的全部权力的发言人的力量，最初是通过口号和标语的巫术作用于群体的，他是群体的替代者，而此群体只有通过这种代理才存在。群体造就了人，而这个人则是虚构的人物具体化，他从分立个人的简单聚合状态一跃而出，使他们通过他来行动和说话"①。换个角度说，职位从本质上来说赋予了占据之人具有言语行为效果的巫术或魔咒。简言之，职位最为关键的是（国族）群体为在位者提供了话语权力；而权力的集中体现则是言语具有行为效果。

不可否认，通过特殊形式与内容的教育，在理想的状态下，这些占据着不同职位的个人确实能够掌握某种技能，对某些事件进行充分可靠的判断。"合法的代表（如被授权的发言人）是被确信之人，是被认证为正确的。他在

---

① 布尔迪厄.言语意味着什么：语言交换的经济[M].褚思真，刘晖，译.北京：商务印书馆，2005：84.

实际中表里如一，他真的就是人们相信他是的那个人，因为他的真实——无论是神父、教师或者部长——不是基于他本人的确信或者自命，而是基于群体的确信，以及由制度所保证并且通过资格和象征——如军服的条纹、制服以及其他属性——所确证了的。"① 然而，我们的社会的缺陷在于，假定着这些话语主体都能够在理想的状态下生产话语。可事实上，任何个人都处于历史的某一节点之上，悬置于社会的"蜘蛛大网"之中，人情、权力、利益、懒散、过错以及认知局限等诸多因素会促使个人不得已违背自己的职业规训，接受操守之外的诱惑，有意通过远离真相的事实表征，以求达到某种"有罪变无罪""无罪变有罪""大事化小小事化了"的巫术效果，如孙志刚事件、"躲猫猫"事件、赵作海与魏清安冤案等。

上述三类脚本事件引发公众的关注之后，公众或者出于利益关系，或者出于愤慨之情参与对事实的表征与建构。在这些事件中，虽然公众中不乏具有非常高的专业素养的知识分子，他们精妙的专业分析丝丝入扣、极具说服力，如黄静事件中，最高检首席法医王雪梅对黄静裸死的医学分析；孙志刚事件中，中山大学中山医学院法医鉴定中心对孙志刚的死因分析。同时，有些公众分析在后面的事件发展中也被证明与事实几乎"严丝合缝"，毫无出入，如"打虎派"的首领傅德志的分析，但是他们的话语表征并不具有随后与之相关的行为效果。虽然这些言语并不具有魔咒，或者说具有解除原来话语的魔咒的效力，但是它们具有逼迫真相出场的力量，如"躲猫猫"事件、孙志刚事件、"虎照"事件。

话语事件使真相强制出场的力量源自话语权力的所有权与使用权的分离。这种话语权力的使用权与所有权的分离可从各种各样的听证会体悟到，或者说听证会是拥有话语权力的使用权的代理人尊重群体的话语权力的所有权的体现。如前所述，具有社会巫术效力的施事话语只有通过制度行为被群体授权为话语主体发表时，才具有这一巫术的魔咒效力。在以国家为形式的群体中，这

---

① 布尔迪厄. 言语意味着什么：语言交换的经济［M］. 褚思真，刘晖，译. 北京：商务印书馆，2005：109-110.

一话语主体便是各级各界的政府官员。这说明，就话语权力而言，官方并无其所有权，而仅有其使用权。换句话说，从根源上看，官方的话语权力是公众的权力，是公众的"赋权"。当群体的代理人代表群体的发言不被群体确信之时，群体往往语势汹汹，质疑与建构话语汹涌而来，充分行使他们话语权力的所有权。其表现是或者充分指出原来的事件话语表征的荒诞之处，如"躲猫猫"事件；或者质疑话语主体的身份，如孙志刚事件；或者质疑生产这种话语与话语主体身份的社会实践，如孙志刚事件；或者质疑保障这种话语产生的制度，如黄静事件促使公众质疑当时的伤情鉴定制度。但由于代理制度的实施，话语权力的使用权已经被让渡给制度化的代理人，公众话语权力的行使最终需要具有使用权的各级官员来体现，即公众的话语表征需要通过官员的认可才能获得其合法性。因此，在话语事件中，不乏官员最终采纳公众的话语表征，随后对其进行宣布并取得其相应的行为效果，如厦门 PX 事件、孙志刚事件、"躲猫猫"事件、"70 码"事件等，解除了其原来的魔咒效果。不过，在代理的群体中，过于庞大的群体往往隐匿于庞大之中，即这种群体只有通过代理才存在。在这样的话语制度中，公众的所有权已经虚化，甚至流于消失，这便是俗话所说的："属于所有人等于不属于任何人。"针对话语权力的这种因不能实现而流失的现象，美国思想家汉娜·阿伦特（Hannah Arendt）在其名著《人的条件》中有非常精当的论述："权力不能像武器一样被储存起来以应付紧急状况，它只存在于其实现中。在权力没有得以实现的地方，它也就不存在。"[①] 具有话语权力使用权的制度化的代理人却把所有权集于己身，因而在某些事件中，尽管大多数的民众话语汹汹，却难以使自己的话语表征具有行为效果。虽然如此，但具有所有权的公众对具有使用权的公权力部门的话语表征或者说规训的质疑，显然是其行使或者收归其所有权的表现，其试图实现话语权力的表现，显然是话语所有权对使用权的抵制。因此，从这个角度来说，话语事件是公众对处理事件的官方话语规训的谨慎反抗与抵制。不少的话语事件凝结为诙谐、戏谑的词语便是这种谨慎反抗与抵制的体现。

---

① 阿伦特.人的条件[M].竺乾威,译.上海：上海人民出版社，1999：200.

五、话语事件的界定

行文至此，话语事件的定义便呼之欲出：话语事件是针对具有认知震撼或道德震撼的事件，为数不少的公众或一国民众利用各种媒介（其中尤以以自媒体为特色的新媒体为主）而与事件中的出格个人或权益部门或其他国族所进行的话语表征争夺，以求达到维护或净化道德（以道德抵制型话语事件为主）或揭露事件真相及公平、公正解决事件（以权益抵制型话语事件为主）或消除其他国族的认知、偏见及改变其行为（以国族抵制型话语事件为主），甚至废除与之相关的法规、决策等目的与效果。

第四部分
叙事篇

叙事·新闻叙事·新闻类型[*]
——兼谈所有新闻都是叙事吗？

随着人文社会科学的"叙事（主义）转向"，[①] 叙事学成为显学，"叙事"也随之成为一个时尚的学术词语，并被泛化为一个隐喻，即把所有文本、所有话语都当成叙事，这导致这一术语"流于无形和肤浅"，[②] 而成为任何"内容"的代名词。对此，新西兰学者肖恩·库比特（Sean Cubitt）曾指出，目前的叙事话语存在着"将几乎所有人类文化模式都理解为叙事"的错误。[③] 叙事泛化导致叙事学者瑞蒙·凯南（Raymond Kennan）的忧虑，"若一切皆为叙事，那么什么都不是叙事"，进而导致众多学者对叙事学的独立性和科学性产生严重关切与担忧。[④]

这种错误认知也延伸到新闻界，以致有人把所有新闻都当作叙事，并对它们进行叙事分析，如《时政新闻语篇的叙事分析》指出，时政新闻的叙事模式主要有："逻辑论证模式、问题解决模式、点染铺叙模式、时间顺序模式、答记者问模式和言论摘编模式"[⑤]。显然，无论从名称还是从作者所选新闻

---

[*] 文章原载于《新闻记者》2019年第12期，与常媛媛、吴晓虹合作，收入本书时，略有删改。

[①] MARTIN K. Merely telling stories? narrative and knowledge in the human sciences [J]. Poetics today, 2000, 21 (2): 295.

[②] 张新军. 数字时代的叙事学 [M]. 成都：四川大学出版社, 2017：9.

[③] SEAN C. Spreadsheets, sitemaps, and search engines: why narrative is marginal to multimedia and networked communication, and why marginality is more vital than universality [J]. New screen media, 2002, 34 (1): 3-13.

[④] 张新军. 数字时代的叙事学 [M]. 成都：四川大学出版社, 2017：9.

[⑤] 张庆庆. 时政新闻语篇的叙事分析 [J]. 求索, 2019 (2): 182-188.

上都可知,逻辑论证、问题解决、答记者问和言论摘编这四种模式,几乎不能被称为叙事。事实上,大多数的时政新闻本就不属于叙事新闻。又如,对并非叙事新闻而是论证新闻的数据新闻,国内不少文献都认为它们通过可视化或数据手段"讲述故事"①,故事化仍是数据新闻的价值取向②,不少学者指出数据新闻是一种新闻叙事③,甚至从叙事声音、叙事语法等角度进行论述④。这种对并非叙事的新闻进行正儿巴经的叙事分析的文献在知网还有不少。

不过,国内业界和学界将所有新闻看作叙事(讲故事),除了受隐喻说法的影响外,还与"story"这个英文单词既有中文的"故事"又有"新闻"(news)、"报道"(reportage)的含义有关⑤,如很多美国和英国新闻前面有"Story by ××",后面有"Do you like this story?""More on This Story",显然这些语句中的"story"的含义是"报道"而非"故事"。

中国近代学者朱光潜曾说:"想明白一件事物的本质,最好先研究它的起源;犹如想了解一个人的性格,最好先知道他的祖先和环境。"⑥新闻叙事建立在叙事基础之上,因此对新闻叙事进行界定需要先对叙事进行厘清。

一、叙事:叙述 + 事件序列

作为学术用语的叙事源于叙事学,其本意指文学叙事。随着叙事学向其他学科扩散,叙事内涵与外延都被扩大,如新闻叙事。于是学界对叙事的界定也众说纷纭。概括来说,国内外学界目前主要从"事件再现""文本类

---

① 李岩,李赛可.数据新闻:"讲一个好故事"?:数据新闻对传统新闻的继承与变革[J].浙江大学学报(人文社会科学版),2015,45(6):106-128.
② 杨晓军.数据新闻故事化叙事的可能性及思维路径[J].编辑学刊,2016(1):114-118.
③ 孟笛.开放理念下的新闻叙事革新:以《纽约时报》数据新闻为例[J].新闻界,2016(3):61-65.
④ 张军辉.从"数字化"到"数据化":数据新闻叙事模式解构与重构[J].中国出版,2016(8):39-43.
⑤ 朗文当代英语辞典[M].北京:外语教学与研究出版社,1995:1423.
⑥ 朱光潜.诗论[M].北京:生活·读书·新知三联书店,1984:1.

型""跨学科视角"等三个角度对叙事进行界定。①"事件再现"说的典型是法国著名叙事学家热拉尔·热奈特（Gérar Genette）的定义："叙事即用语言尤其是书面语言表现一件或一系列真实或虚构的事件。"② 美国学者杰拉德·普林斯（Gerald Prince）在《叙事学词典》也采用此说："由一个或数个叙述人，对一个或数个叙述接受者，重述一个或数个真实或虚构的事件。"③ 美国学者约翰·伯格（John Berger）指出，叙事就是在时间序列中所展现的故事，而故事则是包含时间序列中的一系列事件。④

持"文本类型"说的代表人物有美国著名叙事学者西摩·查特曼（Seymour Chatman）、戴维·赫尔曼（David Herman）。赫尔曼指出，由于叙事是关于事件序列的一切再现，因此"事件"和"序列"是用来界定故事或叙事，并且是与议论、谏说和描写等其他话语体裁有区别的关键概念。⑤ 有关文本类型，有学者认为分两种，叙事和描写；⑥ 有学者认为分三种，叙事、议论、描写；有学者认为分四种，叙事、议论、描写和说明；有学者认为分五种，叙事、描写、议论、说明和指导。⑦

从跨学科视角对叙事进行界定的经典论说有两个。一是詹姆斯·费伦（James Phelan）从修辞学角度所下的定义：叙事是"某人在某个场合为了某个目的向某人讲述某件事情（或一个特定故事）的行为"⑧。二是赫尔曼从认知学角度所下的定义：叙事"作为一种认知结构或理解经验的方式"，是以生产

---

① 尚必武. 什么是"叙事"？概念的流变、争论与重新界定 [J]. 山东外语教学, 2016, 37（2）: 65-73.
② 日奈特. 叙事的界限 [M] // 张寅德. 叙事学研究. 北京：中国社会科学出版社，1989：279.
③ PRINCE G. A dictionary of narratology [M]. Nebraska: University of Nebraska Press, 2003: 58.
④ 伯格. 通俗文化、媒介和日常生活中的叙事 [M]. 姚媛，译. 南京：南京大学出版社, 2002:4.
⑤ 赫尔曼编. 新叙事学·引言 [M]. 马海良，译. 北京：北京大学出版社，2002: 14.
⑥ LESTER F, PAUL M. Rhetorical theory and readers' classifications of text types [J]. Text-interdisciplinary journal for the study of discourse, 1983, 4（3）: 305-326.
⑦ VIRTANEN T. Issues of text typology: narrative—a 'basic' type of text? [J]. Text-interdisciplinary journal for the study of discourse, 1992, 12（2）: 293-310.
⑧ PHELAN J. Living to tell about it: the rhetoric and ethics of character narration [M]. Ithaca New York: Cornell University Press, 2005: 217; 费伦. 作为修辞的叙事 [M]. 陈永国, 译. 北京：北京大学出版社, 2002: 11.

故事为目的的行为。①

这三种定义互为补充:"事件再现"说界定了什么是叙事,即叙事是再现事件;"文本类型"说从一定程度上指出了"什么不是叙事",即描述、论证不是叙事;"跨学科视角"则指出了叙事目的,即叙事文本的主旨是再现事件,即讲述故事。

无论哪一种界定都认可叙事即叙述故事,通俗地说,即讲述故事。② 故事由一系列事件组成,事件则指人物、事物等"从某一状态向另一状态的转化",或者说,事件就是行动。③ 它们构成了故事的起承转合。因此,叙事乃叙述序列事件,即叙述状态的变化。即便是叙述微型故事,其中也至少存在两个事件,即两个行动,如"约翰遇到了玛丽,并爱上了她,然后两人结婚了"。

在日常生活和工作中,我们经常会碰到各种各样的事件,如车祸、邂逅、吵架、助人等。之后,我们或者在餐桌上把这些事件讲述给家人听,或者在微博、微信上把它们叙述给朋友们看。因此,故事、叙事时时刻刻围绕着我们。不仅如此,搜索人类记忆可发现,人类意识形成过程中最早接触的是各种各样的故事及其叙述,如在婴儿甚至胎儿时期,父母亲就会给她/他讲述各种故事。故事既是我们认知世界的方式,又是我们建构世界的方式,还是我们存在于世的方式。因此,心理学家S. 乔治·霍华德(S. George Howard)指出:"故事就是我们的居所(habitations),我们依故事而生,并且生活在故事所形成的世界中。在故事外我们无法了解别的世界。我们生活在文化中的伟大故事中,我们透过故事存在。"④

虽然故事和叙事随处可见,但并不意味着所有的话语(包括语言、图片、

---

① HERMAN D.Basic elements of narrative [M].New York: Wiley-Blackwell, 2009: 7.
② 宁稼雨.叙事·叙事文学·叙事文化:中国叙事文化学与叙事学的关联与特质 [J].天中学刊, 2014, 29 (3): 4.
③ 罗钢.叙事学导论 [M].昆明:云南人民出版社, 1994: 74.
④ HOWARD G S. Culture tales: a narrative approach to thinking, cross-cultural psychology, and psychotherapy [J]. American psychologist, 1991, 46 (3): 187-197.

视频等各种形式）都是叙事，如"连环画是叙事，但单张卡通画不是"，因为单张卡通画抓住了一个瞬间，却没有展示任何事件发生的顺序；①又如"昨天有一场战斗。""这是一次完美的旅行。"这两个句子也不是叙事，因为"它们不是把战斗或旅行讲述为一系列事件（或一系列行动），而是仅将之讲述为一个事件（或一个行动）"。②但有些对单个事件的描述是叙事，如"昨天凌晨两点，美国向英国宣战。"因为它叙述了状态的变化。

虽然叙事是将各种事件形成意义的基本方式，但它只是人类两个基本的、普遍的认知模式之一，另一个模式则是逻辑—科学模式。叙事模式中的解释蕴含在上下文之中，而逻辑—科学模式的解释则是自时间与空间事件之中推断而来的。③两种模式都是形成意义的"理性"方式。这也从另一个角度说明，并非所有话语都是叙事。"凡人皆会死；苏格拉底是人；苏格拉底会死。""纽约是90华氏度，而费城是95华氏度。"便是逻辑—科学模式的话语，而非叙事话语。④

虽然对叙事进行界定较为容易，但真正区分叙事和非叙事文本有一定难度，因此学者们从各自研究立场提出了叙事判断的标准，如1968年，电影符号学宗师克里斯蒂安·麦茨（Christian Matz）提出了识别叙事的五条标准：一个叙事有一个开头和一个结尾；叙事是一个双重的时间段落——被讲述事件的时间性和叙事行为本身的时间性；任何叙述都是一种话语，即由陈述句组成的一个系列，必然会反映一个陈述主体（这并不意味着任何话语都是叙事，人们可以为了辩论、证明、教学而说话）；叙事的感知使被讲述的事件"非现实化"；一个叙事是一系列事件的整体（事件是基本单元）。⑤英国学者

---

① 伯格.通俗文化、媒介和日常生活中的叙事［M］.姚媛，译，南京：南京大学出版社，2002：2，6.
② 普林斯.叙事学：叙事的形式与功能［M］.徐强，译，北京：中国人民大学出版社，2013：2.
③ HOWARD G S. Culture tales: a narrative approach to thinking, cross-cultural psychology, and psychotherapy［J］. American psychologist, 1991, 46（3）: 10.
④ 伯格.通俗文化、媒介和日常生活中的叙事［M］.姚媛，译.南京：南京大学出版社，2002：3.
⑤ 黄鸣奋.当代西方数码叙事学的发展［J］.文艺理论研究，2011（5）：22-27.

玛丽-劳尔·瑞安（Marie-Laure Ryan）则指出了叙事的9个必要条件：①

1. 叙事世界须是由个体存在者构成的；
2. 此世界须存在于历史之中，并经历状态变化；
3. 状态变化须由外在事件而非自然进化（如老化）所引发；
4. 事件部分参与者须是具有精神生活和对世界状态具有情感反应的人类或拟人化的代理；
5. 部分事件须是这些人类代理者有目的的行动，即这些代理者的行动须是冲突刺激导致的且其目的是解决问题。
6. 事件序列须形成统一因果链，并形成结局。
7. 部分事件须是非习惯性的；
8. 事件须客观发生在故事世界；
9. 故事须有中心。

根据上述界定和标准，我们可以确定叙事的两个最基本的条件：具有因果关系的事件序列；具有开端、发展、结尾的结构（序列事件构成一个整体）。

当然，同样是叙事作品，各自所显露的叙事特征的程度也存在差异，即叙事作品都有程度不同的叙事性（narrativity）。杰拉德·普林斯（Gerald Prince）指出事件描述程度（事件的时间持续）、结构完整性程度（有头、中、尾）、叙述定向程度（一种状态向另一种状态的转变）、叙事要点程度（话语具有主题）等四个维度深刻地影响着"叙事性"强弱的程度。② 一般来说，虚构性作品如小说、电影叙事性程度高，而非虚构性作品如新闻的叙事性程度相对较低。即便同是新闻作品，通讯也比消息的叙事性程度高。

不过，也有学者从其他视角对叙事进行界定，如张新军从事件序列、情节主导、表征行为、文本类型等四条路径对叙事/叙事性概念进行回溯，最

---

① RYAN M L. Semantics, pragmatics, and narrativity: a response to David Rudrum [J]. Narrative, 2006, 14（2）：188-196.
② 普林斯. 叙事学：叙事的形式与功能 [M]. 徐强，译. 北京：中国人民大学出版社，2013：142-157.

终确认叙事是一种有别于其他文本类型的话语模式,叙事性是构成叙事的首要品质。① 美国学者布莱恩·理查德森(Brian Richardson)则从时间性(temporal)、因果性(causal)、(叙事单位)微型性(minimal)和互动性(transactional)四条路径对叙事进行了界定,并最终指出"叙事是对具有因果关系的系列事件的表征"(narrative is a representation of a causally related series of events)。② 被认为对叙事研究最具变革意义的德国学者莫妮卡·弗卢德尼克(Monika Fludernik)的《"自然"叙事学》(Natural Narratology)认为,叙事是读者的体验表征,也就是说"叙事性"是读者的文本体验赋予文本的特性,或者说读者阅读某文本时体验到了该文本具有叙事性,因此该文本才成为叙事。虽然她不认为叙事性是文本固有的品质而是读者的一种体验,但她对叙事的界定仍是一个或几个具有人性本质的主人公履行目标导向的行动。③ 这说明她的叙事界定仍未脱离因果性的行动(或事件)系列这一基本内涵。

上述界定和文献显示,叙事作为真正的学术用语并无广义、狭义之分。但由于人们经常把叙事作为隐喻来指称"所有话语",因此人们把"所有话语"认为是叙事概念的广义,而把"具有因果关系的系列事件的表征"这唯一的学术内涵视为其狭义。但事实上,正如叙事学者马蒂·许韦里宁(Matti Hyvärinen)所指出的,叙事概念作为跨学科的隐喻,叙事和故事本身并非分析的对象,应将它们视作隐喻资源以观察其他事物。④

二、新闻叙事:叙述 + 新闻事件

根据上述对叙事的界定和其本质特征可知,的确有很多新闻是在报道事件,即叙述具有时间序列和因果关系的事件,如《人民日报》微信公众号2017年6月7日的"来了!新闻早班车"中的第一条要闻:

---

① 张新军. 数字时代的叙事学[M]. 成都:四川大学出版社,2017:10-18.
② RICHARDSON B.Recent concepts of narrative and the narratives of narrative theory[J]. Style(concepts of narrative),2000,34(2):168-175.
③ FLUDERNIK M.An introduction to narratology[M].London:Routledge,2009:6.
④ 张新军. 数字时代的叙事学[M]. 成都:四川大学出版社,2017:9.

传播符号和新闻叙事 曾庆香自选集

应哈萨克斯坦总统纳扎尔巴耶夫（Нурсултан Абишевич Назарбаев）邀请，国家主席习近平将于7日至10日对哈萨克斯坦进行国事访问，并出席上合组织成员国元首理事会第十七次会议和阿斯塔纳专项世博会开幕式。

这一简讯有四个系列事件：哈萨克斯坦总统邀请+中国国家主席访问+出席会议+出席开幕式。因此，这则新闻无疑是叙事。

对于新闻作为叙事，杰克·哈特（Jack Hart）认为有许多新闻讲述了非常典型的故事，包含了小说、戏剧之类典型叙事作品的要素，如主角、反对者、挑战和戏剧张力，他根据新闻总结出，好的新闻故事通常具有以下特质：①

1. 一位具有吸引力的主角；
2. 主角面临着挑战或纠葛等冲突；
3. 主角的情境有所改变，因为有某件事发生于某相关的情境。

新闻故事俯拾即是，如2019年1月21日的《人民日报》公众号消息："婴儿车自5米高电梯滚落，他做出惊人举动……惊险至极！"这条新闻具有上述好故事的特质——"身手敏捷的陆军士兵王子昊，在惊险时刻拯救了一位滚落电梯的婴儿。"

不可否认，大多数新闻报道的是事件，但新闻报道的对象并不都是事件。众所周知，新闻是对新近发生或正在发生的事实的报道，如范长江指出"新闻就是广大群众欲知、应知而未知的事实"，陆定一认为"新近发生的事实的报道"，王中也认为"新闻是新近变动的事实的传布"。事实与事件是两个不同的概念，事件是事实的一种。除此之外，事实还包括事物、现象、规律等，而且事物的性质和事物之间的相互关系也是事实。这说明，叙事之"事"并不完全等于新闻之"事"，即叙事的对象和新闻的对象并不完全重合。因此，并非所有的新闻都在叙事。但是，有不少学者囫囵吞枣地把叙

---

① HART J. Missed opportunities［M］.Hendersonville：Editor & Publisher，1995：49.

事之"事"等同于新闻之"事",从而把"事件"这一概念偷换为"事实",如"新闻叙事的表述对象是真实之事,即事实"[①];新闻叙事是"重构新近发生的新闻事实的活动"[②]。概念偷换导致不少业界和学界人士不分青红皂白地把所有新闻都当作叙事,当作讲故事。美国著名叙事新闻学者马克·克拉默(Mark Kramer)曾指出,故事报道和事实报道,是完全不同的。[③] 新闻叙事的本质在于"将事实转变为吸引人的故事"(transforming facts into attractive stories)。[④]

即便新闻报道的对象是事件,也不一定采取叙事的方式,如《卫报》的数据新闻"阿拉伯之春",虽然报道了2010年12月到2011年12月中东地区17个国家所发生的所有抗议、国际反应、政治行动、政权更替等众多事件,但未采取叙事方式,因为其只是将这些事件简单地罗列,并未把它们结合成一个更大的事件,即未形成一个整体,因此它不是叙事。正和普林斯指出"他吃饭,然后他散步,然后他跑步"不是叙事一样。"叙事通常不是一个简单的事件串联,而是一个具有层次结构的事件串联。"[⑤]所以普林斯指出"不是所有的事件都是叙事,也不是每一个再现都是叙事"[⑥]。

因此,新闻作为叙事需要满足叙事的两个最基本条件。一是事件性,如下面这条新闻,根据其报道的对象不是事件就可判断它不是新闻叙事(或者说叙事新闻):

---

① 何纯. 新闻叙事学[M]. 长沙:岳麓书社,2006:3.
② 王佳航. 叙事变迁:技术驱动下的新闻表达重构[J]. 新闻与写作,2016(6):9–12.
③ KRAMER M. Narrative journalism comes of age[J]. Nieman reports, 2000, 54(3):5.
④ NEVEU E. Revisiting narrative journalism as one of the futures of journalism[J]. Journalism studies, 2014, 15(5):533–542.
⑤ 普林斯. 叙事学:叙事的形式与功能[M]. 徐强,译,北京:中国人民大学出版社,2013:147–148.
⑥ 谢龙新. 经典"叙事"概念:外延、内涵及其超越[J]. 湖北师范学院学报(哲学社会科学版),2010,30(5):24–29.

2018 全年 GDP 同比增长 6.6% 中国经济总量首次突破 90 万亿①

国家统计局今日发布，初步核算，去年我国国内生产总值 90.0309 万亿元，中国经济总量首次突破 90 万亿。按可比价格计算，同比增长 6.6%，完成年度计划。分季度看，一季度同比增长 6.8%，二季度增长 6.7%，三季度增长 6.5%，四季度增长 6.4%。

新闻所报道的事件既可能是一个或一系列完整的事件，又可能是事件的一部分；既可能是昨日报道的事件的持续，又可能是对已发生事件的走向的预测。虽然如此，但是整个事件存在开头、发展和结尾。

二是叙事方式，即新闻文本类型为叙事，即采取叙事方式进行报道，叙事方式最基本特征并非系列事件具有时间关系，而是具有时间关系的系列事件具有因果关系，它们能够组合成一个整体。它最典型的做法是采取戏剧张力的方式进行诠释，如有一位具有英雄式事迹的主角，有戏谑、悲情、反讽、反转等手法的穿插。

当然，判断一篇新闻是否为叙事新闻，或新闻叙事，也可采用普林斯用来衡量叙事性的三个指标：是否以时间维度将分散的事件串联起来；是否为紧张性陈述；是否采用明显的过去（某一时间确实发生而非可能发生）叙事。② 总之，新闻叙事是再现真实的、具有时间序列和因果关系的事件系列（事件必须有状态变化，这意味着一件事件可被细分为小事件，即一件事件也可以成为一个事件系列）。

不过，如果把一切新闻都当作叙事，即当作讲故事、把"叙事"当作一种隐喻，这无可厚非。就像说"女人是老虎"，作为隐喻当然没有问题，但问题是，不少学者把"所有新闻都是叙事"当作严谨的学术观点，并进行了叙事功能、叙事视角、叙事语法、叙事时间、叙述声音等方面的叙事学分析，

---

① 2018 全年 GDP 增 6.6% 首次突破 90 万亿［EB/OL］.（2019-01-21）［2019-12-05］.http://www.cfi.cn/p20190121000409.html.

② PRINCE G. Narrativehood, narrativeness, narrativity, narratability［J］. Theorizing narrativity, 2008（12）：19.

如上所述，这显然是一种错误。就和从学术上对女人进行"女人具有老虎真实的外表、行为"等方面的分析一样荒唐可笑。

通过上述对新闻叙事的界定，学界、业界能够对其范畴有一个清晰的认知，明确哪些新闻文本可以进行叙事分析，而哪些并不适用。

三、新闻类型：叙事新闻、论证新闻、说明新闻、描写新闻

事件性与叙事方式，作为新闻叙事的必要条件缺一不可。然而，并非所有新闻都具备以上两种特征，即并非所有新闻都是叙事新闻。那么，缺少上述任意特征的非叙事新闻又以何种形态存在？通过研读国内外各种类型的新闻报道，并结合文本主要表达方式，我们可以发现，新闻的主要类型除了叙事新闻外，还存在论证新闻、说明新闻和描写新闻等三种。

（一）叙事新闻

据上文所述，事件性与叙事方式是叙事新闻的两个基本特征。事件指人物、事物等"从某一状态向另一状态的转化"，这表明事件是一个变化的过程，即事件依托于时间、空间、人物、因果关系等因素来实现这种转化。[①] 米克·巴尔（Mieke Bal）认为，"事件本身在一定的时间内，以一定的秩序出现"[②]，这意味着，时间作为事件转化的因素之一，决定着事件以一种线性的运动变化。

因此，时间线性序列是叙事新闻的重要特征，并且是影响着叙事新闻的叙事强度的重要因素。具体而言，一个段落如果表现着较多的时间序列，就比呈现较少时间序列的段落更具有叙事性，一个描述冲突较多的叙述比不描述冲突的叙述更有叙事性，[③] 人物的状态和动作之间的时间性越紧密，其叙事

---

① 罗钢. 叙事学导论［M］. 昆明：云南人民出版社，1994：74.
② 巴尔. 叙述学：叙述理论导论［M］. 谭君强，译. 北京：中国社会科学出版社，2003：249.
③ 普林斯. 叙事学：叙事的形式与功能［M］. 徐强，译. 北京：中国人民大学出版社，2013：144.

就比不连续的状态和动作更为清晰与生动等。例如,《这就是"教科书式"的家教!》①这则新闻主要讲述了一对父女在捡到手机后归还失主的过程。全文包含以下5个事件:

1.1月17日晚上7时许,初二女生刘锦瑜准备下公交车时,在车厢内捡到一部手机;

2. 原地等失主半个多小时;

3. 回家告诉爸妈;

4. 和爸爸一起回去等;

5. 晚上8点多,失主打来电话,物归原主。

可以看出,这5个事件线性变化的过程构成了这则完整的新闻故事,而且后一个事件的发生正是前一个事件导致的结果,每个事件按照时间序列依次进行,环环相扣。不仅如此,每个事件都有各自的时间序列、心理冲突、人物状态和动作的转化,从而使读者感受到人物关系和时空的持续变化带来的丰富性以及这些情境变化引起的紧凑性,因此,这则新闻具有鲜明的叙事性。

叙事新闻涵盖多种新闻体裁,如消息中的事件性消息;通讯中的人物通讯、事件通讯等;专访中的人物、事件专访;特写中的事件特写;深度报道中的综合报道(同一事件、同类事件的新闻综合)、系列报道、连续报道等。

(二)论证新闻

事实除了事件外,还包括事物、现象、事物的性质和事物之间的相互关系等。在这些事实中,有些事实是显而易见的,记者只要具有直觉思维和形象思维便可报道;而另外一些事实,虽然客观存在,但隐藏在各种事件、事物的背后,就像历史事实,并不是现成地摆放在那里,而是需要通过史学研究者从各种相互矛盾、混乱不堪、片面和表面的历史资料中推导出来。这

---

① 河南这对父女火了!这就是"教科书式"的家教![EB/OL].(2019-01-22)[2019-12-05]. https://m.thepaper.cn/newsDetail_forward_2887973.

些隐藏的事实需要记者们通过分析思维、抽象思维，即通过逻辑论证才能发现。

为了科学、严谨地揭示隐藏的事实，记者通常会采用社会科学研究方法，如抽样调查、全/大样本调查、访谈、内容分析和文本分析等。数据新闻便是建立在大样本甚至全样本的基础上，依靠归纳与演绎等逻辑思维把不显而易见的、人们普遍关注的事实论证、推导出来。① 如《华盛顿邮报》的数据新闻《埃博拉比其他疾病传播更慢，但杀死了更多人》(Ebola spreads slower, kills more than other diseases)，② 通过展示埃博拉感染者由 1 人到 100 人所经历的 78 天，并与天花、麻疹、SARS 等 9 种传染性疾病进行比较，报道归纳出埃博拉感染速度虽然比天花等疾病慢，但是一旦染上却是致命的。又如《一个正在消失的星球》(A Disappearing Planet)：③ 通过呈现哺乳类、爬行类、鸟类和两栖动物等四类物种的灭绝情况，归纳、推导出地球物种正在消失的结论。此外，有些数据新闻根据过去和现在发生的事实通过归纳与演绎推导将来的情况，如数据新闻《二氧化碳的过去、现在和未来》(The Past, Present and Future of Carbon Emissions)。④

鉴于数据新闻揭示新闻事实的方式迥异于叙事新闻和广大民众对数据新闻的欢迎，有学者指出，"报纸需要抛弃以故事为中心的世界观"(Newspapers need to stop the story-centric worldview)。⑤

除数据新闻之外，论证新闻还包括数据新闻的源头——精确新闻和调查性报道。调查性报道作为深度报道的一种，需要记者搜集、挖掘各类事实并

---

① 曾庆香，陆佳怡，吴晓虹. 数据新闻：一种社会科学研究的新闻论证［J］. 新闻与传播研究，2017，24（12）：79-91，128.

② 埃博拉比其他疾病传播更慢，但杀死了更多人［EB/OL］.（2014-10-14）［2019-12-05］. https://www.washingtonpost.com/wp-srv/special/health/how-ebola-spreads/.

③ 一个正在消失的星球［EB/OL］.（2013-05-01）［2019-12-05］. http://projects.propublica.org/extinctions/.

④ 二氧化碳的过去、现在和未来［EB/OL］.（2014-12-01）［2019-12-05］. http://www.wri.org/blog/2014/11/past-present-and-future-carbon-emissions.

⑤ A fundamental way newspaper sites need to change［EB/OL］.（2006-09-06）［2019-12-05］. http://www.holovaty.com/writing/fundamental-change/.

进行综合分析、归纳整理，层层推导、佐证，其目的是揭露某人或者某组织刻意隐藏的信息，通过科学、系统的方法，将隐藏在事实背后的真相公之于众。例如，2017 年普利策调查新闻奖的获奖作品《西弗吉尼亚阿片类药物泛滥导致死亡》(Drug firms fueled 'pill mills' in rural W.Va.)①首先指出药品泛滥的现象："在奥希阿纳，一家家庭药店收到的羟考酮药片是 8 个街区外来德爱药店的 600 倍"，进而列出药物致死的数据"2007 年到 2012 年，因氢可酮和羟考酮服用过量而死亡的比例增加了 67%"，同时说明了药物泛滥背后的巨大利润"2007 年到 2012 年，三巨头共获得了 170 亿美元的净收入"。这些精准的调查数据将药品供应商无视可疑订单，把超量的受限制药物送往西弗吉尼亚州的行为公之于众，将药片致人死亡的真相揭露无遗。又如在《"山东 14 岁少年被麻省理工录取"疑似假新闻》②的报道中，作者列举以下多项证据证明此事件的虚假性：

  1. 主人公李向楠在视频中自称被"麻省理工大学"录取，事实上，该学校全称为麻省理工学院；

  2. 观察网也报道，麻省理工官网并未查到李同学的录取信息；

  3. 针对视频截图中的邮件，调查者同样提出置疑"图片显示，华南理工大学的考察函中李同学的名字有个错别字（楠写成南），并且措辞落款相当不专业；

  4. 在另一封所谓外国大学的邀请函中，电子邮件收件人赫然写着"我自己的邮箱"，这封邮件很可能是收件者本人发给自己的；

  5. 邮件落款"William Jefferson Clinton"其实是前美国总统克林顿的名字；

  6. 李在写简历时也存在造假行为。

---

① 780M pills 1728 deaths［EB/OL］.（2016-12-17）［2019-12-05］.http：//www.pulitzer.org/winners/eric-eyre.

② 山东 14 岁少年被麻省理工录取"疑似假新闻［EB/OL］.（2017-12-07）［2019-12-05］. https：//edu.sina.com.cn/gaokao/2017-12-07/doc-ifyppemf5778560.shtml.

因此，新闻论证和其他论证一样，除了包括上述证实外，还包括证伪，如英国《卫报》有关2011年伦敦骚乱的数据新闻《解读骚乱》（Reading the Riots）推翻了英国政界的两个认知：一是将骚乱归罪于如Facebook、Twitter等社交媒体，因为它们传播谣言，煽动骚乱，所以要求关闭社交媒体；二是指出"骚乱与贫困无关"。《卫报》的"解读骚乱"团队通过对260万条推特数据的统计分析证明社交媒体具有一定的谣言自我澄清机制；通过对270位骚乱参与者的访谈和所有骚乱现场的实地考察得出了骚乱与贫困具有因果关系。

总之，论证新闻是记者通过社会科学研究的方法，针对公共关心的社会问题、现象、事件，在事实材料的基础上进行归纳、演绎等逻辑推理而得出事实性的新结论的新闻。其结论既是新闻必须提供的新事实，也是社会研究必须提供的新知识（通过经验概括得出的结论），①也就是说，只有推导出新信息、新结论的新闻才可被称为论证新闻。正是这一点使新闻论证与新闻评论不同，新闻评论是对新闻事件进行批评与议论，即主要从伦理、道德、法律等角度对新闻事件或现象进行价值判断，并未生产新信息、新结论，因而不属论证新闻的范畴。

不过，有些论证新闻易被人误认为叙事新闻，原因在于其报道对象为事件，如数据新闻《每条道路上的每例死亡》（Every Death on Every Road in Great Britain，1999—2010）、《伊拉克战争日志》（The Iraq War Logs），如前所述，叙事新闻的两个要素：事件性和叙事方式，缺一不可。这些新闻中的事件采取关键词的形式，即事件被作为样本，而非叙事方式来呈现。②

（三）说明新闻

新近发生的事实还包括新近出现的事物、政策、法规、技术、现象等，

---

① 风笑天.社会研究方法［M］.北京：中国人民大学出版社，2016：3，7.
② 曾庆香，陆佳怡，吴晓虹.数据新闻：一种社会科学研究的新闻论证［J］.新闻与传播研究，2017，24（12）：79-91，128.

这些都需要新闻进行解释、说明。因此，不少新闻采用说明这一表达方式，从而出现说明新闻这一文本类型，如《月租金 800 元的上海公租房：有食堂有网球场，智能洗衣房》这一报道，作者对这座配备智能洗衣房、智能快递柜、e 乘巴士众筹公交和新能源分时租赁汽车及充电桩的"互联网 +"公租房小区的基础设施配备进行了介绍，并说明了如何使用及管理这些设施，文末还向受众普及公租房的申请流程。整篇文章未针对某类事件进行叙述，而是对智能公租房这一新事物的原因、功能、特点、意义等进行说明，是一篇典型的说明新闻。

说明的方法主要有举例子、作引用、作比较、列数字、打比方、摹状貌、下定义、作诠释、列图表等，这些方法在说明新闻中都得到了使用，如《上海发布住房发展"十三五"规划，将新增 170 万套住房》这则新闻首先对《规划》的总体思路、发展目标及主要任务进行了文字和图片说明，使民众对《规划》的内容、意义等有清晰的了解；然后以五个政策问答的形式对《上海市住房发展"十三五"规划》这一政策的重点内容进行了解读。

（四）描写新闻

虽然描写这一表达方式经常会在叙事新闻、说明新闻，甚至论证新闻里被记者使用，以刻画人物的外貌、行为、心理、语言、神情等，记者或描绘新闻事件中的细节，新闻现场的景物、环境等，但这只是片段描写，只起到补充作用，并非描写新闻。然而，在少数新闻里，描写是主导的表达方式，即描写新闻。描写新闻的典型是风貌通讯，如《古老西关春意浓》：

> 春回大地，万象更新。在广州市古老的西关——荔湾区文昌街、龙津街、文安街……的横街窄巷口，也是春意盎然：荷溪碧柳、延桂留芳、龙津胜处，一个个街头小景里垂柳丝丝，嫩草茵茵，绿树婆娑，时花吐艳，金鱼游弋……

风貌通讯是报道某一区域、某一地点、某一单位的新风尚、新面貌、新气象的通讯。风貌通讯的题材广泛多样，举凡社会变迁、风土人情、单位新貌、建筑风光、名胜古迹等均可被写成风貌通讯。风貌通讯在报刊上常被冠以"见闻""巡礼""侧记""纪行"等标题。风貌通讯以描写为主，既可鸟瞰全景，又可撷取片段，还可分类描写。① 例如，《金字塔夕照》一文，作者对金字塔沿路风景周边环境、社会环境进行了细致描绘。正如叙事新闻、论证新闻和说明新闻常辅以描写一样，描写新闻也常辅以叙述、议论、抒情，如《小憩观音峡》主要是对观音峡的群山、碧水、庭院等景观以及歌舞习俗等进行细致描写，但在其中穿插了叙述，即叙述观音峡一名的由来。显然，这篇描写新闻中的叙述是为了更好地刻画观音峡的美景。

部分通讯主要采纳描写这一表达方式，因此，有学者将通讯分为叙述型、描写型、议论型。②

在新媒体语境下，视频、音频等新媒体技术代替了部分细腻的语言描写，用镜头对自然景观进行细致刻画，如《群鸟翱翔雁声阵阵：上万只大雁越冬》这则视频新闻，虽仅有简单的描述性文字，但其借助远景、中景、近景、特写等镜头画面描绘了大雁在磁县溢泉湖上翱翔的壮丽景观。又如《雪后太原银装素裹，犹如水墨画》这则新闻，通过各类长短镜头的剪辑对"湖中一片水面上，野鸭成群""雪中的摄乐桥披上了银色的外衣""冰冻的湖面上一片银色"等场景做了白描，勾勒了一幅雪景图。总之，描写新闻是指对具有新闻价值的场景、新出现的风貌等进行细致描写，且这些描写独立成文，而非只是作为背景的新闻。

美国学者迈克尔·舒德森（Michael Schudson）指出，在19世纪90年代，新闻出现了两种模式："信息"模式和"故事"模式。③ 国外知名新闻叙事论文《作为讲故事的新闻，作为叙事的报道》（Journalism

---

① 词条"风貌通讯"[EB/OL].（2020-03-26）[2019-12-05].https://baike.sogou.com/v10770758.htm.
② 丁柏铨，胡素华.通讯文体分类浅探[J].新闻大学，2000（4）：40-44.
③ 舒德森.发掘新闻：美国报业的社会史[M].陈昌凤，常江，译.北京：北京大学出版社，2009：79.

as Storytelling Coverage as Narrative）也指出：解释（或者说谈论）世界有两种话语方式：论证话语（argumentative discourse）和模仿话语（mimetic discourse，包括描写话语和叙事话语）。① 这都说明并非所有的新闻都是叙事。综上所述，新闻之事实，既包括事件，又包括规律、事物、现象等。这决定了其表达方式不只局限于叙事，因此，新闻既包括叙事新闻，又包括论证新闻、说明新闻和描写新闻。总之，叙事新闻、论证新闻、说明新闻和描写新闻的划分标准有两个：一是表达方式，它们采取的主要表达方式分别是叙述、论述、说明和描写；二是报道对象，叙事新闻的报道对象为事件，论证新闻的报道对象主要为问题、现象，说明新闻的报道对象主要为政策、事物，描写新闻的报道对象主要为场景、风貌。其中第一个标准更为重要。

虽然这一划分是从文体角度进行的，并未遵从以往消息、通讯的区分标准，但它仍具有科学性：一是叙事本身就是一种文体类型，因此 A&HCI 期刊《文体》（*Style*）于 2000 年夏季专门开辟了 "*Concepts of Narrative*"（叙事概念）专刊。二是国内外许多学者都把文体分为叙事、论证、说明和描写等四种类型；② 并且如前所述，新闻文本也的确有这四种类型。

这一划分不仅具有科学性，还具有实用性。对于学界来说，它有助于学者清晰把握非叙事新闻的范畴，并针对不同类型的新闻文本采取相应的、合理的文本分析路径。对于业界来说，新闻文体这一视角的借鉴能够帮助记者与以往的知识储备和写作技能，即从小学到初高中再到大学一再强化的记叙、议论、说明、描写等四种知识结构与写作技能相勾连，这既能帮助他们在新闻写作时驾轻就熟，也能用相应的理论指导其新闻写作。

---

① ROEH I. Journalism as storytelling, coverage as narrative [J]. American behavioral scientist, 1989, 33 (2): 162-168.

② FLUDERNIK M.Genres, text types, or discourse modes? narrative modalities and generic categorization [J]. Style, 2000, 34 (2): 274-292.

数据新闻：一种社会科学研究式的新闻论证[*]

在新兴媒体及其带来的大数据语境里，数据新闻甫一出现便以其独特品格受到广大新闻媒体和新闻爱好者的喜爱，并迅速引起新闻传播学界的注意，不少学者认为，数据新闻是在"讲述故事"[①]，故事化仍是数据新闻的价值取向[②]，数据新闻是一种新闻叙事[③]；甚至有研究者从叙事声音、叙事语法等角度进行论述[④]。这种数据新闻的"讲述故事"论，在外国文献尤其是在业界报道中频频出现，如"数据新闻同其他新闻形式的不同之处在哪里呢？也许它开创了将传统的'新闻敏感'和讲述引人入胜的故事的能力与海量的数字信息相结合的新的可能性。"（What makes data journalism different to the rest of journalism？ Perhaps it is the new possibilities that open up when you combine the traditional 'nose for news' and ability to tell a compelling story, with the sheer scale and range of digital information now available）[⑤]当然，国内学者把

---

[*] 文章原载于《新闻与传播研究》2017年第12期，与陆佳怡、吴晓虹合作，收入本书时，略有删改。

[①] 李岩，李赛可. 数据新闻："讲一个好故事"？——数据新闻对传统新闻的继承与变革[J]. 浙江大学学报（人文社会科学版），2015，45（6）：106-128.

[②] 杨晓军. 数据新闻故事化叙事的可能性及思维路径[J]. 编辑出版，2016（1）：115.

[③] 孟笛. 开放理念下的新闻叙事革新：以《纽约时报》数据新闻为例[J]. 新闻界，2016（3）：61-65.

[④] 张军辉. 从"数字化"到"数据化"：数据新闻叙事模式解构与重构[J]. 中国出版，2016（4）：40-42.

[⑤] What Is data journalism？[EB/OL].（2016-05-20）[2017-12-25].https：//www.thebureauinvestigates.com/explainers/what-is-data-journalism/.

所有的数据新闻看作新闻叙事或者说讲述故事，除了受外国文献影响外，还与"story"这个英文单词既有中文的"故事"又有"新闻"（news）、"报道"（reportage）的含义有关，① 如很多数据新闻前面有"Story by ××"，后面都有一个问题"Do you like this story？"或者引导延伸阅读的语句，如"More on this Story"，显然这些语句中的"story"的含义是"报道"而非"故事"。

笔者认为，数据新闻并非新闻叙事，而更近似社会调查报告，它可能有一些叙事成分，但其主旨并非讲述故事而在于推导出事实性结论，是一种新闻论证。

一、数据新闻：非新闻叙事，乃新闻论证

新闻包括新闻报道和新闻评论，前者提供事实性信息，包括消息、通讯、新闻特写；后者提供观点性信息。但提供事实性信息有两种途径，一是叙述事件，一是论证事实。前者为新闻叙事（或叙事新闻），后者为新闻论证（或论证新闻）。

现实社会中的很多事实虽客观存在，但并非现成直观地摆放在那里，而是需要人们进行分析思维、抽象思维才能被发现与揭示，就像很多历史事实需要通过史学研究者的论证，才能从各种相互矛盾、混乱不堪、片面和表面的历史资料中更加清晰地呈现。②

社会科学研究在很大程度上来说，就是通过各种研究方法对各种事实与现象进行分析、抽象，客观、准确地揭示暗藏的事实，以增加人们对社会世界的认知与理解，如古生物学通过对生物化石的研究推导出恐龙生存、恐龙灭绝的年代与外貌特征、行为习性等，便是对过去事实的推导和再度呈现。历史学则是通过历史资料来推导与重组历史事实。③ 这类事实通常被称为经验

---

① 朗文当代英语辞典[M].北京：外语教学与研究出版社，1995：1423.
② 俞吾金.历史事实和客观规律[J].历史研究，2008（1）：4-12，190.
③ 俞吾金.历史事实和客观规律[J].历史研究，2008（1）：4-12，190.

事实①，是一种事实性结论。

经验事实是人类对现实社会的经验概括，即对现象反复出现的规律或特征的总结，或是对变量之间反复出现的某种相互关系的一种说明，也是一种客观存在。②社会科学中的知识、规律和理论基本都是对经验事实的概括，即在大量事实基础上，通过分析思维与抽象思维，逻辑推导出事实性结论。只不过规律、理论系统化、抽象化程度高，如资源理论的一项研究结论：夫妻双方在家庭生活中决策权力的大小与双方所占有的资源多少有关。这就是对普遍存在的一类经验事实的高度概括。③④因此，许多经验事实需要采取逻辑论证、推导，才能被揭示与报道出来。

数据新闻基本依靠归纳与演绎等逻辑思维把不显而易见的、人们普遍关注的事实论证、推导出来，如《华盛顿邮报》的数据新闻《埃博拉比其他疾病传播更慢，但杀死了更多人》(Ebola spreads slower, kills more than other diseases)⑤，通过展示埃博拉感染者由1人到100人所经历的78天，并与天花、麻疹等9种传染性疾病进行比较，报道归纳出埃博拉感染速度虽比天花等疾病慢，但一旦染上却是致命的。又如《一个正在消失的星球》(A Disappearing Planet)⑥：通过哺乳类、爬行类、鸟类和两栖动物等四类物种的灭绝情况，归纳推导出地球物种正在消失的结论。此外，有些数据新闻根据过去和现在发生的事实通过归纳与演绎推导将来的事实，如数据新闻《二氧化碳的过去、现在和未来》(The Past, Present and Future of Carbon Emissions)⑦。

---

① 喻权域.对新闻学中一些基本问题的看法（续）[J].新闻大学，1998（4）：12-16.
② 风笑天.社会研究方法[M].北京：中国人民大学出版社，2016：35.
③ 风笑天.社会研究方法[M].北京：中国人民大学出版社，2016：20-21，32-36.
④ 陈祖耀.社会科学研究中几个重要概念的辨析[J].广西师院学报（哲学社会科学版），1998（4）：30.
⑤ 埃博拉比其他疾病传播更慢，但杀死了更多人[EB/OL].（2014-10-14）[2017-12-25］. https://www.washingtonpost.com/wp-srv/special/health/how-ebola-spreads/.
⑥ 一个正在消失的星球[EB/OL].（2013-05-01）[2017-12-25］. http://projects.propublica.org/extinctions/.
⑦ 二氧化碳的过去、现在和未来[EB/OL].（2014-12-01）[2017-12-25］. http://www.wri.org/blog/2014/11/past-present-and-future-carbon-emissions.

有的则是直接借用相关学科的有关各要素之间的关系的理论模型或公式，读者只要把自身的要素输入数据新闻的交互入口，模型/公式便会自动演绎推导出读者的个人化事实，如由英国 BBC 的大型数据编辑室制作的《你最适合哪种运动？》（Which Sport are you made for？），制作者直接套用了拉夫堡大学运动科学家所建立的有关个人身高、年龄、忍受力、力量及身体平衡性等 13 个要素对运动的影响模型。

显然，依靠归纳与演绎等逻辑思维推导事实性结论的数据新闻不是在叙述事件，而是在推导事实性结论，即进行论证。数据新闻不是"讲述故事"的一个强有力的证据是，自 2012 年以来每年召开的全球编辑网络年度峰会的数据新闻奖的主要奖项设置（见表 1），从 2014 年"讲述故事"（storytelling）和"数据故事讲述"（data storytelling），即叙事提法的奖项被取消。针对这一行为，全球编辑网络有条新闻也许露出了端倪：实际上未有用数据成功讲述故事的数据新闻。①

表 1　2012—2017 年数据新闻奖的奖项设置与主要维度

年份＼奖项	调查性数据新闻	数据可视化	数据驱动应用
2012	Data-driveninvestigative journalism	Data visualisation & storytelling	Data-driven applications
2013		Data storytelling	
2014	Data-driven investigation	Journalistic data visualixation	Data journalism application
2015	Investigation of the Year	Data Visualisation of the Year	News Data App of the Year
2016			
2017			

数据新闻不是叙述故事这一判断，已被一些数据新闻实践者所认同。美国统计学家、数据新闻网站"538"（Five Thirty Eight）创办者奈特·希尔（Nate Silver）指出，他的团队所生产的数据新闻是没有叙述体的新闻，甚至

---

① Few were making engaging interactive content that succeeded in actually telling a story with data［EB/OL］.（2014-12-01）［2017-12-25］. https：//www.thoughtspot.com/data-trends/best-practices/data-storytelling.

是与叙事体新闻完全对立的新闻。①"数据新闻"理念的提出者、EveryBlock创始人阿德里安·哈罗瓦提（Adrian Holovaty）在2006年发表的网络文章《报纸网站所需要的根本变革》指出：报纸需要抛开以叙述故事为核心的世界观。②

不可否认，众多数据新闻都网罗了很多事件。但这些事件基本上以两种功能存在：论证样本与论证案例。

作为样本的事件，在数据新闻中一般是被以关键词的形式呈现的。数据新闻作为一种新闻论证，建立在全体样本或海量样本的基础之上的。数据新闻要展现如此众多的事件，不可能采取叙事（讲述故事发展脉络）的方式，而只能采取以关键词标注事件要素（Who，Where，When，What，How，Why）的方式，如《伊拉克战争日志》（The Iraq War Logs）的"伊拉克战争的每例死亡地图"，又如《每条道路上的每例死亡》（Every death on every road in Great Britain 1999—2010），这类案例中被标注的众多事件显然不是向读者讲述故事，而是呈现故事的整体概貌。

作为案例的事件，数据新闻会对其进行简洁叙述。就像社会科学研究一样，数据新闻为了使论证更科学，结论更可靠，会采取例证法，即通过对案例剖析来推导事实性结论。为了剖析案例，当然需要对案例进行简要叙述，如《被夺走的家园》（Homes for the Taking）便讲述了8个故事。这8个故事的作用是：吸引读者，引入论证和作为案例进行剖析。例如，讲述"Coleman"的故事是为了引出家园被夺走的原因——"税收留置权销售"（tax lien sale）项；讲述"Berman"的故事是为了引出"税收留置权投标"的暗箱操作。因此，数据新闻的事件叙述基本是把数据作为证据，使论证充分，结论可靠。

总之，新闻论证是针对公共关心的社会问题、现象、事件，在事实材料的基础上进行归纳、演绎等逻辑推理而得出事实性的新结论。这些新结论既是新闻所要求提供的新信息，也是社会研究所要求提供的新知识（通过经验

---

① 仅靠"数字"能否讲好新闻故事？[EB/OL].（2014-04-25）[2017-12-25]. http://www.anyishequ.cn/?p=4044.
② 陈昌凤.数据新闻及其结构化：构建图式信息[J].新闻与写作，2013（8）：93.

概括得出的结论）。① 二者融为一体。

当然，新闻论证与新闻评论有所不同。新闻评论一般是对新闻事件进行批评与议论，即主要从伦理、道德、法律等角度对新闻事件或现象进行价值判断，如《人民日报》的短评《群众眼里最可爱的人》，其观点"扶贫干部是最可爱的人"便是价值判断，而不是经验概括，即事实性结论。因此，新闻论证因为提供了新事实而仍属于新闻报道，新闻评论未提供新事实所以不属于新闻报道。

二、数据新闻的社科研究方式：目的、方法、模式

数据新闻作为一种新闻论证，是一种社会科学研究的论证，而不是人文学科与自然科学研究的论证。因为无论研究目的、研究方法还是写作模式，它都具有社会科学研究的论证与报告的特点。

（一）数据新闻的类型：社科研究目的与功能

梳理 2012 年至 2017 年所有获得全球编辑协会数据新闻奖的数据新闻可发现，它们基本分为四类：

第一类是整体—呈现型，即对某个事件或问题、某个方面在某个时间段的整体情况进行社会调查与数据搜集、整理，并图表化呈现，如《卫报》的《解读骚乱》的制作团队说："我们想绘制一幅被告全景图"。② 有些数据新闻，它们的标题便显示其目的是呈现整体状况，如《美国各州工资梯度》《每条道路上的每例死亡》《美国各州同性恋者的权利》（Gay Rights by State）、《伊利诺伊州学校报告卡片》（Illinois School Report Cards）、《塞尔维亚政治家的资产数据库》（Database of Assets of Serbian Politicians）等。在整体呈现的基础上，这一类型的数据新闻或直接告知有关整体的事实性结论，或其结论尽在

---

① 风笑天. 社会研究方法［M］. 北京：中国人民大学出版社，2016：3，7.
② 罗杰斯. 数据新闻大趋势：释放可视化报道的力量［M］. 岳跃，译. 北京：中国人民大学出版社，2015：246.

不言中。

第二类是问题—分析型，在获奖数据新闻中占有一半以上的数量。它又可被分为两小类：①问题—调查—分析—结论型，即人们对某个事件或某种现象等产生疑问，然后进行调查，最后通过分析论证形成结论，典型的有《阿根廷的公车补贴》(Subsidies for the Bus Transportation System)、《被夺走的家园》《吉姆克劳回归：数以百万计少数族裔选民遭受选举清洗威胁》(Jim Crows returns) 等。②质疑观点—调查—分析—证实/证否看法+结论型，即人们对某观点产生怀疑，然后进行调查，最后通过分析论证证实或证伪原来的结论，并形成新的结论，如《骚乱谣言》源于质疑英国官方的公开说法：英国骚乱应归罪于脸书、推特等社交媒体，因为它们传播谣言，煽动骚乱。数据新闻团队通过对 260 万条推文的分析得出结论：推特善于澄清谣言(Analysis of 2.6 million tweets shows Twitter is adept at correcting misinformation)，①从而驳斥了英国官方的说法。这一类型的数据新闻典型的还有《天空中的密探》《FBI 的恐怖分子》(Terrorists for the FBI) 等。

第三类是已然—预测型，即在调查研究的基础上，归纳过去和现在的情况与规律，运用科学方法去推测事物将来或在别处的发展趋势，典型的有《二氧化碳的过去、现在和未来》《如果叙利亚内战发生在你的国家会怎样？》等报道。

在大数据时代，人类社会行为转变成了数据。大数据根据人们以往的行为习惯可预测人们将来的行为走向，海量数据所反映的规律无疑有助于人们预测，如 2016 年普利策新闻奖设立 100 年之际，全国报道奖颁给了一则数据新闻，原因在于：它利用全国性的数据库，来分析警察开枪射击的频次和原因，并推测最有可能的受害者是谁，其报道极具启发性。正因如此，不少整体—呈现型、问题—分析型的数据新闻往往也会在给出结论之后附带作若干预测的描述。

第四类是模型—定制型，典型的有《你最适合哪种运动？》《英国阶层计

---

① How riot rumours spread on Twitter [EB/OL]．(2011-12-07) [2017-12-25]．https：//www.theguardian.com/uk/interactive/2011/dec/07/london-riots-twitter.

算器：你属于哪个阶层？》等数据新闻报道。这种类型的数据新闻通常以一个既有的或新建构的专业模型或公式为基础，读者输入相关数据便可定制自己的结论，即得到规范的个性化结论，如《你最适合哪种运动？》和《英国阶层计算器》都直接说明了模型的来源。①

这四种数据新闻正好对应了社会研究的三种目的与功能。整体—呈现型体现了社会研究解决"是什么"的问题，即描述型研究；问题—调查型解决"为什么"的问题，即解释型研究；②三是已然—预测型和模型—定制型解决"怎么办"的问题，即应用型研究。③因为在大数据时代，为个人定制个性化结论，是把相关理论与模型应用于个人。

综上所述，数据新闻也具有社会科学研究的描述、解释、应用三大目的与功能。这四种类型的数据新闻印证了国内有的学者所提出的"大数据新闻具有描述、判断、预测、信息定制四项功能"④的观点。

（二）数据新闻追寻事实：社会科学研究方式与方法

数据新闻源起于20世纪70年代初美国菲利普·梅耶（Philip Meyer）教授所倡导的精确新闻。梅耶教授反对当时过分的新闻叙事方法，提倡采纳社会科学研究的方法做新闻，即在社会调查基础上获取一定量的样本和数据，在分析与论证基础上得出事实性结论。因此，精确新闻自诞生之初就非新闻叙事，而是新闻论证。

在大数据时代和新兴媒体的语境里，人们生存于数字化世界。极为丰富、庞大的数据素材唾手可得。不仅如此，当今时代还催生了能轻而易举地处理海量错综复杂的数据的计算机技术。

---

① The BBC teamed up with sociologists from leading universities to analyse the modern British class system. They surveyed more than 161,000 people and came up with a new model made up of seven groups［EB/OL］.（2013-04-03）［2017-12-25］. https://www.bbc.co.uk/news/special/2013/newsspec_5093/index.stm.

② 风笑天.社会研究方法［M］.北京：中国人民大学出版社，2016：59-62.

③ 波普诺.社会学［M］.李强，译.北京：中国人民大学出版社，2007：19-30.

④ 陈力丹，李熠祺，娜佳.大数据与新闻报道［J］.新闻记者，2015（2）：50.

素材和技术都已诞生的时代，正适合并正呼唤运用社会科学研究方法来探究数据背后的人们应知、欲知而未知的事实，如 2010 年英国朝野都想知道：伊拉克战争给伊拉克人民带来了怎样的伤害？英国是否应该从伊拉克撤军？《卫报》的《伊拉克战争日志》根据维基解密数据，把伊拉克战争中的每例死亡都用红点呈现在地图上，"尽管死亡人数可能被少报，但这些数据还是为我们描绘了一幅相当残酷的画面"[1]，从而推动了英国做出从伊拉克撤军的决定。

作为精确新闻在大数据时代的发展与延续，数据新闻的社会科学研究特征与生俱来。数据新闻为追寻事实性结论，主要采用调查研究、实地研究和文献研究等三种方式。只不过在调查研究中，受益于大数据的便利，很多数据不需要通过问卷调查来取得，只需要从相关政府部门、IT 公司，甚至从泄密文件中直接获取。

具体来说，数据新闻在生产过程中，社会研究的许多具体方法都在数据新闻中被大量且反复使用，如访问法被《解读骚乱》《博尔扎诺人民共和国》(People's Republic of Bolzano)、《在加利福尼亚之间》(In between in California)、《被夺走的家园》等许多数据新闻所使用。观察法则被《美沙酮与疼痛政治》(Meihadone and the Politics of Pain)等不少数据新闻运用。统计分析法几乎被所有的数据新闻所采纳，典型的有《美国各州工资阶梯》(In Climbing Income Ladder)、《什么左右着选举？》(What Would It Take To Swing the Election？)、《二氧化碳的过去、现在和未来》《全球药品获取情况》等。使用定性资料分析法的数据新闻有《全球药品获取情况》《瑞士泄密》(Swiss Leaks: Murky Cash Sheltered by Bank Secrecy)、《移民档案》(The Migrants Files)、《拒绝伤害》(Do No Harm)、《连接中国》(Connected China)等。使用内容分析法的报道中最典型的是《解读骚乱》：《卫报》团队首先从 260 万推文中梳理出七种传播最广的谣言的所有数据，然后把这些数据根据编码表分为四类：重复谣言者（发表声明）、抗拒者（提出针锋相对的言论）、质疑者

---

[1] 罗杰斯. 数据新闻大趋势 释放可视化报道的力量 [M]. 岳跃, 译. 北京：中国人民大学出版社, 2015: 71.

（提出疑问）和评论者（点评）。在内容分析的基础之上，得出社交媒体具有澄清谣言机制的结论。测量方法的测量尺度有定类、定序、定距和定比四种。应用定类尺度进行测量的数据新闻典型的有《每条道路上的每例死亡》，它将死亡原因分为小汽车、摩托车、公交车、货车、自行车等；应用定序尺度进行测量的数据新闻有《美国各州的收入阶梯》。应用定距尺度进行测量的数据新闻有《连接中国》《什么左右着选举?》。运用测量法的数据新闻有《宗教容忍度》（Religious Tolerance），它将160个国家对宗教的容忍度分成了"低、中、高、很高"四个量度。①

当然，大多数的数据新闻综合使用多种社会研究方法，如《美沙酮与疼痛政治》应用了统计分析、测量方法、观察法和访问法等。

（三）数据新闻的表达形式：社科研究报告写作模式

新闻学本身是一门偏向应用的社会科学。数据新闻是在运用社会科学研究方法所进行的资料搜集与分析、调查论证与逻辑推理的基础上而编写形成的结果，事实上是一种基于社会调查的、具有新闻性和应用性而非学术性的研究报告。

在表达形式上，社会科学研究报告通常包括研究过程、方法和结果三个部分。但报告的编写往往根据研究目的不同而有所改变，如应用性的研究报告通常对研究过程介绍得十分简略，并常采用比较直观的统计图表。②

数据新闻虽然是应用性的研究报告，但也是新闻，服务对象是普通大众，其研究过程与方法显然不包括新信息，因此它往往省略或不交代研究过程与方法，只是展现研究结果，并对数据来源进行简单说明。同时，在读图时代和计算机制图技术高度发达的语境里，为满足一般大众的接受水平与新闻的接受心态，它的可视化程度比一般的应用性研究报告更高，如《埃博拉比其他疾病传播更慢，但杀死了更多人》包括三个部分：一是10种疾病的78天

---

① 罗杰斯.数据新闻大趋势 释放可视化报道的力量[M].岳跃，译.北京：中国人民大学出版社，2015：10.
② 风笑天.社会研究方法[M].北京：中国人民大学出版社，2016：302-303.

传染过程与致命人数的动态模拟图，图下是有关结论的简洁文字概述和对动态模拟图的来源、关键要素和功用的交代。二是第二个结论"埃博拉很难感染"（it is harder to contract Ebola）的文字概述和3种传染病的传染率、死亡率的对比图示与文字说明。三是"关于数据"（by the numbers），即对感染率、传染时间和死亡率等三种重要数据的解释、说明与图示。显然，在这则新闻中，研究过程与方法都被忽略，只对包含新信息的结论进行了直观的图表展示与简洁的文字说明。

其实，数据新闻的大小标题、生产目的、框架结构本身显示了它是应用性较强的社会调查研究报告，具有较强的研究与论证特色，如获得2016年度最佳调查报道奖的《全球药品获取情况》（Medicamentalia）。① 它是一项"对全球健康获得鸿沟的新闻调查"（Journalistic investigation on the gap in global access to health），包括三大部分：第一大部分是疫苗（vaccine），又包括疫苗价格、接种水平、反对疫苗、成功预防、疫苗断货、HPV疫苗6个小部分；第二大部分是入口（acess），又包括价格、专利、造假、强制许可证4个小部分；第三部分是耐药菌（superbugs）。显然，这篇数据新闻的主旨、结构和大小标题非常清楚地显示，这是一篇论证而非叙事新闻。

在语句表达上，数据新闻也类似社会科学研究报告，如《全球药品获取情况》："很清晰地得出第一个结论"（And the first conclusion is clear）、"例如"（An example）"为了在不同研究之间进行比较"（In order to make comparisons between different studies）② 这些表达显然是论证语句，而非叙事语句。又如《解读骚乱》，直接指出它是"一项数据驱动的有关2011年8月骚乱的原因与后果的研究"（A data-driven study into the causes and consequences of the August 2011 riots）。③

---

① Medicamentalia［EB/OL］.（2013-11-17）［2017-12-25］. https：//civio.es/en/.
② Numbers that don't fit［EB/OL］.（2017-02-24）［2017-12-25］. http：//medicamentalia.org/vaccines/prices/.
③ 解读暴乱［EB/OL］.（2012-07-19）［2017-12-25］. https：//www.theguardian.com/uk/series/reading-the-riots.

数据新闻的论证表达与其生产目的有很大关系，大多数数据新闻都是针对现实问题、现象或看法进行调查，这决定它的写作路径是："提出问题—分析问题—解决问题"，采取分析、论证、推理等表达方式，形成具有论述特色的调查报告。

当然，生产叙事新闻也需要采访调查，且数据新闻中也有少数是针对事件的调查。但这些新闻目的并非为叙述事件本身，而是运用数据对新闻某个要素进行分析、论证，如 2016 年的获奖新闻《脱轨美铁列车：死亡曲线上的飞驰》（Derailed Amtrak train sped into deadly crash curve）[1] 出自美国发生的列车脱轨事件，其目的是对列车脱轨原因进行分析、论证。它通过三张图表证明高速是列车脱轨的原因：在限速 50 英里每小时的转弯处，列车速度却达到 106 英里每小时。因此，它得到的奖项不是"最佳讲故事奖"而是"突发新闻中最佳数据使用奖"。

三、数据新闻的扫描特征：新闻论证科学性的保障

把数据新闻作为新闻论证，是为了保障其推导的事实性结论科学、正确，在采取设置社科研究目的、使用社科研究方法、采纳社科研究报告的写作模式这些策略以外，还有一个重要的策略，那就是独特的数据收集、分析、呈现与解读的方式。

沃尔特·李普曼（Walter Lippmann）在《公共舆论》中指出，媒体像探照灯，灯照射哪里，人们就关注哪里。[2] 但无论怎样，它都不可能把世界所有角落都照射到。在有限的人力、物力、财力下，传统媒体不可能也不想照看全人类，[3] 于是只能选取照射孤立的一事一物一人，来代替他们的同类。但在互联

---

[1] MICHAEL K.Derailed amtrak train sped into deadly crash curve［N/OL］.2015-05-13［2017-12-25］.http：//america.aljazeera.com/multimedia/2015/5/map-derailed-amtrak-sped-through-northeast-corridor.html.

[2] 李普曼.公众舆论［M］.阎克文，江红，译.上海：上海人民出版社，2006：243.

[3] 李普曼.公众舆论［M］.阎克文，江红，译.上海：上海人民出版社，2006：259.

网时代的新媒体语境里,数据新闻改变了这一传统做法,逐步出现同时照看事件、问题涉及的所有人物的场景。因为在大数据背景下,在社交媒体普及的今天,搜集海量数据乃至全部数据已经越来越成为可能。于是出现了数据新闻这种扫描式新闻。数据新闻的扫描包括事实数据的扫描式采集、分析、呈现与解读四个方面。

(一)数据的扫描式采集:全样本或大样本

数据的扫描式采集是指记者通过大数据挖掘技术尽可能地扫描到与某一问题或主题相关的所有事、物、人的事实数据。

在互联网、物联网和社交媒体的时代,越来越多的事、物、人,都被记录在案而成为数据。国际电信联盟 2016 年 11 月 22 日发布的年度《衡量信息社会报告》指出,截至 2016 年年底,全球互联网用户人数将达 35 亿,相当于全球人口的 47.1%。全球手机用户数达到 71 亿,手机信号已覆盖了全球超过 95% 的人口。[①] 在不久的将来,所有的事、物、人,都会主动或被动入网,世界将被彻底数据化。世界的数据化记载与存储,使得扫描式采集的对象得以存在;而计算机技术尤其是数据挖掘技术的愈发先进使得扫描式采集得以实现。

数据的扫描式采集包含两层含义,一是采集全样本,如《脱轨美铁列车:死亡曲线上的飞驰》穷举了脱轨列车从出发地点到脱轨地点的所有速度数据;《解读骚乱》的团队成员走遍了全国暴动的所有第一现场。二是采集庞大样本,如《解读骚乱》采集了 260 万条推文,《瑞士泄密》采集了 60,000 份泄露的文件,其中包含超过十万个汇丰银行的客户的数据。以往无论采取哪种方式抽取样本,与数据新闻的扫描式采集的全样本与大样本相比,都不可同日而语。

全样本与大样本无疑从基础上保证了结论的可靠性与科学性。

---

① 国际电联. 衡量信息社会报告 [R/OL].(2016-11-12)[2017-09-09].https://www.itu.int/zh/ITU-D/Statistics/Pages/publications/mis2016.aspx.

（二）数据的扫描式分析：精确的事实真相

数据的扫描式分析，指通过扫描式采集所获取的绝大多数的数据虽然数量庞大无比，格式五花八门，术语艰生晦涩，但通过数据统计与分析软件的开发，它们都能被有效处理与分析，从而保证精确地揭示数据中所隐藏的事实真相。

李普曼认为，"新闻的作用在于突出一个事件，而真相的作用则是揭示隐藏的事实。"① 人们很难从传统新闻报道的一个个孤立事件中看出其内在的关联性。但如果把大量的事实数据汇聚在一起，就可能显示人类社会重要的相关关系或因果关系。数据新闻便是通过将海量的同类数据进行叠加、比较，挖掘数据背后的深层规律和趋势，推导人类社会的事实真相，如《拒绝伤害》通过分析超过 29 万条医院记录揭示：不少损伤、传染和手术医疗事故是完全可以避免的。

建立在分析大样本甚至全样本基础上的数据新闻揭示的不仅是事实真相，而且是更精确的事实真相，如当《解读骚乱》团队快速分析了 1000 个庭审案例后，得出了让很多法官和律师都瞠目结舌的结论：法庭对骚乱犯罪嫌疑人宣判的刑期，要比一般类似案件的刑期平均长 1/4。但当团队继续分析更多案件时，发现 1/4 这个数字仍是被低估的。② 总之，《解读骚乱》在许多方面展示了精确的事实，如骚乱分子中的种族比例，骚乱分子的教育、年龄、家庭收入甚至家庭住址与骚乱地点的平均距离等。

总之，数据新闻的扫描式分析确保了从无限的数据流中所发现的事实真相的正确性，甚至精确性。

（三）数据的扫描式呈现：结论科学性的具象化

数据新闻的扫描式呈现是指在大数据处理和可视化呈现等技术的基础上，将通过扫描式采集和扫描式分析整理出来的全体或海量的相关事、物、人的事实信息及其相关关系，一一对应地在图表上简洁直观地呈现。

数据新闻的数据扫描式呈现有两种方式：一是前台呈现式，即所有数据

---

① 李普曼. 公众舆论 [M]. 阎克文，江红，译. 上海：上海人民出版社，2006：256.
② 罗杰斯. 数据新闻大趋势：释放可视化报道的力量 [M]. 岳跃，译. 北京：中国人民大学出版社，2015：246.

全部呈现在一张图表之上。二是后台数据库式，即所有数据都在后台运行，只有输进一些相关信息，才能看到数据。例如，BBC的《每条道路上的每例死亡》的数据新闻，读者只要通过邮编，就可以搜索到1999—2010年英国该条道路上所发生的每例死亡事故。

如前所述，数据新闻所报道的事实，并非显性事件，而是通过逻辑思维推导出的较为抽象的事实性结论。作为一种新闻报道，数据新闻最终目的是将这些抽象的事实性结论告知普通受众并让其理解。这些结论来自海量甚至全体样本，因此为了让受众信服，数据新闻会通过"前台呈现式"和"后台数据库式"两种方式呈现所有样本、展现推导过程、图示数据变化或关系，把抽象的事实性结论具象化，以便观众自己从中找出关系、规律与趋势。因此，数据的扫描式呈现不仅具象化了结论，而且把证据到结论的逻辑性、科学性也具象化了。

来自"德国之声"的一位数据新闻工作者指出，借助扫描式的数据采集、分析及呈现等工具和技术，人们越来越有能力去把握和理解那些极其繁杂而广阔宏大的议题，如国际金融、债券、人口、教育等。[1]

（四）数据的扫描式解读：结论科学性的验证

数据新闻的数据扫描式解读，是指读者可从数据新闻中了解相关问题、现象等事实全貌以及它们的规律、趋势，并且可以根据兴趣对事实中的所有信息点进行解读。

数据新闻与传统新闻有两点不同：一是前者报道全体事件或庞大的同类事件，而后者只是报道个别事件，用个别事件代表类似事件；二是前者报道的是隐性真相，而后者报道的是显性事件。这两点导致要判断数据新闻的结论是否正确、可靠，需要全体或海量样本来支撑。因此，数据新闻通过"前台呈现"或"后台数据库"两种方式为受众提供了验证机会。所以，数据新闻的扫描式呈现既具象化了结论的科学性，又为受众检验结论科学性提供了入口。

---

[1] 数据新闻的商业模式［EB/OL］.（2013-05-19）［2017-12-25］. https://www.huxiu.com/article/14756.html.

四、数据新闻的论证"科学环"

如上所述,很多传统新闻是通过讲述故事即叙述事件来报道事实的,类似于记叙文。数据新闻则是通过社会调查、逻辑论证得出结论来报道事实的,类似于社科研究报告。数据新闻的扫描式特征保证了结论由全样本或大样本推导而出,使得论证严谨,结论正确可靠。这说明数据新闻具有较强的科学性。事实上,数据新闻的科学性体现在整个生产过程中。

美国社会学家沃尔特·L.华莱士(Walter L.Wallance)指出,社会研究的逻辑过程图示呈现出"圆环"特征,这一圆环被称为"科学环"。作为一种使用社会科学研究方法所进行的社会调查,数据新闻论证的逻辑与社会研究的科学逻辑基本相同,因此也呈现"科学环"①的特征(见图1)。

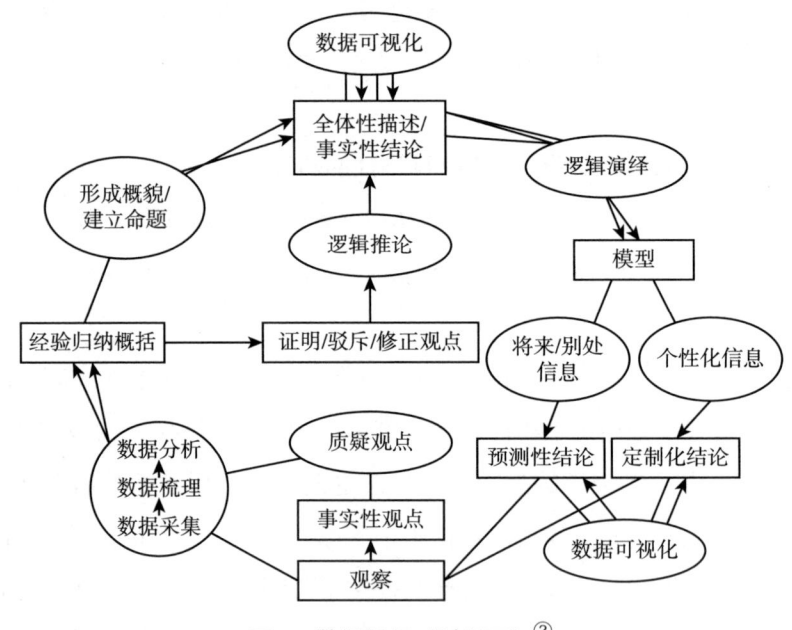

图1 数据新闻"科学环"②

---

① 数据新闻的"科学环"是在社会研究"科学环"的基础上改动而成。风笑天.社会研究方法[M].北京:中国人民大学出版社,2016:29.
② 该图展示了不同类型的数据新闻的逻辑路径,矩形代表信息成分;圆与椭圆代表方法控制;箭头代表信息转换。

在社会研究的"科学环"中，归纳与演绎是社会研究的基本逻辑推理方法。如图1所示，作为一种社会调查和应用型的社会研究，归纳与演绎也是数据新闻推导结论的最基本的逻辑推理方法。其中整体—呈现型和问题—分析型主要采纳归纳的逻辑方法，已然—预测型和模型—定制型则主要采纳演绎的逻辑方法。

图1中的实线路径展现了整体—呈现型和问题—分析型的"问题—调查—分析—结论型"的逻辑过程。灰色虚线路径反映了问题—呈现型的"质疑观点—调查—分析—证实/证否看法+结论型"的逻辑过程。黑色实线和黑色虚线路径则分别展示了已然—预测型和模型—定制型的逻辑过程。

不可否认，大多数的数据新闻都只是经历"科学环"的左半边或右半边。但由于有些整体—呈现型和问题—分析型数据新闻也会在文中形成的整体性事实结论的基础上进行预测，同时有些已然—预测型和模型—定制型从观察开始，通过数据采集和分析归纳形成事实性结论，然后通过演绎进行预测和定制，因此有些数据新闻涵括了整个"科学环"，如《二氧化碳的过去、现在和未来》《如果叙利亚内战发生在你的国家会怎样？》的逻辑论证贯穿了整个圆环。当然，这些预测会被人们进一步观察、验证。

总之，数据新闻之所以如此受人瞩目，正是因为作为社会调查的数据新闻所体现的科学精神：严谨的方法和学术的态度。[①]

[①] 罗杰斯.数据新闻大趋势：释放可视化报道的力量[M].岳跃，译.北京：中国人民大学出版社，2015：257.

两极与互补：新媒体语境下的新闻样态与图景[*]

人类社会的组成单位是个人。但在现实社会，人口数量庞大到突破70亿，世界广大辽阔到5.1亿平方千米，个人只能被整合到各种群体与组织之中。如今，在以节点为结构的扁平化互联网世界，每个人都是一个平等的节点，意味着个人从群体与组织中被解救出来，人类社会真切地回归到个人。同时，建立在Web2.0技术上的社交媒体，使个人节点从静态、被动的"僵尸"化存在因话语表达而转变为动态、主动的活色生香化存在。社交媒体和节点结构的完美结合确保了每个人向世界说话和世界听到每个人的话语的机会，从而颠覆了长久以来形成的新闻生产机制与新闻叙事样态，形成了一幅新的互相补充的新闻叙事图景。

一、"人人记者"与新闻叙事样态

互联网、社交媒体和手机移动端的结合不仅使每个人、每个组织都成了记者，而且改变了生产新闻的状态。这虽然冲击了专业媒体作为事件第一报道者的地位，但也促使他们开掘其他新闻叙事形态。下面笔者结合不同新闻生产者、新闻生产状态及其导致的具有特色的新闻叙事方式等三方面对新闻新样态进行分类分析。

---

[*] 文章原载于《新闻记者》2017年第8期，与陆佳怡、吴晓虹合作，收入本书时，略有删改。

（一）即兴新闻与背书式新闻

任何时代，或出于好奇等天性，或出于安全等功用，任何个人都既有倾听新闻的渴望，又有讲述新闻的冲动。社交媒体，尤其是手机移动终端与社交媒体的完美结合，如 Facebook、Twitter、微博、微信等的出现，激发了人们随时随地即兴讲述与发布新闻的冲动，如微博用户 @ 成都曝新鲜的简介便是："用镜头记录身边的点点滴滴。"于是人人都成为"记者""发报机""通讯社"，即通过视频、图片、文字等形式在微博、微信等平台便捷地发布自己所经历或所见证的新闻事件——公民新闻铺天盖地，充斥了整个网络。

虽然公民新闻一般是个人报道所经历或所目击之事，但从本质上来说，绝大多数的公民新闻都是一种即兴的社会新闻报道，因为绝大多数公民既没受过新闻专业训练，生产新闻的过程又匆促且毫无准备，很少有调查、证实等环节。这种即兴报道导致新闻难免存在虚假、片面、主观等现象，随着不同个人参与报道，公民新闻时常出现舆论反转现象。因此，先"出版"再"过滤"的公民即兴新闻便需要具有公信力或权威性的专门机构，如新闻媒体或相关部门来证实或证伪，于是就出现了背书式新闻。

背书，来自英文的 endorse。本义是指持有票据的人转让票据时，在票据背面批注并签名盖章。经过背书的票据，付款人不能付款时，背书人承担付款责任。此外，背书还表示对某人或某事表达正式的支持或同意。

因公民新闻的真实性与可信度存疑，需要具有采访权的新闻媒体与处置事件的相关部门对公民新闻进行认证，于是催生了大量的背书式新闻。例如，2017 年 3 月 14 日 21 时 20 分许，成都市武侯区发生一起车辆冲撞交警检查卡点事件。目击者率先把拍摄的视频上传网络，紧接着新京报的微博对此事进行了如下报道（见图 1）。又如 2017 年 1 月，郑洪升（郑渊洁之父）在自己的微信公众号上讲述了一段往事：20 世纪八九十年代，郑渊洁每天收到大量小读者来信。当来信越来越多时，郑渊洁一口气买了 10 套房子让读者来信"住进去"。因为流传时间太久远，使得本来可靠的消息被许多读者认为是段子。华西都市报的记者向郑渊洁求证后，在微博发布了如下背书式新闻（见图 2）：

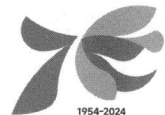

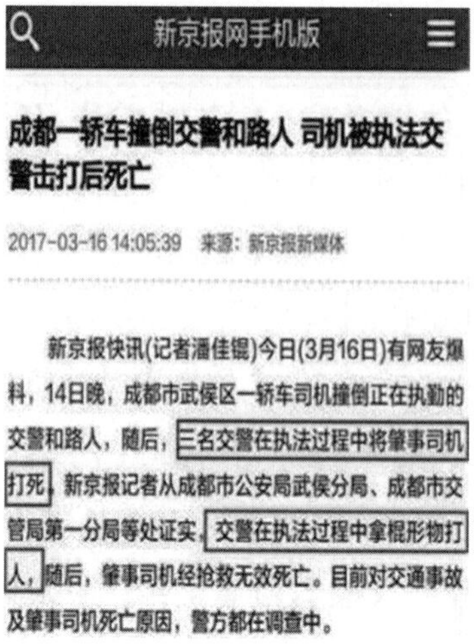

新京报网手机版

成都一轿车撞倒交警和路人 司机被执法交警击打后死亡

2017-03-16 14:05:39 来源：新京报新媒体

新京报快讯(记者潘佳锟)今日(3月16日)有网友爆料，14日晚，成都市武侯区一轿车司机撞倒正在执勤的交警和路人，随后，三名交警在执法过程中将肇事司机打死。新京报记者从成都市公安局武侯分局、成都市交管局第一分局等处证实，交警在执法过程中拿棍形物打人，随后，肇事司机经抢救无效死亡。目前对交通事故及肇事司机死亡原因，警方都在调查中。

图 1　新京报的微博报道

华西都市报
04月15日 11:55
已关注

#郑渊洁买十套房存信#【@郑渊洁 首次证实买十套房：给读者的信住】上世纪八九十年代，郑渊洁一口气在北京买了10套房子，专门用来存放读者来信。当时房价是每平米1400元，如今已翻了几十上百倍。他说，那时读者来信很多，舍不得扔。这些房子从没人住过，没租卖过，信一直住在里面。"存读者来信是我这辈子唯一的'理财'" 第11届作家榜丨立信，存信！郑渊洁首次证实...

2330 2844 7862

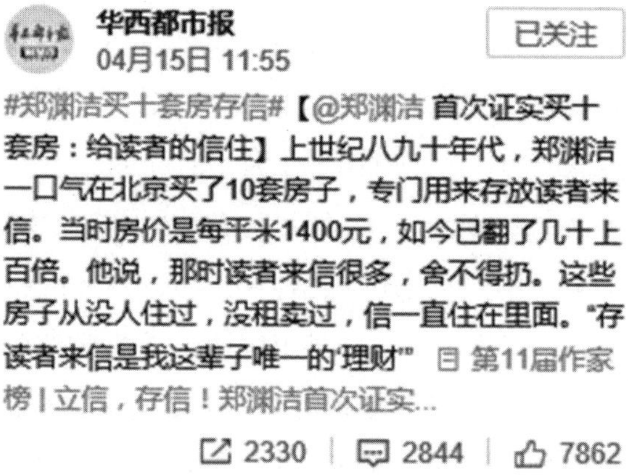

图 2　华西都市报对郑渊洁的报道

显然，新京报和华西都市报的报道一是转述了爆料网友的陈述，二是从权威部门或相关人物证实了事件的真实性。这显然是新闻媒体机构利用自己的公信力、影响力与采访权在向公众证实网友所记录事件的真实性，是新闻媒体在为公民的微博新闻进行背书。

当然，为公民新闻进行背书的不仅有新闻媒体，具有相关权威的部门或人士，如政府部门或事件的当事人，也会进入为公民新闻背书的行列，如 2017 年 2 月 24 日，一段昆明"骑警队员踢人"的视频不断在微信朋友圈被转发。昆明市公安局交警支队官方微博当晚发布通报证实事件属实。

背书式新闻的叙事呈现着叙述者的叠套结构，即"俄罗斯套娃"现象，即公民个人的叙述被套进记者或机构的叙述之中，如图3所示：

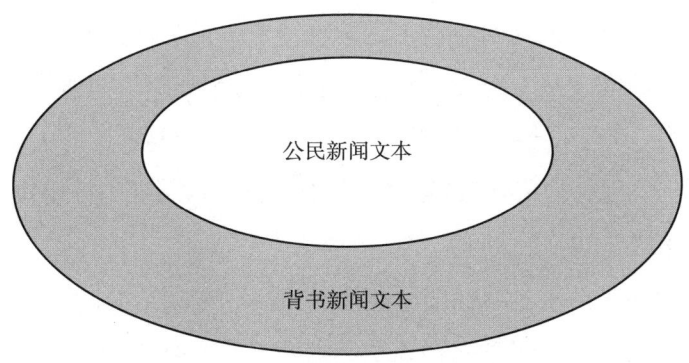

图3 "俄罗斯套娃"新闻

不过，经过背书的新闻未必真实，如上述新京报的新闻，虽然事件真实，但其对肇事司机的死亡原因的描述后经证实是一种错误的推断。

背书式新闻还包括专业媒体与权威机构对公民即兴新闻内容的锚定，因为众多的即兴新闻是以视频的方式发布的，这种视频很多只是对事件的实录，没有对事件的解读，所以它与事件具有不同含义甚至截然相反的解释框架。专业媒体与权威机构利用自己的公信力与权威性锚定一种框架，这是从另一角度对事件真相的背书。

（二）公务新闻与清单式新闻、图说式新闻

社交媒体的全面普及，不仅使得个人可以随时随地发布即兴新闻，而且促使各机构组织主动公布公务新闻。如果说即兴新闻一般是简短的、有关人类生活的社会新闻，那么公务新闻则一般是涉及工作且较为冗长的、具有较强专业特色的新闻，因为各机构组织一般不具有生产新闻的专业基础，并且发布的信息常带有自身强烈的专业术语。这往往导致公务新闻枯燥抽象，普通读者难以理解。于是帮助受众理解、把握新闻的重要信息并对其进行通俗

化解读或专业普及的解说新闻在新媒体语境中大为盛行。

为使受众清晰、快速、简洁地理解新闻,以清单式与图说式对新闻进行解说便应运而生。清单式新闻是指根据时间、要点等诸多标准把新闻中的重要信息进行提纲挈领或摘要式的分门别类。它的形式通常是以数字标注或者分行罗列,类似于人们现实生活中的购物清单,且常把关键内容加黑,如人民日报的微信新闻"从1到7,读懂习近平'一带一路'演讲为何收获27次掌声""重磅!习近平宣布,建设'一带一路'中国要干这些大事",人民日报"中央厨房"创制的爆款H5新闻"你有一份来自总理的神秘快递"也是一篇典型的清单式新闻(见图4)。

图说式新闻是指用示意性图画和简单文字、数据把新闻事件中的重要信息以一定的逻辑关系,包括人物关系、因果关系、时间关系、空间关系、组合关系等,进行具象化的直观简洁的呈现,以便受众对事件一目了然。① 图说式新闻已被大多数的新媒体报道所采纳,如央视新闻微信公众号的"一图"新闻,人民网的"图解新闻"、凤凰网的"图说新闻"(见图5)等。

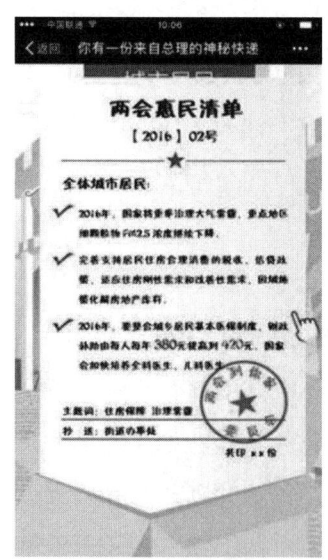

图4 清单式新闻

---

① 陈功,周鹏.图解新闻的传播特征、适用范围与发展趋势[J].当代传播,2015(4):100-102.

两极与互补：新媒体语境下的新闻样态与图景

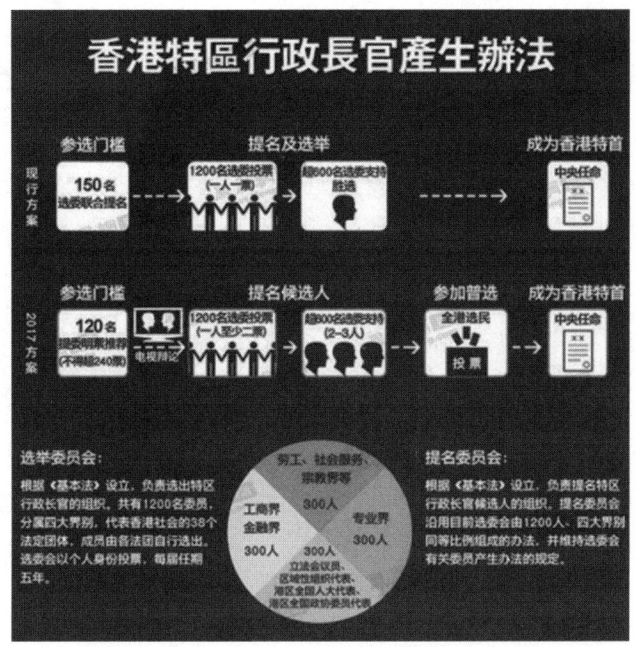

图 5　图说式新闻

无论是清单式新闻还是图说式新闻，一方面是为满足受众解读最原初的新闻或事件的需求，另一方面是为适应用户花费少量时间消费信息爆炸导致的层出不穷的新闻的需要，适应移动、小屏、伴随性的阅读界面所导致的用户越来越倾向于浅表层面的轻阅读习惯。

不仅如此，清单式新闻与图说式新闻还常常结合成清单式图说新闻或图说式清单新闻，如央视 2017 年 5 月 17 日的微信新闻："'一带一路'论坛取得 270 多项成果，跟你我的生活有什么关系？"还有人民网 2017 年 5 月 16 日的新闻："图解：'一带一路'国际合作高峰论坛成果清单一览"等。

（三）弥漫新闻与对话式新闻

社交媒体的"4A 属性"，即 Anyone、Anywhere、Anytime、Anything，以及互动、分享改变了新闻的生态。加拿大学者阿尔弗雷德·赫米达（Alfred Hermida）将这一新的生态命名为弥漫新闻（ambient journalism），即指一种"广泛的、异步的、轻便的和永远在线"的新闻生产与传播体系，这一体系

"围绕新闻在人们之间创造了多种新型的互动",并且能够帮助公民"保持让新闻和事件始终围绕他们的心智状态"①。总之,弥漫新闻,指的是新媒体语境下新闻具有无处不在的特性,"新闻是弥漫的,就像我们呼吸的空气"②。弥漫新闻既包括新闻生产弥漫,因为人人都是记者,所以人人在日常生活与工作中都可以随时随地生产碎片化的新闻;又包括新闻消费弥漫,因为新闻无远弗届,充斥于人人的日常生活与工作之中。总之,弥漫新闻是新闻生产者、新闻生产及其时间与地点、新闻消费等各方面弥漫的结果。

一方面,弥漫新闻使新闻生产与人们的日常生活互相渗透,使得新闻像日常话语一样,即既随时随地为我们所倾听,又随时随地为我们所生成,丧失了传统新闻传播所具有的仪式感。弥漫新闻的这种"去魅"效果,使得日常话语最朴实、最频繁的形式——对话,随之渗透进新闻的生成与消费。

另一方面,如上所述,社交媒体不仅催生了个人媒体,如个人博客、个人微博,也催生了各种群体与组织的政务微博与公众号。这种建立在以光速传递信息的互联网之上的社交媒体,使得传者与受者只要互相@一下,就可以瞬间越过芸芸众生,穿过万水千山,轻而易举地进行对话,如同面对面的交流。基于此,美国学者罗伯特·斯考伯(Robert Scoble)和谢尔·以色列(Shel Israel)宣称,人类已经从"广播时代"(broadcast era)进入"交流时代"(conversational era)③。

于是新闻发布不需要再借助新闻记者与新闻媒体这一中介进行转述,新闻传播的中间环节消失了,无论在意义上还是形式上,真正的对话式新闻都出现了(见图6、图7)。

---

① HERMIDA A. Twittering the news: the emergence of ambient journalism [J]. Journalism practice, 2010 (3): 297-308.
② HERMIDA A. From TV to twitter: how ambient news became ambient journalism [J]. Media/Culture journal, 2010, 13 (2).
③ ISRAEL S. Twitterville: how businesses can thrive in the new global neighborhoods [M]. London: Penguin, 2009: 8.

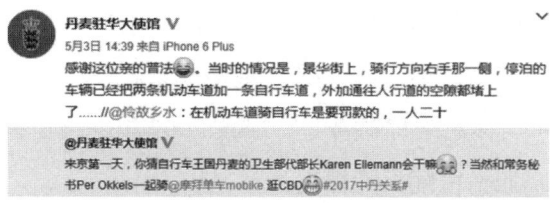

图 6　丹麦驻华大使馆在微博与网民的对话 1

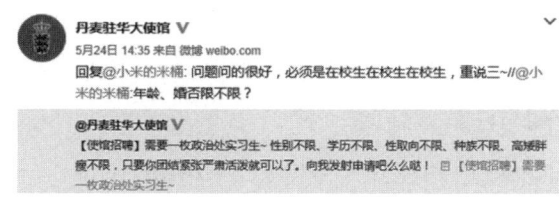

图 7　丹麦驻华大使馆在微博与网民的对话 2

显然，对话式新闻多了日常对话的随意与诙谐；缺少了以往职业记者新闻写作的正式与庄重。

对话式新闻这一理念从呼吁到实践包括四种含义：①通过展示记者与报道对象之间的对话而进行的报道；②从哲学理论的角度，对话应该成为一种新闻传播理念，烘托的是新闻在宏观层面上应该具有对话立场，而非意识形态上的霸权；③指新闻报道要引发受众参与社会公共问题的对话，尤其是记者要为弱势群体代言；④新闻文本是一个具有多重意义、蕴含多种阐释的话语建构。①②

对话式新闻的要义是传者与受者的对话，上述第一种形式的对话式新闻显然是记者代替受众与传者（采访对象）进行对话，记者只是在揣摩受众的心理与兴趣后提出问题，两者的对话犹如隔靴搔痒，很可能不得要义。而后三种的对话式新闻是有些缥缈的理论，因为没有媒体技术的支撑而难以落地，犹如读《红楼梦》，脑海中虽有林黛玉之形象，却是模糊虚幻的。互动、即

---

① 史安斌，钱晶晶.从"客观新闻学"到"对话新闻学"：试论西方新闻理论演进的哲学与实践基础［J］.国际新闻界，2011，33（12）：67-71.

② 李习文.论中国现实语境下的"对话新闻"［J］.国际新闻界，2010（2）：46-50.

时、分享的社交媒体使对话式新闻以最本质最朴素的形式得以具象化，犹如1987年版的电视剧《红楼梦》一上映，观众立刻就把林黛玉的人物形象固化下来，认为陈晓旭与林黛玉神形合一，以致2007年陈晓旭去世之后，人们感叹："天堂有了陈晓旭，世间再无林黛玉"。

对话式新闻可能因个人与个人之间的对话而产生，也可能因机构与机构之间的对话而形成，还可能因机构与个人、新闻媒体与个人或与机构之间的对话而促成。

（四）辫子新闻与注解式新闻

美国学者谢尔·以色列在其《微博力》（*Twitter ville*）一书中指出，新老媒体融合之后，将出现辫子新闻（braided journalism），即由统媒体、公民新闻和社会性媒体三条绳索组成的新闻生态。① 他的辫子新闻虽然是指宏观层面的各自独立、并行不悖的三种新闻样态，但事实上，辫子新闻更体现在微观层面的一则一则的新闻之中，这些新闻是整合来自传统媒体、公民新闻、用户回应等三种或多种文本而成的。

突发事件的报道，如果不是新闻记者恰好在现场，在时效性上无疑难及"人体发报机"一般的公民。但是，当面对一件深具报道价值的事件时，具有公共性的新闻媒体于公于己都不能缺席，只能绕过时效性另辟蹊径进行报道。对公民新闻进行背书是一种不失语失声的选择，对公民新闻进行注释则是另一种不失责任的作为。

注解式新闻，即对公民新闻的各个方面进行注释与说明，以方便公众详细了解新闻事件与新闻人物，如央视新闻的微信公众号于2017年3月20日发布的"老虎不是吃素的 规则更不能吃素"（这篇文章包括两个部分：前面是新闻报道，后面是央视的新闻评论）的新闻，便是针对网友的图片报道"在北京野生动物园自驾区白虎区，有一家人在游玩途中下车"，图8为报道从北京野生动物园、北京警方、用户、央视等不同视角所进行的注解分析。

---

① 以色列.微博力［M］.任文科，译.北京：中国人民大学出版社，2010：109.

两极与互补：新媒体语境下的新闻样态与图景

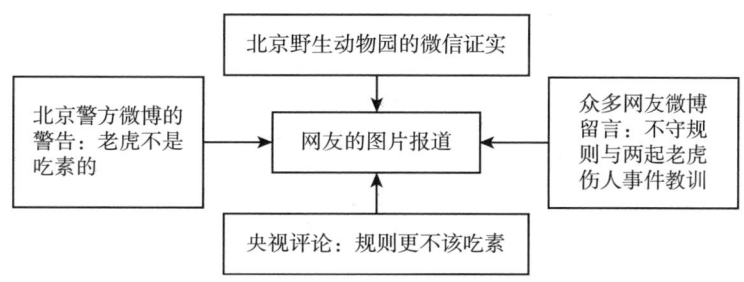

图 8　央视新闻微信公众号的注解式新闻

显然，这篇新闻由三种话语组成：公民个人新闻话语、专业媒体的新闻话语和各方自媒体回应的话语，形成了真正的辫子新闻（见图 9）。它是在碎片化时代对碎片化话语所进行的整合报道，也是在对话时代对多种话语所进行的聚合报道。

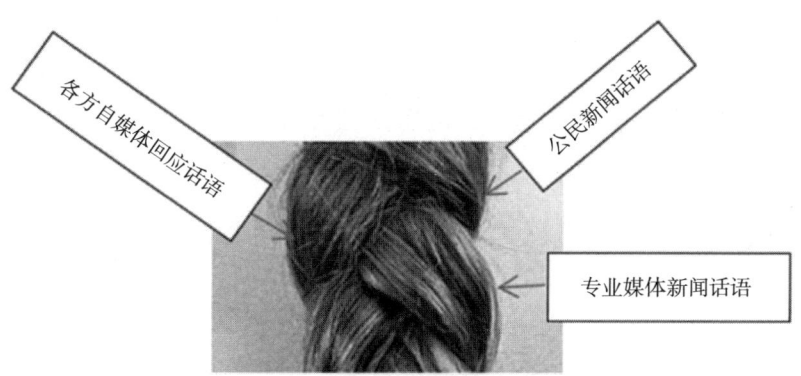

图 9　辫子新闻

在"人人都是记者""人人都是发报机"的时代，新闻媒体及新媒体专职人员的配置无疑难及无处不在的随时随地可用微媒体①进行播报的公民记者。不过，在正常工作与正常生活之外的碎片化时间里，公民碰巧目击新鲜事并匆匆进行报道，或进行即兴批注与评价，这一绝大多数的公民新闻的生成状

---

① 仇筠茜. 新闻策展："微媒体"环境下突发新闻报道及伦理分析——以美国马拉松爆炸案报道为例［J］. 国际新闻界，2013，35（9）：123-130.

231

态决定了它基本是一种碎片化的话语。作为专职报道的新闻记者在不必追赶时效的工作状态下，有时间、有义务搜集、整合人们的这些有关新闻事件的碎片化话语，以使事件清晰、丰满。

新媒体语境下的注解式新闻不同于传统媒体的解释性新闻。解释性新闻是运用大量背景材料来分析新闻事件发生的原因、意义或影响，揭示新闻事件的来龙去脉和深层意义的新闻报道，是一种背景性新闻，如《一些伊朗妇女走上一条新的脱离苦海之路——杀夫》便是典型的解释性新闻。[①] 解释性新闻与注解式新闻的不同之处在于：第一，注解式新闻通常会复述一则公民新闻；第二，解释性新闻报道重点是"何因"，注解式新闻的报道重点是"何事"和人们的反应。注解式新闻虽然存在着简单的评论，但这种评论不是深度解释，而是人们从道德、法律等角度对该事件进行的评价。

注解式新闻与背书式新闻的不同之处在于：注解式新闻既有对事件的背书，又有对事件的评论、说明，还有各方的反应或评论，如上述"老虎不是吃素的 规则更不能吃素"，其中收录了北京警方的警告和普通网友的批评，而背书式新闻只是对公民新闻所叙述的事件进行证实或证伪，如上述新京报的"成都一轿车撞倒交警和路人 司机被执法交警击打后死亡"，一般没有评论。

在社会性媒体普及的时代，常见的注解式新闻的结构是由三绺不同的话语组合而成的：一绺来自微博、微信、脸书和推特的公民个人新闻话语；一绺来自各方的回应话语，包括新闻当事人、相应官方和受众的回应，他们的回应或源于自媒体的发布，或源于专业媒体的采访；一绺来自专业媒体的报道，如上面的央视新闻"老虎不是吃素的 规则更不能吃素"。由"红星新闻"调查后所发布的新闻报道"成都武侯'凯迪拉克车主'死亡前 90 分钟"，则是由三绺新闻资源组成：公民新闻（视频＋文字叙述）、成都市公安局武侯分局官方微博＠平安武侯发布的警情通报、红星新闻记者经过采访所得的补充情节。

上述四种分类中，如果说即兴新闻是公民个人即兴生产的新闻，公务新闻是组织机构推敲后生产的新闻，弥漫新闻是公民个人、组织机构、专业媒

---

① 汪苏华. 西方解释性新闻的特点与写作要求 [J]. 当代传播, 2005（5）: 34-36.

体随时随地生产新闻，那么辫子新闻则是公民个人、组织机构和专业媒体共同生产新闻，而背书式新闻、清单式与图说式新闻、对话式新闻与注解式新闻则是上述四种新闻生产状态所催生的具有特色的新闻叙事形态。

二、事件形态与新闻呈现样态

不仅新闻生产者与生产状态会影响或催生新闻叙事形式，对事件报道的完整程度与报道的时效性的不同追求也会影响新闻叙事样态。以下三种新闻形态便是事件以细节、以全貌再以样本的形式被叙述、被报道。

（一）过程新闻与蜂巢式新闻

分秒传播的数字新媒体，无处不在的公民记者，让新闻的报道与事件的发展和认知的过程同步进行，于是事件的报道便以追寻真相的动态过程而不是掌握情况的已然结果来进行建构与呈现，因此，新闻不再以事件全貌而以事件过程的形式出现，如马航失联事件的报道，便是一个不断发现、甄别、剔除、确认的过程，苏·罗宾孙（Sue Robinson）把这种形式与状态的新闻称为过程新闻。[①] 过程新闻不容许记者等到获得事件（尤其是重大的突发事件）的全部 5W 信息才进行报道，而是在获取零星的、一鳞半爪的信息之时对其进行发布。刻不容缓的新媒体报道语境，不可能让记者等待相关方面的回应或查询相关背景资料。这种新闻报道与事件发展同步的"抢报"状态使新闻只能是碎片化报道，即一个要素、一个要素地进行报道。笔者把这种新闻报道的新模式称为蜂巢型叙事模式。[②]

报道者众多、信息黑洞众多和碎片化新闻众多，是蜂巢型新闻叙事的最重要的特征。对现实事件的完整报道如同一个完整的蜂巢。在新媒体语境

[①] ROBINSON S. Journalism as process: the organizational implications of participatory online news ［J］. Journalism & communication monographs，2011，13（3）：137-210.
[②] 曾庆香. 新媒体语境下的新闻叙事模式［J］. 新闻与传播研究，2014，21（11）：48-59，125-126.

中，事件，尤其是重大的突发事件发生之后，瞬间产生众多的信息黑洞，如MH370事件中，航班号、乘客人数及姓名、乘务人员人数与姓名、失联的具体时间、失联的原因、失联的位置、飞机的航线等，需要人们去挖掘、填补。这种众多的信息黑洞类似蜂巢上众多空洞洞的蜂巢孔。众多不确定的信息促发众多的专业记者和在场公民尽情搜罗、挖掘，这类似于蜜蜂采蜜的状况：当出现繁花一片，方圆很多里的蜜蜂都会飞来采集花蜜，如《华尔街日报》通过挖掘罗尔斯罗伊斯公司特伦特引擎线索报道：飞机"在失联后继续飞行4小时"；《纽约时报》从美政府线人处拿到雷达数据认定飞机西拐；ABC第一时间披露众包搜索；BBC等找到卫星公司，披露飞机最后联络时间是8点11分。报道时间的紧迫和人们获知信息的急切，使得专业的和公民的记者只能对事件进行零散、碎片化的报道，如同一只蜜蜂采足了花粉就飞回来填充蜂巢。

（二）全景新闻与钻石式新闻

在实时传播与人人记者的时代，突发性新闻是以细节为内容的碎片化和以分秒为时点的信息流的形式（蜂巢式新闻）出现的。

另一方面，在新媒体推动的生活、工作节奏愈来愈快的时代，受众很难有时间、有精力逆时间之流而上，追寻事件的所有碎片化报道，这导致人们既难以纵向了解事件发展的全部过程，也难以横向观看事件发生现场的全部面貌。于是针对突发性的大型新闻事件的全景报道应运而生。典型的全景新闻是获得 2013 年普利策特稿写作奖的纽约时报的约翰·布兰奇（John Branch）领导制作的 Snow Fall：The avalanche at Tunnel Greek（《雪从天降：塔尼尔科瑞克的雪崩》，以下简称《雪崩》、《雪从天降》）。

正如普利策奖评审委员会在获奖理由中写道："《雪崩》对罹难者的生动叙述和对这次灾难的科学解释使事件呼之欲出，而多媒体元素的巧妙结合更使叙事如虎添翼。"[1]《雪从天降》中的各段文字、各个图片、各段视频、各种

---

[1] Snowfall. [EB/OL]. (2013-01-01) [2014-11-25]. www.pulitzer.org/citation/2013-Feature-Writing. 中文翻译参照了郭之恩.《雪从天降》：一次奢侈的融合报道探索 [J]. 中国记者，2013（6）：123-125.

音效、各个动画就像钻石的一个个刻面；文字的优美、视频的精良、音效的现场感、图片的再现、数据的精确、动画的模拟便是钻石新闻的抛光；而何处安放文字，何处嵌入视频，何处放置图片，何处插入动画则代表了新闻钻石的不同比例。这种为了让故事完整呈现而精心选择、制作各种形式的多媒体元素正如为了让钻石能够反射最灿烂的光芒而进行的精准切割、抛光作业。①

（三）数据新闻与扫描式新闻

数据新闻（data journalism），又被称为数据驱动新闻（data-driven journalism）。欧洲新闻学中心（European Journalism Centre）和开放知识基金会（Open Knowledge Foundation）倡导编写的《数据新闻手册》（*The Data Journalism Handbook*）指出，数据新闻就是用数据处理的新闻，是把传统的新闻敏感性和有说服力的叙事能力，与海量的数字信息相结合的新闻。②德国之声电视台记者米尔科·劳伦兹（Mirko Lorenze）则通过工作流程来界定数据新闻：通过反复抓取、筛选和重组来深度挖掘数据，聚焦专门信息以过滤数据，可视化地呈现数据并合成新闻故事。③前者是从属性的角度对数据新闻的界定，后者是从工作流程来定义数据新闻。

沃尔特·李普曼（Walter Lippmann）在《公共舆论》中指出，媒体像探照灯，灯照射哪里，人们就关注哪里。④但无论怎样，它都不可能把世界所有角落都照射到。在有限的人力、物力、财力的情况下，传统媒体不可能也不想照看全人类。⑤于是只能选取照射一事一物一人，来代替反映他们的同类。在金字塔式的层级社会中，传统媒体一般只能照射塔尖的事、物、人。而处

---

① 曾庆香.新媒体语境下的新闻叙事模式［J］.新闻与传播研究，2014，21（11）：48-59，125-126.
② BOUNEGRU L, GRAY J. The data journalism handbook［M］. Maastricht：European Journalism Centre, 2012.
③ 方洁，颜冬.全球视野下的"数据新闻"：理念与实践［J］.国际新闻界，2013，35（6）：73-83.
④ 李普曼.公众舆论［M］.阎克文，江红，译.上海：上海人民出版社，2006：243.
⑤ 李普曼.公众舆论［M］.阎克文，江红，译.上海：上海人民出版社，2006：259.

于塔底的事、物、人要想被照射到，只能因为灾难，因为异端，因为典型。

但在互联网时代的新媒体语境里，数据新闻改变了媒体用一事一物一人代表所有事、物、人的传统做法，甚至逐步出现了照看全体人类的场景。因为一方面，在扁平化的、塔底人物和塔尖人物都体现为一个节点的互联网世界里，每一个数据，包括平凡的、奇特的数据都具有意义，因为它们都是统计中的一分子，正如在世界人口的统计中，一个最底层、最贫穷的人与一个最权威、最富裕的人一样，具有同等意义，如英国广播公司制作的《预算计算器：2012 年财政预算将如何影响你？》(Budget Calculator：How Will the Budget 2012 Affect You？)，让每位用户只须在界面上输入一些日常个人信息（如每周购买多少啤酒、几包香烟、家有几辆汽车、月收入等），就能自动算出 2012 年的新财政预算会让你多付多少税、你明年的生活会比今年变得更好还是更差，记者不再采访个别专家或财政官员并让他们代表每个个人来发言。

另一方面，在大数据的背景下，在社交媒体普及的今天，搜集全面而完整的数据乃至全体数据已经越来越成为可能，国际电信联盟 2016 年 11 月 22 日发布的年度《衡量信息社会报告》指出，截至 2016 年年底，全球互联网用户人数将达 35 亿，相当于全球人口的 47.1%。全球手机用户数达到 71 亿，手机信号已覆盖了全球超过 95% 的人口。另据 eMarketer 测算，2016 年全球约 23.4 亿人经常访问社交网络，占全球总人口的 32.0%，占网民的 68.3%。随着越来越多的人入网，使用手机，以及物联网的普及，世界逐渐被数据化。

上述的两个原因使建立在大数据基础之上的数据新闻体现为一种扫描式新闻报道。它包括扫描式搜集、扫描式分析、扫描式呈现与扫描式解读四个方面：一是记者通过大数据挖掘技术基本能够扫描到与某一问题或主题相关的所有事、物、人的数据；二是在大数据处理技术的支撑下，所搜集到的相关的事、物、人的数据，哪怕是海量的数据都能得到分析；三是在大数据处理和可视化呈现结合的基础上，所分析的所有相关的事、物、人都能被简洁地呈现；四是受众能够扫描到分析过的、与主题相关所有事、物、人。通过这四种方式的扫描，传统媒体以往只能照射一事一物一人的"典型式的新闻故事叙述方法"被照射全部事、物、人的数据的"扫描式的新闻事实归纳方法"所取代,如《卫报》的数据新闻《伊拉克战争日志》使用维基解密数据和谷歌免费地图软件制作了一幅点图(dot map),即将伊拉克战争中所有的人员伤亡情况均标注于地图之上,一个红点代表一次死伤事件,鼠标点击红点后弹出的窗口则有详细的说明:伤亡人数、时间,造成伤亡的具体原因。地图上密布的红点触目惊心,多达 39.1 万个。

三、叙事的两极与功能的互补

新媒体与互联网技术让新闻生产变成了一个开放场域,公民个人与组织机构加入新闻生产的行列,打破了原来传统媒体新闻生产的封闭状态。业余与专业的新闻生产者合奏,共同演奏出多种多样的新闻叙事样态,令新闻图景更开阔、更具层次感。

总体而言,新媒体语境下的新闻叙事样态在各个层面上都呈现了两极化的倾向:一极是碎片新闻,如蜂巢式新闻;一极是全景新闻,如钻石式新闻。一极是点上的事件新闻,如公民新闻、背书式新闻;一极是面上的论证新闻,如扫描式新闻。一极是专业的公务新闻,如各个专业组织机构所发布的通告新闻;一极是科普的大众新闻,如针对公务新闻的清单式新闻与图说式新闻。一极是快新闻,如蜂巢式新闻;一极是慢新闻,如钻石式新闻,很多数据新闻也是极慢新闻,有的耗时近一年。

新闻叙事的两极化倾向满足了不同受众和受众不同层面的需求,如对于热点事件,人们既想了解事件的"枝叶"发展,又想知道"整棵树木"的变化,还想扫视"整片森林"的概貌,蜂巢式的过程新闻、钻石式的全景新闻、扫描式的数据新闻便应运而生。因此,新媒体语境下的各种新闻样态在功能上互相补充。

新媒体语境下的新闻叙事模式*

纽约时报的《雪从天降：塔尼尔科瑞克的雪崩》(Snow Fall：The avalanche at Tunnel Creek) 在上线的短短6天时间里，浏览量超过了350万，受到了网民、业界和学界的一致好评，并获得2013年普利策"特稿写作"(feature writing) 奖。这促使笔者思考新媒体语境下的新闻叙事模式。

一、文献综述与本文创新

几乎每种类型的新媒体的出现都导致了新闻叙事的变革，如倒金字塔的新闻叙事模式便是为适应当时的电报而出现的。自此之后，倒金字塔便成了新闻叙事的基本结构。这一倒金字塔结构被著名的话语研究学者特恩·A.梵迪克 (Teun A. Van Dijk) 在《作为话语的新闻》(News as Discourse) 一书中用下列树形图[①]清晰、明了地表示了倒金塔结构（见图1）。

图1 梵迪克的倒金字塔新闻叙事的树形图式

---

* 文章原载于《新闻与传播研究》2014年第11期，收入本书时，略有删改。
① VAN DIJK T A. News as discourse [M]. Groningen：University of Groningen，1988：85.

不仅如此，梵迪克还指出，新闻的上述叙述图式确实存在，无论是记者还是读者都会不知不觉地运用这些图式来制作新闻、理解新闻。

在他的启发下，笔者也曾绘制如下的新闻叙事的图式（见图2）。①

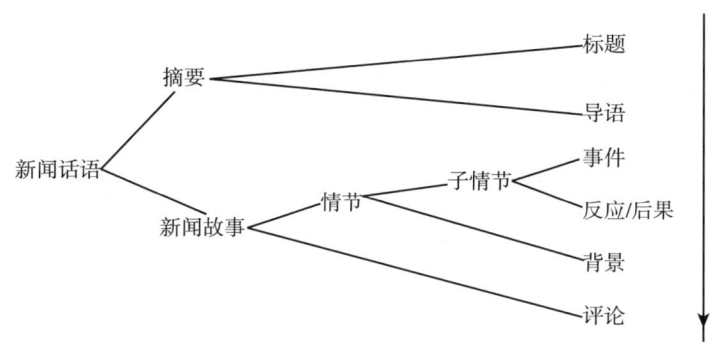

图 2　笔者的倒金字塔新闻叙事的箭头图式

目前针对新媒体语境下新闻叙事模式的研究，在国内还鲜有人进行研究，而在国外也只有零星几篇论文，较为优秀的论述有保罗·布拉德肖（Paul Bradshaw）于 2007 年写的《21 世纪新闻编辑部的模式》（A Model for the 21st Century Newsro 和德温·哈纳（Devin Harner）于 2011 年写的《推特效应：社交媒体如何改变新闻叙事》（The Twitter Effect：How Social Media Changes the News Narrative）。前者指出了互联网语境下的菱形新闻模式，后者指出了推特具有依赖网民群体或网民个人填补信息的叙事特点，并将这种特点归为蜂巢型叙事。

笔者借鉴了保罗的菱形新闻的图式，但根据时代的变迁进行了订正；同时将德温有关推特的蜂巢型叙事借用到新闻叙事之上，并对这一术语有新的、完满的诠释，最后提出了第三种钻石型新闻叙事模式。这三种模式中，虽然蜂巢型模式和菱形模式描述的是连续报道，而钻石型模式是就单篇报道而言的。但事实上，蜂巢型模式和菱形模式所描述的连续报道都是为了适应当今新媒体语境下的新闻时效而形成的。在以往的媒体环境下，这些报道通

---

① 曾庆香．新闻叙事学［M］．北京：中国广播电视出版社，2005：41.

常以单篇报道而非连续报道的形式出现。同时，无论描述的是单篇报道还是连续报道，这三种类型的叙事模式都是当今新媒体语境下的产物。因为虽然在"旧"媒体语境下无疑也有连续报道，但媒体通常采取的是戏剧式的叙事模式。①

二、新媒体语境下的三种新闻叙事模式

媒介即讯息。新媒体尤其是以微博为典型的自媒体所带来的最大变革就是新闻时效性大大加强：由以往的以天为传播单位时间，到后来的以小时为传播单位时间，到现在的以分、秒为传播单位时间。这极大地改变了新闻报道的叙事模式。

（一）蜂巢型新闻叙事模式

新媒体背景下，事件（尤其是突发事件）的分秒传播让媒体只能在获得一鳞半爪的信息，而不是完全获得新闻的 5W 要素时就对其进行报道。在这种刻不容缓的报道状态下，记者不仅没有时间等待相关方面的回应，更没有时间查询背景资料。这种"抢报"的状态使得记者只能是一个要素、一个要素地进行报道，如中央广播电视台对马航 MH370 失联事件的报道。

显然，上述报道已基本不能用倒金字塔的新闻结构图式来进行描述。笔者认为，这种新闻新模式可被称为蜂巢型叙事模式，原因如下：

一是报道者众多。事件尤其是重大的突发事件发生之后，众多的新闻媒体都会倾巢出动搜罗信息，如中央广播电视台的马航事件报道便采用了来自美国有线电视新闻网、法新社、新华社、马航官网等多方面的消息。这无疑类似于蜜蜂采蜜的状况——当出现繁花一片，方圆很多里的蜜蜂都会飞来采集花蜜、花粉。同时，在自媒体时代，无处不在的个人加入了争相报道事件的行列，这种无处不在的"蜜蜂"无疑引发了更为强劲的时效性争抢。

---

① 常江. 新闻连续剧：叙事策略与传播样态探析 [J]. 国际新闻界, 2013 (5): 120–129.

二是"信息黑洞"众多。信息黑洞，即事件的不确定性和未知性。事件尤其是重大的突发事件发生之后，有许多的"信息黑洞"需要人们去挖掘、填补，如马航事件中的航班号、乘客人数及其姓名、乘务人员人数与姓名、失联的具体时间、失联的原因、失联的位置、飞机的航线等。这种众多的信息黑洞就类似蜂巢上众多空洞洞的蜂房。

三是碎片化新闻众多。由于报道时间的紧迫和人们获知信息的急切，记者只能对事件进行零散、碎片化的报道，如中央广播电视台对马航事件的报道，第一则报道只是告知公众马来西亚航空有一架载有239人的航班失联；第二则报道则告知了失联的大致时间、出发与飞往地点、计划落地时间。第三则报道才告知公众飞机型号、航班号、失联具体时间、中国乘客的人数等（见表1）。

表1　中央广播电视台马航事件报道

时间	栏目	形式	主要内容	消息来源	时长
3月8日 8：46	朝闻天下	插播最新消息	下面我们来插播一条最新消息，据美国有线电视新闻网报道，马来西亚航空称，他们与一架载有239人的飞机失去了联系，目前具体的情况还不得而知。那么详细的情况本台也会保持随时跟进。	美国有线电视新闻网	15秒
3月8日 8：52	朝闻天下	插播最新消息	我们再给大家来介绍一下飞机失去联系的情况，马来西亚航空8号发表声明说，该公司一架从吉隆坡飞往北京的航班在当天凌晨的时候失去了联络，航班载有239人，原定在8号早晨6：30分到达北京，有最新的消息，我们也会随时播报。	马来西亚航空局	21秒
3月8日 9：20	新闻直播间	插播最新消息	马来西亚航空今天早上发表声明说，空管与一架载有239人的飞机在今天凌晨2：40失去联系，机上有227名乘客，包括2名婴儿以及12名机组成员，飞机的型号是波音777-200，航班号是MH370，于北京时间7日晚22：21分在吉隆坡起飞，目的地是北京，飞机原计划在今天早上6点30分左右在北京降落。据法新社报道，飞机上有160名中国人，马来西亚方面已经启动了相关的搜救工作。	法新社	38秒

续表

时间	栏目	形式	主要内容	消息来源	时长
3月8日 10:03	两会直播间	外交部长王毅回答记者提问	（王毅）今天早晨我们得到一个非常令人忧虑的消息，一架马来西亚的民航飞机，在飞往中国的途中失去了联系，我们很揪心，祝愿每个人都能平安，外交部以及我们有关的驻外领事馆已经启动了应急机制，我们在全力了解具体情况，一旦有消息我们会及时向大家发布。	外交部长王毅	38秒

显然，新闻媒体对事件的报道就像一只只蜜蜂采来的蜂蜜，不同媒体一点一点地将信息积聚起来，直至事件尘埃落定之后，信息黑洞才能被完全填充完毕，事件的面貌才能完全显露。这正如一个所有蜜蜂都回到自己的蜂房后的完满蜂巢。这种叙事模式如图3所示：

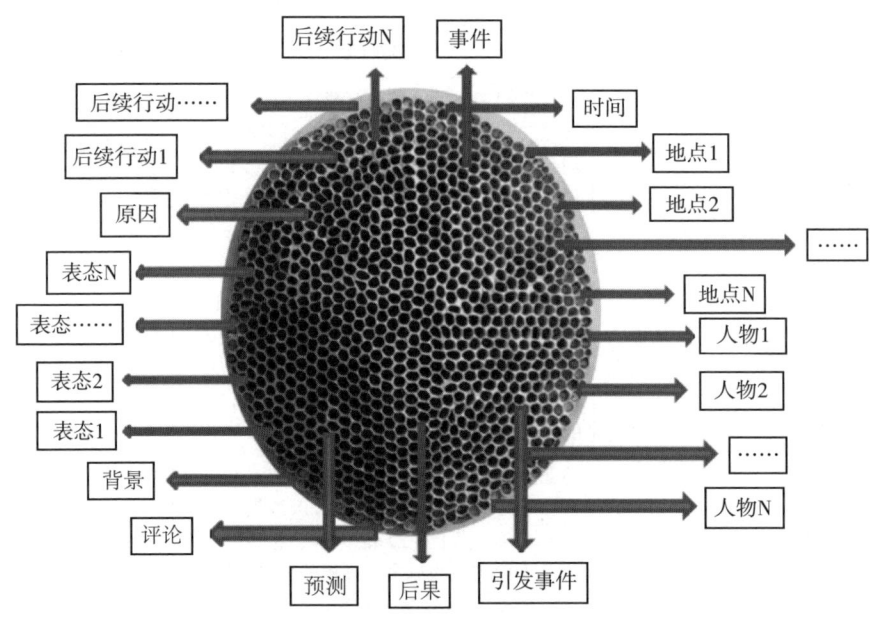

图3 蜂巢型新闻叙事模式

门户网站的新闻专题报道基本都是采取这种蜂巢式的新闻叙事模式，如人民网的马航事件报道专题（见图4）。

越南政府仍未能确定失联飞机位置
人民网-国际频道(2014-03-08 20:55)

人民网河内3月8日电 （记者杨晔）越南外交部发言人黎海平当地时间3月8日17时（北京时间18时）在接受人民网驻越南记者独家书面采访时表示，越南十分关注马航客机失联一事。在得到马航MH370客机失联的第一时间，越南相关职能部门立即主动积极配合有关方面证实各种消息，开展搜救工作。 当地时间3月8日1…[详细]

马航失联航班乘客及机组人员完整名单
人民网(2014-03-08 20:54)

人民网北京3月8日电，马来西亚航空公司官方网站今晚公布了失联的MH370航班的227名乘客及12名机组人员名单，共计239人。其中，中国154人（含1名台湾地区乘客）、马来西亚38人、印度尼西亚7人、澳大利亚6人、印度5人、法国4人、美国3人、新西兰2人、乌克兰2人、加拿大2人、荷兰1人、俄罗斯1人…[详细]

马航失联航班名单中意大利乘客证实在泰国
人民网-国际频道(2014-03-08 20:49)

人民网罗马3月8日电 （史克栋）据意大利安莎社最新消息，马来西亚航空公司失联的飞往北京的MH370航班名单中，今年37岁的意大利乘客Luigi Maraldi已经确认其不在飞机上。 意大利《共和国报》网站消息称，意大利外交部已经与这名意大利人取得联系，Luigi Maraldi也于意大利时间上午与…[详细]

图 4 人民网马航事件专题报道页面

虽然网站基本都是传统媒体报道的集纳，但其首页的最新消息体现了信息一点一点地被实时更新，这使得事件的进展一目了然。

在新媒体语境下，采取蜂巢型新闻叙事模式并非只限于能够进行实时更新的电子媒介，如广播、电视、门户网站、微博等。无法实现实时更新的纸质媒体也常采纳这种新闻叙事模式，如《南方都市报》2014 年 3 月 9 日第 5 版的"MH370 失联后的 21 小时"，便完全是根据每个时间点所获取的一点一点的信息进行报道的：

0：41 MH370 从吉隆坡出发。

2：40 马航确认 MH370 失联，但并未对外公开。

6：30 MH370 未按预定时间到达北京。

7：30 马航公布 MH370 失联。

…… ……

9：00 失联班机航油耗尽。

…… ……

23：30 "幸运"的意大利人。

21：23 新华社发布一条好消息称，意大利外交部确认，一名意大利籍乘客没有登上 MH370……

截至 3 月 8 日 23 时 30 分，MH370 已确定失联 21 小时。

《南方都市报》的"MH370 失联后的 21 小时"新闻，标题决定了报道有利于采纳蜂巢型新闻叙事模式，其第一版的"马航飞北京航班失联 机上有中国乘客 154 人（主题）机载 239 人，失联航班截至发稿仍未找到（副题）"，根据以往阅读经验，这条新闻应该是典型的倒金字塔的新闻话语图式，但《南方都市报》仍然采取了蜂巢型新闻叙事模式，如下：

0：41 在吉隆坡起飞。

2：40 与马来西亚苏邦空中交通管制台失联。

6：30 原计划抵达首都国际机场。

失联海域：北纬 06°55′15″，东经 103°34′43″

外交部公布失联航班领保电话：

中国驻马来西亚使馆领保协助电话：0060-123429829

中国驻越南使馆领保协助电话：0084-903474865

机组人员 12 人

机长：Zaharie Ahmad Shah，马来西亚籍，53 岁，总计飞行时间 18,365 小时，1981 年加入马航。

副驾驶：Fariq Ab. Hamid，马来西亚籍，27 岁，总计飞行时间 2763 小时，2007 年加入马航。

如果说电子媒介，包括传统电子媒介和新电子媒介，采纳蜂巢型新闻叙事模式是迫不得已，因为事件重要，所以插播；因为实时更新，没有时间等待搜集更多的信息，但作为纸质媒体的报道，既有时间，又有信息，因此完全可以采纳倒金字塔的新闻叙事模式，可《南方都市报》仍然采取了蜂巢型新闻叙事模式，无疑说明这一模式受到了青睐。

当然，笔者并不认为，在新媒体语境下，所有的新闻都应该采纳蜂巢型新闻叙事模式。一般来说，复杂的、经历时间较长的突发事件适合蜂巢型新闻叙事模式。当然，由于受到字数的限制，微博的新闻报道基本都是采取蜂巢型新闻叙事模式。

在此还须澄清一下，蜂巢型新闻叙事模式不同于戏剧式新闻叙事模式。根据戏剧式新闻叙事模式所产制的新闻即新闻连续剧。新闻连续剧是指"把完整的新闻事件分为2集或2集以上，每天连续播出，注重对议题或人物发展过程的纪实与呈现，在对立冲突关系中设置悬念，延宕叙事过程，吸引受众关注"①。因此，蜂巢型新闻叙事与戏剧式新闻叙事最大的区别就是，前者报道的新闻事件正在进行，是对事件进行的实时报道；后者报道的新闻事件基本过去了，是对事件进行的追溯报道。

（二）菱形新闻叙事模式

在时效性非常强的新媒体出现之前，一篇新闻报道一般含有标题、导语、事件、后果、背景、反应与评论等，如上述梵迪克的树形图式和笔者的箭头图式。但在以分秒为单位进行传播的今天，越来越多的新闻背离了这种新闻叙事结构，记者开始将这些新闻范畴切分开来进行报道，使得每一个范畴都成为一篇独立的新闻话语。

与此同时，为了适应新媒体语境下受众互动的需要，新闻话语也相应地增加了一些新的范畴，如新闻互动与新闻定制。

针对这一点，上述的美国学者保罗·布拉德肖在《21世纪新闻报道模型》中曾指出，为了适应互联网时代新闻报道对速度和深度的追求，记者一般采取快讯（alert）、草稿（draft）、报道（article/package）、背景（context）、分析

---

① 常江. 新闻连续剧：叙事策略与传播样态探析 [J]. 国际新闻界，2013（5）：120-129.

（analysis）、互动（interactivity）和定制（customisation）等7个报道步骤。①

笔者认为，草稿作为新闻工作者发布在博客等自媒体上并等待受众进行修正与补充的粗糙的事件报道，这一后台行为在新闻报道中难以被大面积推广。2012年英国广播公司（BBC）、天空新闻台（Sky News）和美国有线电视新闻网（CNN）所出台的"推特新政"就是证据。英国广播公司的新规要求：记者同时发出报道和推特，而不是先发推特。该规定适用于英国广播公司的所有记者。"我们重视推特和其他社交网络媒体作为信息发布平台、新闻采集工具及与公众互动新途径的价值"，英国广播公司的社交编辑向《卫报》表示："但我们更清楚地知道我们最看重的是重要信息先要传递到英国广播公司，然后通过英国广播公司传播给我们的观众，而肯定不是在推特之后。"②

经过分析我们可以发现，为适应新媒体的时效性，媒体对事件的报道通常采取下列报道步骤。

1. 简讯：简讯是对事件的简单概述。一般事件一发生，简讯便会被发出，发布平台往往是移动终端的自媒体。从作用来说，简讯相当于传统新闻的导语。

2. 反应/结果：在新媒体的语境下，事件所牵涉的各方很快会通过微博等自媒体进行口头反应，相关部门也会迅速地行动起来。因此，反应与后果往往能迅速地得到记者的报道。

3. 事件：虽然简讯已经对事件进行了简要报道，但受众需要了解事件的发展脉络和各个细节，这无疑需要记者进行多方采访，因此在时间上，对事件的报道往往晚于反应/后果。

4. 背景：在对事件有较为全面的认知之后，新闻工作者已经明白从什么视角、从哪些方面挖掘背景材料，并会通过各种途径获取背景信息，让受众对事件的认知得到进一步深化。

5. 评论：在对事件的脉络、细节和背景有充分的了解之后，记者们便着手对事件进行分析、评论，以使新闻的深度达到最大化。

---

① A model for the 21st century newsroom［EB/OL］.（2007-09-17）［2014-11-25］. http：//onlinejournalismblog.com.
② 王侠. 英美三大电视台的微博新政［J］. 新闻记者，2012（3）：88.

6. 延伸事件：某一事件发生之后，往往会引发一系列的后续事件，如2008年5月汶川地震事件所引发的人们的追悼、默哀与缅怀。

7. 互动与定制：为了满足部分受众对新闻事件的极高兴趣，新闻工作者会充分利用新媒体的互动特性，搭建一个互动平台，如论坛、聊天室。与此同时，或者出于工作的需要，或者出于用户对方便的追求，有些受众需要与这一事件相关的更为详尽的资料，因此媒体会根据受众的需要提供一些定制信息。

新闻互动与定制虽然并不是新闻报道的常态，但在较为重要的事件中常常出现，如昆明暴恐事件中便出现了定制新闻：《公民防范恐怖袭击手册》、昆明主要献血地点地址、电话、地图、悼念遇难者、微博评论互动。

上述的7个报道步骤根据速度与深度的两根轴线，可绘成如下菱形图式（见图5）①。因此，笔者将这种新闻报道称为菱形新闻叙事模式。

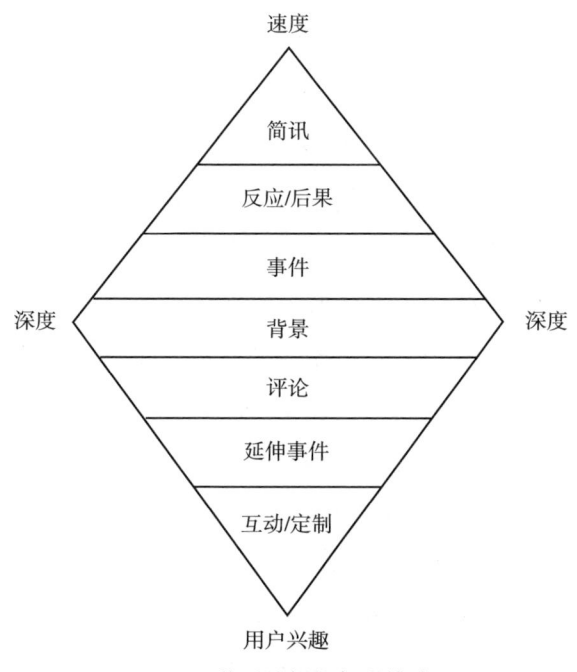

图5 菱形的新闻叙事模式

---

① 这一图式借鉴了保罗·布拉德肖的菱形模型，但范畴和轴线有变化。A Model for the 21st Century Newsroom [EB/OL]．(2007-09-17) [2014-11-25]．http：//onlinejournalismblog.com．

显然，菱形的新闻叙事模式中各范畴的先后顺序具有时间的延展性和思维的逻辑性，因此在当今时代较为普遍，如昆明暴恐事件，《人民日报》基本是按照上述思路进行报道的：先是微博报道简讯，然后报道各方反应，接着评论等。

当然，实际工作中的新闻写作并非一定按照菱形新闻叙事模式的先后顺序进行，其写作顺序会根据所获取材料的快速程度和成稿的容易程度发生变化。同时根据事件的大小与复杂程度，某些元素不会得到报道。

菱形新闻叙事模式是媒体既要追求报道的时效性，又要兼顾报道的深度的产物，主要适用于报道那些中等大小、不太复杂、经历时间不太长的新闻事件。

（三）钻石型新闻叙事模式

纽约时报的约翰·布兰奇（John Branch）因领导制作了《雪从天降：塔尼尔科瑞克的雪崩》（下文简称《雪从天降》）而获得2013年普利策特稿写作奖。

无疑，2012年2月美国华盛顿州卡斯凯德山区（Cascade Mountains）的塔尼尔科瑞克雪崩是一件极具新闻价值的事件，但这一事件是否能被转换为一篇受众喜闻乐见的新闻，要看新闻工作者的功底与努力。这种状况类似于加工钻石。极具新闻价值的事件类似于一颗极具价值的钻石原石，但这颗钻石原石是否能够变成市场上的一颗昂贵的钻石，要看特殊人员的切割与打磨功力。钻石的价格与其反射的光芒有关，而只有拥有完美的比例、高级抛光和对称性的切工的钻石，才能反射灿烂的光芒。

《雪从天降》于2012年12月20日率先在网络上发布。如前所述，在上线的6天时间里，这篇报道浏览量超过了350万。时隔10个月之后，人们来势汹汹地浏览这一新闻显然不再是因为这一事件的新闻价值，而是因为其新颖的叙述与呈现方式。这就是说，新闻工作者们已经将这一雪崩事件打造成一颗熠熠生辉的新闻钻石。那么《雪从天降》依靠什么让事件在时隔那么久之后还能成为让人们争相阅读与观看的新闻呢？

普利策奖评审委员会在获奖理由中写道："《雪从天降》对雪崩罹难者的生

动叙述和对这次灾难的科学解释使事件呼之欲出,而多媒体元素的巧妙结合更使叙事如虎添翼。"① 因此,很多新闻界的人士认为,《雪从天降》造就了新媒体语境下的新闻叙事典范:真正多维的"全媒体叙事",即连贯地、无缝地融汇了文字、图片、视频、音效、动画。②

为了精心打造好这一新闻钻石,《雪从天降》制作组一致强调,所有多媒体元素都是为了讲好一个故事,虽然这个故事主要建立在文本的基础之上,而不是用不同的元素讲述相同的部分,也不是为了在文本之外而存在。总之,报道的每一个细节都经过仔细推敲,都有存在的价值:有的是为了控制叙述的节奏、平衡紧张的程度和控制故事的进展,有的是因为文字难以描述而需要多媒体呈现场景,有的是为了让读者对故事有不同的体验。③ 这种为了让故事闪亮登场而精心选择、制作各种形式的多媒体元素的做法正如为了让钻石能够反射最灿烂的光芒而进行的精准切割、抛光和对称。

因此,《雪从天降》中的各段文字、各个图片、各段视频、各种音效、各个动画就像钻石的一个个刻面;文字的优美程度、视频的精良程度、音效的现场感程度、图片的再现程度、数据的精确程度、动画的模拟程度便是钻石新闻的抛光程度;而何处安放文字,何处嵌入视频,何处放置图片,何处插入动画则代表了新闻钻石的不同比例。这篇报道所融合的音频、动画、电影制作等技术,不仅发挥着调节单调枯燥的文本阅读的作用,而且有调节观众阅读节奏、分配分散观众注意力的功能。正如有学者对《雪从天降》的评价:"没有这些技术,一篇长文会单调乏味,但是,如果对这些因素过度运用,同样不利于读者的阅读,对'度'的把握因此成为一种艺术。"④《雪从天降》正是依靠着记者对各个方面的准确把握,使得一个雪崩事件原石变成了一颗光

---

① Snowfall [EB/OL]. (2013-01-01) [2014-11-25]. www.pulitzer.org/citation/2013-Feature-Writing. 中文翻译参照了郭之恩.《雪从天降》:一次奢侈的融合报道探索[J]. 中国记者, 2013(6):123-125。

② 郭之恩.《雪从天降》:一次奢侈的融合报道探索[J]. 中国记者, 2013(6):123-125。

③ How We Made Snow Fall [EB/OL]. (2013-01-01) [2014-11-25]. https://source.opennews.org/articles/how-we-made-snow-fall/.

④ 郭之恩.《雪从天降》:一次奢侈的融合报道探索[J]. 中国记者, 2013(6):123-125。

彩夺目的新闻钻石，让人赏心悦目，又叹为观止。因此，笔者将《雪从天降》的这种新闻话语模式称为钻石型新闻模式，如图 6 所示：

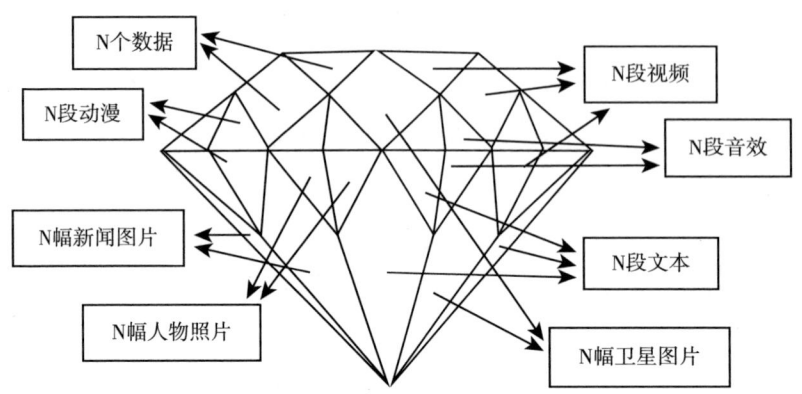

图 6　钻石型新闻叙事模式

不可否认，钻石型新闻叙事模式并非《雪从天降》的首创，网络新闻记者对此早有尝试。一般来说，普通的网络新闻多媒体报道一般是在网页中展示这一事件的各个媒体的报道标题与主要内容，并在旁边附上媒体的链接，虽然既有图片，又有视频，甚至还有卫星图片，但这些报道都是独立存在的，几乎没有一篇报道对所有多媒体元素进行整合以呈现一个完整、精彩的故事。因此，读者只能在阅读、观看或收听了众多的材料之后自己进行对故事的整合。

显然，传统的多媒体报道也是为了完整、全面、多维地展示事件，因此它们也多采用钻石型新闻叙事模式，只是传统的多媒体报道切工太差，刻面太少，更无抛光与对称，因此只能打造一颗做工粗糙的钻石，而未能像《雪从天降》一样使事件原石成为一颗耀眼的新闻钻石。针对这一点，美国《大西洋月刊》的高级主编德雷克·汤普森（Derek Thompson）指出，事实上，无论从多媒体技术还是写作手法上看，《雪从天降》都没有做出突破当下的惊人之举。它的成功更多的是合理安排了多媒体表现手段下的叙事原则，"融汇了文字、图片、视频、动漫和交互式图形，并且是无缝式、连贯的'叙事流'，而不是把这些不同的元素拼接在一起，产生了较好的传播效果"①。

正和熠熠生辉的完美钻石是一件奢侈品一样，《雪从天降》完美的钻石型新闻叙事也是一件奢侈品，因为它花费了《纽约时报》25万美元与6个月的时间。这当然只是理想中的钻石型新闻。

市场上，钻石有大有小，大的十几克拉，甚至几十、上百克拉，小的微钻用肉眼只能看到一个白点；做工有精细有粗糙，如切工便有"very good""good""fair"和"poor"四个等级。做工粗糙的碎钻就非常便宜。钻石型的新闻叙事也是如此，有大规模的、各种多媒体元素都齐全的、具有完美比例的长故事，如《雪从天降》，也有小规模的、各种多媒体元素未必齐全的、比例不那么完美的短故事，如互联网上的较为常见的运用文字、视频、图片或较为简单的动画所进行的新闻报道。

理想的钻石型新闻不可能成为新闻的常态，但可以成为记者追求的标准，如美国新闻主编协会便将《雪从天降》抬升到"新标准"的范畴。因此，在新媒体语境下，在人力、物力、财力与时间许可的情况下，应尽可能地追求将新闻打造成较为完美的状态。

如上所述，钻石型新闻旨在叙述一个完整的故事，主要是对事件本身的叙述，因此适用于那些结果已经完全显现的事件。

在新媒体语境下，蜂巢型新闻叙事与钻石型新闻叙事相得益彰。因为前者是一种碎片化的实时报道，满足了新媒体语境下的时效性要求和人们即时迫切了解信息的需要；而后者是一种完整、多维的事后呈现，弥补了碎片化报道让人们难以获知事件全貌的缺陷。因此，我们可以认为，蜂巢型新闻叙事是一种新闻快餐，而钻石型新闻叙事是一种新闻大餐。在新媒体语境下，受众无疑需要前者满足"身体能量消耗"的需求，即及时获取信息的需求，也需要后者来满足"身体获取营养"的需求，即在愉悦中获取完整全面的信息需求。

---

① How We Made Snow Fall［EB/OL］.（2013-01-01）［2014-11-25］. https：//source.opennews.org/articles/how-we-made-snow-fall/.

蜂巢型新闻叙事与菱形新闻叙事又能相互补充，前者是对大型的、经历时间较长的事件的报道模式，后者则是对中等大小的、经历时间较短的事件的叙事方式。

虽然蜂巢型新闻叙事、钻石型新闻叙事和菱形新闻叙事是新媒体语境下的产物，但并不意味着以往的倒金字塔新闻叙事就退出了人们的视野。在面对小型的、经历时间不太长又不太重要的事件时，人们依然会采用这一新闻结构进行报道。

社交媒体召唤结构：新闻交往化与亲密性[*]

如果说纸质的"人民日报"采取的是"阳春白雪"范式，那么公众号的"人民日报"采纳的便是"下里巴人"范式。不仅"人民日报"如此，"央视新闻"也是如此。那么"人民日报"公众号的"下里巴人"范式是如何形成的？人民日报社交媒体平台为什么采取"下里巴人"的范式？

一、新闻召唤结构：悬念、惊奇、呼告与贴近

仔细翻阅"人民日报"等传统媒体的微博和微信可以发现，它们的内容及标题采取了诸多不同于传统新闻及其标题的结构形式。这些新闻及其标题像亲朋好友的一声声呼唤，吸引受众点击阅读，形成了它们独有的召唤结构。

召唤结构是德国接受美学（又称康士坦兹学派）的代表人物沃尔夫冈·伊瑟尔（Wolfgang Iser）受到波兰现象学美学罗曼·英伽登（Roman Ingarden）纲要图式中的不确定点的概念的启发，在其1970年的论文《文本的召唤结构》中所提出的概念。伊泽尔认为，文学文本是用表现性语言所写成的虚构性文本，不应该也不可能是客观世界的精确对应物，其形象体系和意义结构中必然存在着"未定点"和"空白点"。这些"未定点"和"空白点"具有召唤功能，可以激发读者去确定、去填补，从而把文本由潜在的变为现实

---

* 文章原载于《现代传播（中国传媒大学学报）》2019年第1期，与玄桂芬合作，收入本书时，略有删改。

的。因此，伊泽尔称这种由"未定点"和"空白点"组成的文本的结构基础为文本的"召唤结构"。总之，召唤结构是联结创作意识和接受意识的桥梁，是召唤读者阅读的结构性机制。① 后来，笔者发现，不仅文本的"未定点"和"空白点"是召唤技巧，"陌生化"和"否定性"也具有召唤读者阅读的功效。②

通过对比"人民日报"微博、公众号和其纸质版、网页版以及其他传统媒体及其新媒体版本可发现，社交媒体的新闻不仅通过"未定点""空白点"来召唤读者，还通过"惊奇"叙事技巧、"呼告"修辞手法、接近性等新闻价值要素来吸引受众。下文主要以"人民日报"和"澎湃新闻"的公众号为例进行论述。

（一）设置悬念：激发受众好奇心理

悬念是一种设置空白点的叙事技巧，它利用"抑制"和"拖延"等艺术手法，在故事情节安排上不断地留下疑窦，以催生受众强烈的好奇心和急切的心理期待，从而引起他们对故事发展及人物命运的热切关怀和浓厚兴趣。

传统新闻教育和新闻实践都有非常明确的要求：标题必须标出关键事实，但是社交媒体的新闻标题却常使用延宕手法，故意抑制关键事实的出现，如"人民日报"公众号下列标题。

1. 人抓到了！（2018年8月30日，后文凡未注明媒体，都表示引自人民日报公众号）

2. 不拘你，拘谁！（2018年8月28日）

3. 谢谢你！希腊小伙（2018年8月26日）

4. 死刑！！（2018年8月23日）

上述四个标题中，新闻关键信息（5W+1H）均缺失多半，如第一例，只交代了"抓到"这一个要素，而"who、why、when、where、how"在标题中

---

① 吕智敏编.文艺学新概念辞典［M］.北京：文化艺术出版社，1990：157.
② 曾庆香.模拟、施为与召唤：论仪式的符号特征［J］.国际新闻界，2011，33（8）：47-54.

完全未提及。由于诸多要素处于空白状态，因此让受众产生了强烈的好奇心和期待心理，以致迅捷或毫不犹豫地点开新闻。

许多新闻只在微信平台等社交媒体呈现时才采取悬念设置的标题模式，而在其他平台呈现则采取传统新闻的标题模式，如"澎湃新闻"在其网页版的标题陈述关键事实："莎普爱思营销之路：先在医院遇挫，转非处方药后做广告大卖"（澎湃新闻网页版，2017年12月9日），而公众号版的标题则设置悬念：莎普爱思成"洗脑神药"，是从这个字的改变开始的（"澎湃新闻"公众号，2017年12月9日）。

对比传统媒体新闻标题，社交媒体版标题往往通过隐没关键信息故意造成信息的空白点。因此，传统媒体的新闻依靠新闻价值吸引受众，社交媒体的新闻依靠悬念吸引受众。

（二）突显惊奇：激起受众震惊心理

和设置悬念一样，惊奇也是一种叙事手法。亚里士多德在《诗学》中强调，惊奇是悲剧和史诗所需要的，悲剧中的惊奇指意外发生的事，史诗中的惊奇则指不近情理的事。惊奇之所以被需要，是因为它给人以快感。意大利文艺理论家吉亚哥摩·马佐尼（Giagomo Mazzoni）后来补充指出，惊奇感是由发生了听众认为不会发生的事情造成的。[①] 综合二者观点，我们可以认为惊奇是由故事"突转"造成的，即故事的发展突然向别的甚至反方向转化，这种突转使读者在阅读中原先产生的心理预期落空，因而感到惊奇。[②] 如"人民日报"公众号下列标题：

5. 看着都疼！落石砸断4根肋骨，他强忍剧痛将乘客送至安全区（2018年8月25日）

6. 怪不怪？局长的灯亮着，科长就不敢关灯，科员只能干等着（2018年8月21日）

---

① 王向峰. 文艺美学辞典 [M]. 辽宁：辽宁大学出版社，1987.
② 罗钢. 叙事学导论 [M]. 昆明：云南人民出版社，1994：88.

7. 目瞪口呆！网上在逃人员被抓后"质问"警察：国庆节，你们不放假吗？（2018年9月2日）

新奇性是新闻价值的要素之一，而新闻的"突转"是因为新闻所报道的事实出乎受众意料，因此惊奇与新闻具有天然的契合性。传统新闻标题把关键信息揭示出来，在一定程度上便是诉诸新奇性，即惊奇感，如"美媒：特朗普涉嫌助父母逃税获逾4亿美元，税务部门正在调查"（澎湃新闻网页版，2018年10月3日），这条新闻的两点事实：特朗普助其父母逃税获利巨大让人震惊；特朗普被美国税务部门调查，对中国受众而言也十分惊奇。

但是，社交媒体新闻不仅直接叙述造成惊奇的"突转"事实，而且用评论、发问等话语把这份"惊奇点"或"惊奇感"直白地表达出来，以强化"惊奇"，正如"用事实说话"，社交媒体新闻不仅把事实报道出来，而且把其中所隐含的"话语"表达出来，如澎湃新闻网页版标题："坐高铁时发现车厢少了8节，回应：临时接通知车厢编组变动"（2018年10月5日），而其公众号版标题为："奇葩！有坐票没车厢，高铁回应让网友炸了"（2018年10月5日）。显然网页版标题只是通过事实来展现"惊奇"，而公众号新闻用感叹语"奇葩！"来突显新闻"惊奇"。

（三）真情呼告：构造面对面场景

呼告指行文时对不在面前的人或物直接呼唤，并且跟他或它说起话来。包括两种类型：一是直呼文中的人或物并与其进行对话，二是把不在场的读者或受众当作面对面的亲朋好友进行直接交流。

社交媒体新闻的呼告，主要以第二种类型为主。由于网络连接，社交媒体能使人们穿越时空进行交往，新闻受众不再是无法沟通、附和与回应更无法进行争论与更正的想象主体"他"，而是能够进行点赞、评论和转发等回应的旁观主体"你"，甚至是能够进行对话、反驳与协商的参与主体"我"，①如"人民

---

① 曾庆香，陆佳怡. 新媒体语境下的新闻生产：主体网络与主体间性 [J]. 新闻记者，2018（4）：75-85.

日报"公众号下列标题：

8. 71位有梦想的同学，人民日报社正在找你！（可解决北京户口）（2017年12月5日）

9. 中国农民丰收节，大伙都在，就差你啦！（2018年9月22日）

10. 这些保健食品都是假的，别买！快告诉爸妈（2018年9月30日）

11. "天安社"早在2017年，就已被北京警方剿灭，请别再传谣了，谢谢（2018年8月31日）

把不在现场的读者或受众当作面对面的人群进行呼告，在社交媒体新闻中有两种表现：一是直呼"你"，如第八例、第九例标题；二是"警告"或"请求"，如第十例、第十一例标题；三是呼唤某一群体，如"家有老人的""免疫力差的人""爱干净的人"。通过把不在眼前的受众视如在眼前而与之交流，以拉近新闻生产者和新闻消费者之间的距离，使得新闻具有强烈的"有的放矢"感，从而引起受众的感情共鸣。

社交媒体新闻偶尔会出现呼告中的第一种：呼告新闻当事人，如下列标题：

12. 苏东坡，你竟然在西湖边刻了五个"到此一游"，差评！（"澎湃新闻"公众号，2018年10月4日）

13. 平文涛，你欠杭州一个道歉！西湖边做这件事，你好意思吗（"钱江晚报"微博，2018年10月2日）

对比同一条新闻的网页版和公众号版可发现，后者常采纳呼告策略来召唤用户点击阅读，如"'红黄蓝'们，最高检的这份通知，速看！"（"澎湃新闻"公众号，2017年12月1日）而其网页版则未诉诸呼告："最高检：各级检察机关要依法严惩侵害幼儿园儿童犯罪"（澎湃新闻网页版，2017年12月1日）。

（四）诉诸接近：唤起受众的亲切感

虽然接近性是新闻价值的要素之一，但微信新闻尤其诉诸这一要素，并将其作为一个重要策略。微信新闻诉诸两种接近性：

一是题材上的接近，即主要报道紧贴民生的社会新闻和实用知识。"人民日报"公众号除新闻外，其固定栏目还有"关注""健康""夜读"等，内容涵盖范围非常广泛。如下列标题：

14.【健康】妇科泰斗送给女人的6句话，概况了一生的防病重点（2018年10月1日）

15.【提醒】支付宝出新功能！网友：单身的不配拥有……（2018年9月29日）

二是用语上的接近，即偏爱口语和流行的网络用语，如下列标题：

16. 吓skr人！这居然不是摆拍（"澎湃新闻"公众号，2018年10月4日）

17. 台风又双叒叕来了！这些地方将受到影响（"澎湃新闻"公众号，2018年10月5日）

同样，对比网页版和公众号版，同一则新闻的公众号版用语常采用网络用语："'乾隆皇帝'被花式diss！看完这部'博物馆综艺'，我笑哭了哈哈哈"，而网页版采用标准词语："《国家宝藏》首播，迷之自信的乾隆爷又火了"（澎湃新闻网页版，2017年12月4日）。

上述四种召唤结构并非泾渭分明，往往被记者杂糅使用。种种召唤结构使新闻褪去原来好恶不言于表的严肃表情，换上了喜形于色的率真面孔，甚至有了大呼小叫、拍案而起的形象，从而让人感到人民日报从遥不可及的圣洁高坛走到触手可及的凡尘俗世。

二、作为交往的新闻：从仪式化演讲到日常化对话

在传统媒体时代，新闻被以展示、展演的方式呈现在受众面前，具有仪式化特征。此处仪式化特征不同于凯瑞的"传播仪式观"。后者主要是对传播的功能进行审视，指信息传播能维系社会和共享信仰。① 但是，此处的仪式化指大众传媒的新闻传播在形式和行为上具有仪式特征。

（一）从"新闻展"到"新闻流"：新闻仪式化的消解

仪式（ritual）源于宗教。涂尔干认为人类生活可分为两部分：神圣的和世俗的（the sacred and the profane）。神圣生活指宗教生活。宗教生活和凡俗生活在时间和空间上是隔离的："宗教生活和凡俗生活不能同在一处。宗教生活必须被安排在一个特定的地方，凡俗生活不能介入其中。"② 最初，仪式是于"确定的时间"在"特定的地方"举行的表达信仰的宗教活动。随着宗教生活溢出其原有范围，并了无痕迹地渗透社会生活的诸多方面，仪式便随之渗入世俗生活，不再局限于宗教领域。由此，仪式便由对神灵的供奉、祝祷、崇拜来表达信仰转变为对生活、工作中的某项活动或某个事件的宣告、重视与展演来宣示合法性和权威性。人们也由追求宗教仪式的神圣、敬畏转变为追求世俗仪式的正式、严肃和权威。仪式分为三种：庆典、民间的正式礼仪、民间的非正式礼仪，均体现象征性、展示性（或展演性）、程序性、正式性与严肃性的特征。

传统媒体的新闻仪式化特征首先表现为新闻以展示或展演方式出现。报纸通过图片、色彩、字体等设计在展示新闻信息的同时，展示了一定的版面美感，而电视通过镜头设计、解说词、配音等展示了一定的艺术特征。传统媒体新闻作为一种展示，是为了追求客观性，才在"展示"（showing）和

---

① 凯瑞.作为文化的传播[M].丁未，译.北京：华夏出版社，2005：7.
② 涂尔干.宗教生活的基本形式[M].渠东，汲喆，译.上海：上海人民出版社，2006：291.

"讲述"(telling)这两种叙事方式中选择了"展示"。"展示"指叙述者处于缺席或隐蔽状态,尽可能地不介入故事,不对故事进行评价。①

不论是报纸杂志,还是广播电视,在固定的时间和分离的地点的展示与展演中,都通过编排、位置、长短等来象征事件重要程度的不同。其中的人物关系和身份地位结构性地再现了现实社会的金字塔结构,媒介化中心与现实社会中心体现了相当高的重合度。报纸、广播、电视基本根据既定程序来展示、展演新闻,在表演性、象征性之上,还具有较强的程序性。

在传统媒体的新闻生产与传播语境中,受众数量庞大,难有渠道与生产者进行互动,只能是以他者的形象,即想象主体混沌、虚幻地存在于传播者的想象中。这类似于宗教仪式,因此有学者指出"公众是图腾"②。不仅公众被仪式化为"图腾",记者和新闻界也分别被自我和社会神圣化为"无冕之王""第四权力",肩负监督权力和保障公众知情的使命,和祭司一样存在。

为追求有质量的新闻,传统媒体在题材选择上更偏向于政治、经济等严肃题材,即便是娱乐新闻、暴力新闻,叙述通常也较为正式。传统媒体新闻的严肃性、正式性还体现为新闻的规范性。为了确保尽可能不出现错误,传统媒体都有专门的校验部门,如报纸有校对,电视台有审片人。总之,传统媒体新闻展示的仪式化集中体现在新闻专业主义的建构和维护之上。

基于以上种种特征,传统媒体的新闻传播被称为"教堂式传播"。中心化、权威性、公信力是传统媒体新闻报道的仪式化特征的应有之义。

然而,在社交媒体时代,传统媒体的新闻生产与传播的上述种种特征几乎都被消解、颠覆了。互联网络节点的分布式链接为每位用户提供了生产新闻的入口,使每位公民成为记者、讲述新闻并广而告之成了现实。技术不仅被人使用,而且构成了人类的"在世存有",决定了人类的命运。③去中心化的技术使社交媒体也成为人类的"在世存有",逼迫为公众设置议程的传统媒体接

---

① 罗钢.叙事学导论[M].昆明:云南人民出版社,1994:164.
② 彭增军.新闻业的救赎[M].北京:中国人民大学出版社,2018:125.
③ 孙玮.微信:中国人的"在世存有"[J].学术月刊,2015,47(12):5-18.

受公民新闻为自己设置议程，并为其新闻报道"订定范式"，①从而导致背书式新闻、注解式新闻、图说式新闻、清单式新闻和策展式新闻的大量涌现。②

社交媒体的瞬时编排、即时流动以及碎片化的信息呈现方式消解了传统媒体的象征性。重要程度不等的人、事件的报道却占据着同等大小的空间，同样随着时间和信息的流动而消失。即便传统媒体象征了事件的不同重要程度，象征了社会金字塔结构的新闻聚合，被社交媒体全盘接收，也会以条为单位，以网页为链接的碎片化方式几无差别地呈现在网络川流不息的信息带上，从而消解了新闻的中心性、象征性、程序性和表演性。例如，"人民日报"微博"逐条驳斥！美国领导人演讲的五大谬误"的上下两条都是搞笑微博，上面是"孩子爸爸妈妈都姓王，给孩子取个名字"，下面则是"#程序员都爱格子衫##格子接力赛#"。在微博上，无所谓孰重孰轻，它们同等重要。

社交媒体的一对一、一对多的传播、"互相@"及其点赞、转发、评论、私信等功能，为传者和受者打开了互动的大门，使媒介内和媒介外成为一体，为新闻生产建构了对话场景：传者和受众通过文字对话，甚至辩论、争吵。受众从"他"转变为"你"，甚至"我"，即从想象主体转变为旁观主体，甚至完全平等的参与主体，他们能在社交媒体发布一条同等分量的新闻，还能对原新闻或更正或延伸或反转，从而完成了传者和受者之间的话轮转换和身份转换。在这种对话场景中，传者在生产新闻时感到受众无数双眼睛的盯视，如同商贩在大集市贩卖商品，既要经受顾客的围观询问，又要接受他们的质疑挑拣，甚至还要面临叫板竞争，彼情彼境自然难以确保叙述的正式和严肃性，甚至会被随意和亲切的语句所取代，因此这种传播被称为"集市传播"。③

---

① 周葆华.作为"动态范式订定事件"的"微博事件"：以2010年三大突发公共事件为例[J].当代传播，2011（2）：35-38.
② 曾庆香，陆佳怡，吴晓虹.两极与互补：新媒体语境下的新闻样态与图景[J].新闻记者，2017（8）：43-51.
③ 方兴东，杨吉.21世纪的书：信息时代商业思想10×10阅读[M].广州：南方日报出版社，2004：178.

（二）从新闻演讲到新闻对话：新闻交际化的突显

每个时代最流行的媒介都构成了那个时代的"在世存有"。在电视建构"在世存有"的时代，部分人被剥夺了竞选高层政治职位的权利，"我们似乎达到了这样一个阶段：政治家原本可以表现才干和驾驭能力的领域已经从智慧变成了美妆"①。

在传统媒体时代，当新闻传播作为仪式存在时，面对没有渠道发声的受众，必须做到不偏不倚，即客观性、独立性才能赢得他们的掌声。这使得新闻只能采取正式的演讲、通告、训话等方式，因此传统媒体的新闻被称为"演讲式新闻"（journalism-as-a-lecture）。《芝加哥太阳时报》一位专栏作家给读者的回信非常精妙地诠释了传统媒体新闻的演讲式风格："这不是对话，而是上课。你要么洗耳恭听，要么走人，而不是站起来嚷嚷。"②

社交媒体让人们借助网络可随时随地生产和消费新闻，这使得新闻和弥漫的空气一样渗入人们的日常生活。这种始终围绕人们的"弥漫新闻"（ambient journalism）③，无论从新闻题材还是从话语表达上都把新闻从神坛拉入了凡间，从讲堂拉入了生活。于是日常生活与新闻相互纠缠：一是日常工作与生活几乎完全媒介化，即人们乐于把自己工作和生活中所遇到的事情作为新闻来发布、分享；二是借助转发、评论、点赞、分享和"互相@"等互动手段，新闻逐渐成为人们交往的内容与手段，甚至是交往的形式与目的。

在这样一个交往语境中生产新闻若继续采纳展示性的演讲式话语显然不合时宜。同时，借助社会交往"六度"的深度与"150人"的宽度，社交媒体新闻甚至可抵达比大众传播更多的受众，新闻不必采取传统媒体那种针对一大群陌生人的演讲方式。因此，不管是社交媒体原生新闻，还是传统媒体的社交媒体版新闻，都基本采取日常的朋友间的交流方式，即对话方式，美国学者D.M.马尔基奥尼（D. M. Marchionni）指出社交媒体的新闻是"作为对

---

① 波兹曼.娱乐至死［M］.章艳，译.桂林：广西师范大学出版社，2011：4-5.
② 彭增军.新闻业的救赎［M］.北京：中国人民大学出版社，2018：97.
③ HERMIDA A.Twittering the news: the emergence of ambient journalism［J］. Journalism practice，2010，4（3）：1-12.

话的新闻"(journalism-as-a-conversation)。①

　　作为交往的对话式新闻的出现,标志着它回到文字出现之前的最原始的面对面交往的新闻方式,只不过现在作为交往的新闻用文字记录口语,用图片或视频代替面对面的肢体动作。然而,由于传统媒体依然生产着70%的原创新闻②,社交媒体的新闻大多仍源于传统媒体,因此对于那些先要满足传统媒体的仪式化"新闻展",再被散布到社交媒体的新闻流的新闻报道,新闻生产者通常的改动是把其标题由"演讲式"转变为"对话式"。正如古罗马时期,人们把叙述有关新闻事件的信件和文件抄录在莎草纸卷上,"写下自己的评论,然后与别人分享"。③ 传统媒体的社交媒体版新闻或通过评价性句子(包括完整句和非完整句),或通过疑问句(见上述第一、二召唤结构)来发起话轮或延续话轮,以分享新闻,并召唤交往。社交媒体新闻还会通过表情符号来适应其"作为交往的新闻"④的身份,如"法制晚报"微博标题"危险!如此'遛娃'不可取！ 　"和"人民日报"微博标题"暖！大二男生上海街头救人命,学校获悉免除学费住宿费 　"。

　　在传统媒体时代,人们阅读/收听/收视新闻的方式与其人际交往方式通常是割裂的。在社交媒体所建构的"在世存有"语境中,了解新闻与人际交往合二为一,即人们在分享新闻中交往,在交往中分享新闻,就像灵长类动物在梳毛或捉虱中寻求同盟,在同盟中梳毛或捉虱一样。公众号新闻的阅读量更多地来自朋友之间的流转,⑤ 便是新闻与交往合二为一的证明。因为社交媒体的意义不在于信息传播,而在于存在感、亲情和友谊。⑥

---

① MARCHIONNI D M.Journalism-as-a-conversation:a concept explication [J].Communication theory,2013,23(2):131-147.
② 彭增军.新闻业的救赎[M].北京:中国人民大学出版社,2018:116.
③ 斯丹迪奇.从莎草纸到互联网:社交媒体2000年[M].林华,译.北京:中信出版集团,2015:41.
④ 谢静.作为交往的新闻:社交媒体新闻的情境化与生活意义[EB/OL].(2016-05-05)[2019-01-15].https://sscp.cssn.cn/xkpd/xwcbx_20157/201605/t20160505_2995922.html.
⑤ 谢静.微信新闻:一个交往生成观的分析[J].新闻与传播研究,2016,23(4):10-28,126.
⑥ 斯丹迪奇.从莎草纸到互联网:社交媒体2000年[M].林华,译.北京:中信出版集团,2015:66.

虽然社交媒体尤其是微信用户之间存在或强或弱的关系，但这种关系毕竟隐没在网络之后，且新闻条数众多，流动迅速，因此社交媒体新闻需要采用召唤结构把用户"拉出来"。

三、场景中的新闻：语体的亲密性与文本的情感化

社交媒体新闻采取上述"下里巴人"式的召唤结构不仅是新闻去仪式化和新闻交际化的结果，也是新闻适配用户之间的关系与新闻消费场景的结果。

（一）用户间的黏性：语体的亲密性

社交媒体用户之间具有程度不一的亲密性和黏性。这种亲密性和黏性使得"当今新闻内容的消费方式，不再是以往的有意的、主动的阅读，而是碰撞式的偶然阅读，阅读或转发在很大程度上是因为朋友转了"[①]。

在现实生活中，人们会根据不同对象的亲密程度而采取不同亲密度的言语方式。在手抄新闻信时代，作者们已熟练掌握根据受众变换不同语体。西塞罗曾指出，他的信若只给收信人看，他会用一种随意的文体；若知道会有许多人传阅，则会用正式文体。[②] 此处西塞罗所谓文体乃语体。语体是人类交际中调节彼此之间的关系和距离的语言手段和机制。正式语体具有拉远距离的效果，而非正式语体有拉近距离的作用；典雅语体具有拉高距离的功效，而通俗语体有拉平距离的功能。[③]

传统媒体的新闻与仪式交织意味着它在为正式场合生产新闻，因此采纳正式语体；而社交媒体的新闻与交往纠缠导致它通常是在日常生活场所（非正式场合）被生成的新闻，因此采纳非正式语体。中央广播电视台早间新闻

---

① 斯丹迪奇.从莎草纸到互联网：社交媒体2000年［M］.林华，译.北京：中信出版集团，2015：91.

② 斯丹迪奇.从莎草纸到互联网：社交媒体2000年［M］.林华，译.北京：中信出版集团，2015：41.

③ 冯胜利.语体语法及其文学功能［J］.当代修辞学，2011（4）：1–13.

名称：电视版为"朝闻天下"，而公众号版为"早啊，新闻来了"，是传统新闻采纳正式语体和社交新闻采纳非正式语体的有力证据。

具体来说，社交媒体新闻主要运用俗语、日常口语、白话，而传统媒体新闻主要运用白话文、书面专用语①、文言文②，如"劝君莫打三春鸟，子在巢中盼母归"（《北京日报》，1983年4月9日）"女排奏捷 场面感人"（《羊城晚报》，1984年8月8日）。有学者从词汇、语法特征、句子结构三方面分析报纸新闻语体发现，报纸新闻语体通常是书面语。③以"口语、书面语""白话、文言""通俗、典雅"三个范畴来对比正式与非正式之间的区别，如图1所示。

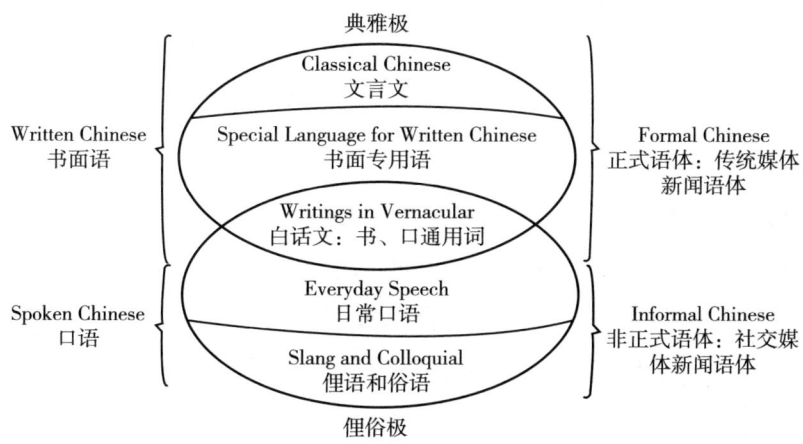

图1 传统媒体新闻语体与社交媒体新闻语体④

---

① 即正式自生系统，以合偶词及其语法为主，合偶词乃现代汉语书面语自身发展的一批双音词，如"极为、光临、加以"等，这类双音词在文言中没有，口语中罕用，只在现代汉语书面语中出现，且必须和另一个双音词组成"双+双"韵律模块。参见冯胜利，王洁，黄梅．汉语书面语体庄雅度的自动测量［J］．语言科学，2008（2）：113-126.

② 以文言词、嵌偶词+古句型为主，嵌偶词乃必须组单成双才能进行独立运用的单音节文言词，嵌偶词严格遵循"单+单"的韵律词的构造方式。参见冯胜利，王洁，黄梅．汉语书面语体庄雅度的自动测量［J］．语言科学，2008（2）：113-126.

③ 郝会丽．论新闻语体［D］．北京：中国社会科学院研究生院，2001.

④ 此图根据冯胜利的"现代汉语正式语体与非正式语体示意图"绘制，参见冯胜利．论汉语书面正式语体的特征与教学［J］．世界汉语教学，2006（4）：98-106，148。

图 1 显示，从俚俗极到典雅极，有五种不同语体。这五种不同语体所造成的不同心理和关系距离如图 2 所示。

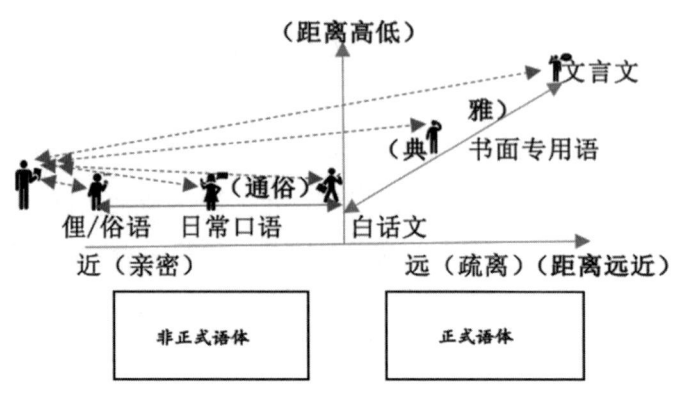

图 2　五种语体的关系距离

不同语体所造成的不同的关系距离或心理距离，在日常生活中人们都深有体会，并且人们会根据与对象之间的不同亲密程度而采取不同的语体，如见到老乡会说家乡方言，见到同胞会说本国语言。当人们不想拉近距离时，即便对方是老乡，也不愿用家乡方言交往，而是会"打官腔"。因此，非正式语体和亲密距离互为因果。

社交媒体新闻所采纳的上述召唤结构，无论在句式还是用词上，采纳的基本是非正式语体，非正式语体语法相对灵活，它们尤其是口语的特点有：语法结构简单、语序自由、省略句、倒装句、句子短小、评价句；大量的独词句、使用语气词、象声词等。① 以"人民日报"公众号 2018 年 10 月 28 日的新闻标题为例（见表 1）：

---

① 陈振艳. 现代汉语口语语法的分布及特点研究 [J]. 湖南工程学院学报（社会科学版），2017，27（1）：42–47.

表 1 "人民日报"公众号 2018 年 10 月 28 日新闻标题

时间	标题	口语特点	情感倾向
07：07	1.来了，新闻早班车	倒装句	欣喜
07：59	2.台湾妹子第一次到江西，竟在机场痛哭！ 【关注】甘肃一民政局招聘考试成绩表错行，多人被处分！ 【实用】计步器怎么知道我们走了多少步？谜底揭晓 【荐读】大学生请假做"小手术"，面对追问他只好默默脱下了帽子……	省略句	喜极而泣 难过
11：26	3.【快讯】批捕了！	省略句	大快人心
12：28	4.老人在 ICU 昏迷 30 个小时 醒后写下 7 个字……网友被甜哭了 【关注】"清华总裁班"同学开饭馆破产还欠了300万！清华这样回应…… 【健康】秋裤应该什么时候穿？低于这个温度，医生都悄悄翻出了秋裤 【荐读】这个当红主播离职他的辞职信看哭了	省略句	感动 惊奇 感动
14：19	5.揪心！重庆一公交车坠入长江	独词句和评价句	揪心
15：01	6.这是他牺牲前的最后一扑 【提醒】崩溃！朋友圈刷到未成年女儿不雅视频！竟是为了小小的…… 【健康】女儿看着爸爸瘫倒在椅子上，心跳停止！万幸的是…… 【荐读】网购了一款手机壳，撕开快递的那一刻，我哭了！	省略句、独词句和评价句	敬佩 崩溃 惊喜 愤怒
18：55	7.最新通报！公交突然越线，女司机没逆行，车上实载10多人！	独词句和评价句	
19：37	8.大学课堂里的"泥石流"！老教授魔性解读古诗爆红…… 【关注】网曝广西一医院窗口低矮，孕妇半蹲填表！院方回应 【健康】首次确认！人体已被塑料污染！你常吃的它竟是重灾区 【荐读】当你负面情绪爆棚时，这些方法可以拯救你！（建议收藏）	省略句、独词句和评价句	喜爱 责怪 恐惧 高兴
21：27	9.46 岁警察因公牺牲，他留下的最后一句话让人心碎…… 苹果、华为新机同天发售，这组店门口的对比照刷屏了！	省略句	心碎 喜悦

"人民日报"公众号标题基本具有非正式语体特征，如采纳口语句式，具体详见表1。故设悬念吊人胃口，如上述2、6、8、9等标题，采纳"魔性""爆红""甜哭"等典型的口语词汇。

与此同时，证明上述新闻为非正式语体的还有语气词"了$_2$"①的频繁使用，如上表中"人民日报"公众号仅一天的新闻就在1、3、4、6、9新闻中用了6个"了$_2$"。因为"了$_2$"是"主观近距交互式语体"，即非正式语体的标志。《人民日报》《新闻联播》和通讯社的新闻报道（除现场直播之外）基本不用"了$_2$"。当传者与受众处于平等关系时是"了$_2$"使用的语境；当传者与受众不处于平等关系时，即传者权威叙述时通常不使用"了$_2$"。传统媒体奉为圭臬的客观性是追求权威叙述，是一种"主观远距单向式语体"，即正式语体，因此传统媒体所追求的专业主义与平等互动存在一定程度上的违和。②

（二）场景的私密性：文本的情感化

传统媒体追求新闻专业主义，作为核心的客观性要求记者不能在报道中直白地表达情感和观点。但是，在移动互联网时代，移动终端及其使用场景对社交媒体的传播内容和传播形式的影响被大大强化了。"移动传播的本质是基于场景的服务，即对场景（情境）的感知及信息（服务）适配。"③手机移动终端导致人们的新闻资讯消费具有伴随性、私密性、移动化、小屏化、休闲化和碎片化的特征，如图3所示：

---

① 了$_1$用在动词或形容词后面，表示动作或变化已经完成。了$_2$用在句子的末尾或句中停顿的地方，表示变化或出现新的情况。
② 王洪君、李榕、乐耀. "了$_2$"与话主显身的主观近距交互式语体［M］//陆俭明. 语言学论丛第40辑. 北京：商务印书馆，2009：312-330.
③ 彭兰. 场景：移动时代媒体的新要素［J］. 新闻记者，2015（3）：20-27.

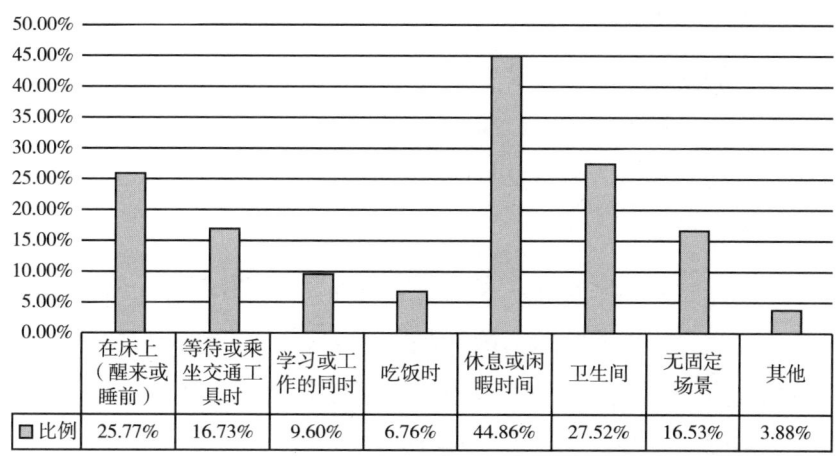

图3 移动媒体用户阅读新闻的场景[1]

上述种种新闻消费场景不仅让受众在阅读新闻时很难一心一意，也很难对正式、严肃的新闻产生兴趣。为适应这些场景及新闻消费特征，媒体调适了其叙述方式，即新闻召唤结构及其交往化和亲密性。更进一步，为了适应新闻的交往化和亲密性，媒体采纳了情感化的叙事风格。

情感通常指说话人对某物或某事的"赞同"或"反对"情绪或评价。以文本颗粒度为视角，文本情感倾向可从词语（包括表情符号）、句子、篇章三个层次进行识别与分析。[2] 词语是表达情感最重要、最直接的手段。情感动词和评价类形容词使用频率最高。情感动词包括（积极和消极）情绪心理动词和（积极和消极）意愿心理动词。积极情绪心理动词如满意、同情等；消极情绪心理动词如伤心、害怕等；积极意愿心理动词包括理解、赞成等；消极意愿心理动词包括反对、轻视等。[3] 评价类形容词也可被分为褒义类、贬义类和中性类。情感句（篇）包括有情感的客观句（篇）和无情感的主观句（篇），这需要结合上下文进行语义理解，如上述2018年10月28日的"人民

---

[1] 彭兰. 场景：移动时代媒体的新要素[J]. 新闻记者，2015（3）：20-27.

[2] 杨立公，朱俭，汤世平. 文本情感分析综述[J]. 计算机应用，2013，33（6）：1574-1578，1607.

[3] 张积家，陆爱桃. 汉语心理动词的组织和分类研究[J]. 华南师范大学学报（社会科学版），2007（1）：117-123，160.

日报"公众号仅标题就有 8 个情感词语：痛哭、甜哭、看哭、揪心、崩溃、哭、负面情绪爆棚、心碎（见表 1），文章中所使用的表情包更是有 31 个。从表 1 可以看出，只有 2 中的【关注】【实用】、4 中的【健康】和 7 无明显情感倾向之外，其他的情感表现非常明显。这些标题让各种情感跃然屏幕之上。

美国社会学家塔尔科特·帕森斯（Talcott Parsons）指出人们的交往有两种：工具性交往和表达性交往。表达性交往是为了获取友谊，情感就是目的；而工具性交往是为了获得利益，情感就是手段。可见，无论何种形式的交往，均为情感表达与情感获取。社会交往的本质就是情感互动。因此，在社交媒体新闻中开掘情感是符合互联网逻辑的。

在日常生活中，情感占据着核心地位，因为它既是人们行动的动力，又是人们行动的目标。因此，情感具有强大的动员力量。在新闻作为交往并与人们的日常生活紧紧纠缠在一起的语境中，新闻采纳情感化文本让人们被情感所围绕，并沉浸在情感之中，这种方式显然更利于在隐身的虚拟空间"拉出"更多的受众。

同时，价值、趣味、感动作为促成用户社交媒体分享新闻的三要素，[①] 也促成了社交媒体新闻的情感化叙事，因为无论价值、趣味还是感动皆需要情感来做佐料。

另外，在追求客观、中立、权威和公信力的传统媒体时代，人们通常认为新闻诉求情感是"下里巴人"式的低级叙述方式，因此，在新闻消费公开化的场景中，人们难免展现着一定程度的假象，即"鉴于社会预期的压力，有些东西虽然（人们）不喜欢，但谁也不想暴露自己的'低级趣味'，或者不上档次，即使匿名也会从心理上排斥"[②]。但在新闻消费私密性的场景中，人们不必装模作样，他们可以更多展现本相，可无所顾忌地关注情感化文本。同时在社交媒体时代，关注新闻就是人们的休闲，"阳春白雪"式的权威叙述与人们休闲娱乐的场景与心境存在着一定的差距。

---

① 企鹅智酷.微信影响力报告：2016 年［R/OL］.（2016-03-21）［2019-01-15］.http://www.199it.com/archives/451833.html.

② 彭增军.新闻业的救赎［M］.北京：中国人民大学出版社，2018：21.

总之，新闻专业主义和传播渠道的稀缺导致传统媒体新闻采纳正式语体来树立权威性和公信力，以期赢得作为集合体的受众；而社交媒体新闻依赖社交网络进行传播从而导致其采纳亲密而互动的非正式语体、情感化内容与叙述来拉拢作为个体的受众，并赢得他们的点击、转发和分享，最终使新闻从神圣走入平凡。

后　记

2024年1月21日，突然接到龙小农老师的微信，欣闻我在中国传媒大学70周年之际，被选为"中传学者文库"的供稿者之一。我既深受感动，又倍感荣幸，因为在我离开3年之后，中国传媒大学未忘记我为学校做出的微小的工作业绩。

《传播符号和新闻叙事》汇聚了论述传播符号和新闻叙事的论文各5篇，分析新闻故事和新闻话语的论文各4篇，都是2004年至2020年我在中国传媒大学工作期间发表的论文。我在搜索、下载、翻阅这些论文时，竟有恍若隔世之感，感恩之心也油然而生。

我对新闻话语的关注和研究，源自我的博导陈力丹教授的指点迷津。在我读博一时，我向他请教博士论文选题，他说："你写博士论文和选择研究领域，一定要充分利用你本科、硕士的知识储备。不然，你怎么与别人竞争？"由于我的硕士专业是语言学，遵循陈老师的教导，我专门向中国社会科学院语言所的沈家煊所长请教。在他的指点下，我以新闻话语作为自己的博士论文选题。博士论文选题定下来之后，陈老师非常赞成，让我翻译荷兰学者梵迪克的名著《作为话语的新闻》。由于当时新闻话语作为一个学术概念在国内比较新颖，导致我在博士论文开题、答辩时，总有老师问我，为什么是"新闻话语"而不是"新闻语言"？当时在国内几乎没有可参照的著述。为论述清楚新闻话语，在撰写博士论文时，我从国家图书馆复印、借阅了几十本相关英文原著。这些复印本至今还放在我的书柜里，几次搬家都未舍得卖掉、扔掉，算是对我人生中博士阶段的见证。

后 记

我对于传播符号的关注是研究新闻话语的自然延伸。上课时，陈力丹老师向我们推荐了法国学者罗兰·巴特的《神话——大众文化诠释》。课后，我迅速地买了回来，如饥似渴地阅读起来。但是对于当时的我来说，这本书的确是晦涩难懂的。我读了一遍，似懂非懂；接着读第二遍，感觉读懂了不少；然后读第三遍，终于读懂了，感到巴特用符号理论阐释现实，真是太入木三分了。我当时在心里感叹，如果能让我写出一本如此深刻的著作，哪怕是一本薄薄的小册子，也死而无憾。当时那个学期，我用罗兰·巴特的神话理论写了结课论文，被陈力丹老师推荐到《新闻与传播研究》发表了。这给了我极大的鼓舞！回忆到这里，心里满满的是对陈力丹老师的感恩；当时的编辑张满丽老师和期刊主编尹韵公老师给予我机会发表那篇稚嫩的小论文，我对他们也充满感激之情。

运用叙事理论阐述新闻话语是受到了当时的文学博士生同学、现在的扬州大学文学院教授赵彦芳的启发。有一次，在食堂吃饭聊天中，这位同学说："我感到新闻报道中存在原型现象。"新闻中存在着古老的文化形象这一点，我当时早有感知，但苦于找不到合适的理论。同学的话，让我眼前一亮，感到一片水源终于找到了泉眼，于是文学中的叙事理论进入了我的视野。

抚今追昔，书稿收录的 18 篇论文，撰写时或焦虑或亢奋的情形历历在目，让我慨然叹之。虽然每篇论文都存在缺陷，但当时每次发表的确带给我小小的成就感。感谢"中传学者文库"给予我机会，让这些已蒙灰尘的拙文结集出版，虽然心怀忐忑，但仍期待读者的客观评判。

曾庆香